Escape From Camp 14 by Blaine Harden

Copyright © Blaine Harden, 2012
All rights reserved.

This Korean edition was published by The Asan Institute for Policy Studies in 2013 by arrangement with Blaine Harden c/o The Sagalyn Agency through KCC(Korea Copyright Center Inc.), Seoul.

이 책은 (주)한국저작권센터(KCC)를 통한 저작권자와의 독점 계약으로 아산정책연구원에서 출간되었습니다. 저작권법에 의해 한국 내에서 보호를 받는 저작물이므로 무단 전재와 무단 복제를 금합니다.

14호 수용소 탈출

블레인 하든 지음

신동숙 옮김

아산정책연구원

북한 수용소에 남아 있는 사람들에게 바칩니다.

모두가 가장 존엄하고 행복한 삶을 꽃피워 나가는
우리나라에는 '인권 문제'란 존재하지 않는다.

〈조선중앙통신〉 2009년 3월 6일

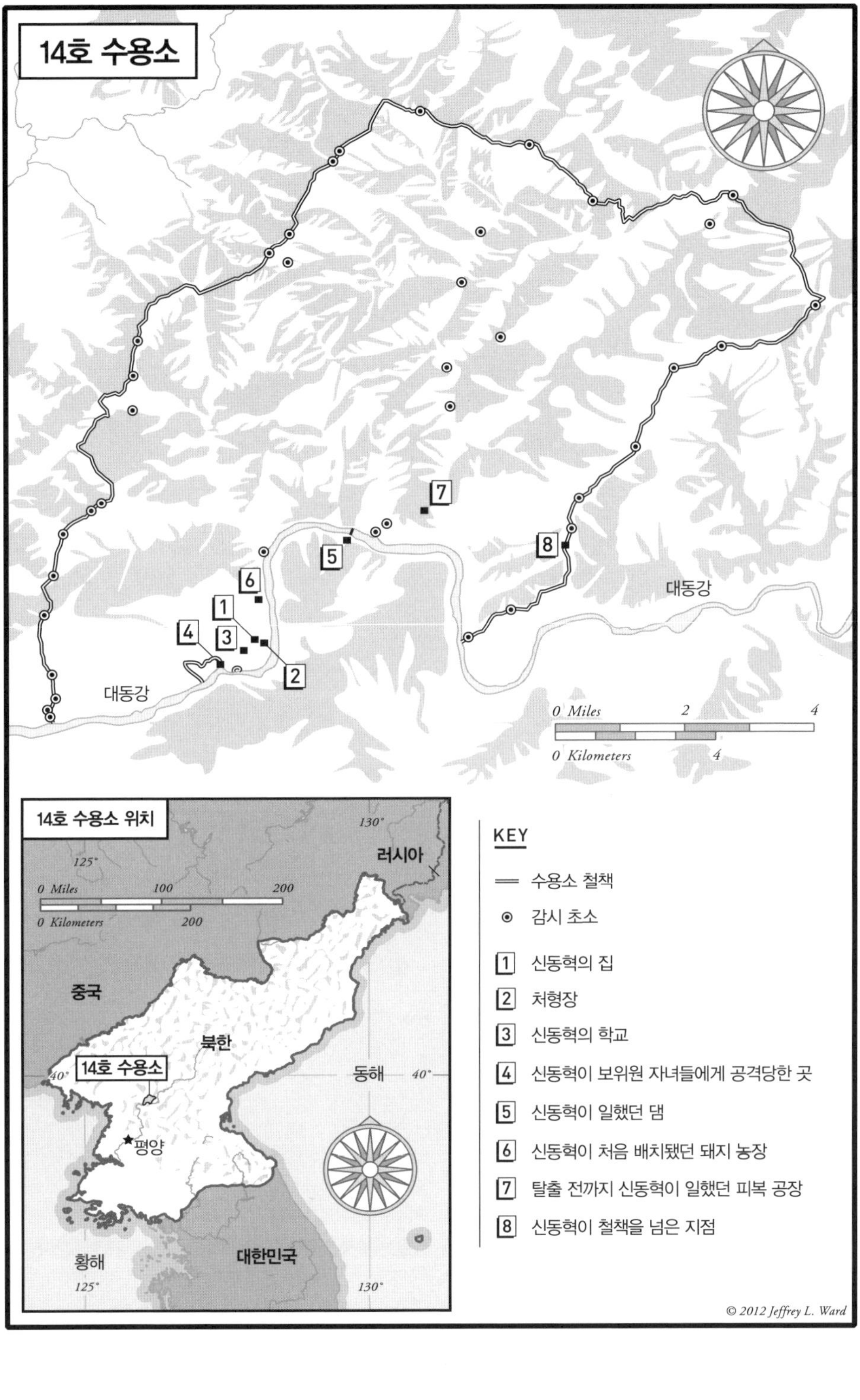
14호 수용소
대동강
대동강
0 Miles 2 4
0 Kilometers 4
14호 수용소 위치
125°
130°
러시아
0 Miles 100 200
0 Kilometers 200
중국
북한
14호 수용소
40°
동해
40°
평양
황해
대한민국
125°
130°
KEY
수용소 철책
감시 초소
1 신동혁의 집
2 처형장
3 신동혁의 학교
4 신동혁이 보위원 자녀들에게 공격당한 곳
5 신동혁이 일했던 댐
6 신동혁이 처음 배치됐던 돼지 농장
7 탈출 전까지 신동혁이 일했던 피복 공장
8 신동혁이 철책을 넘은 지점
© 2012 Jeffrey L. Ward

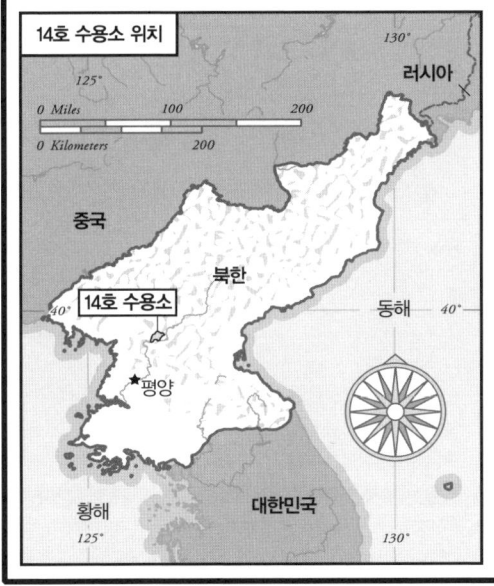

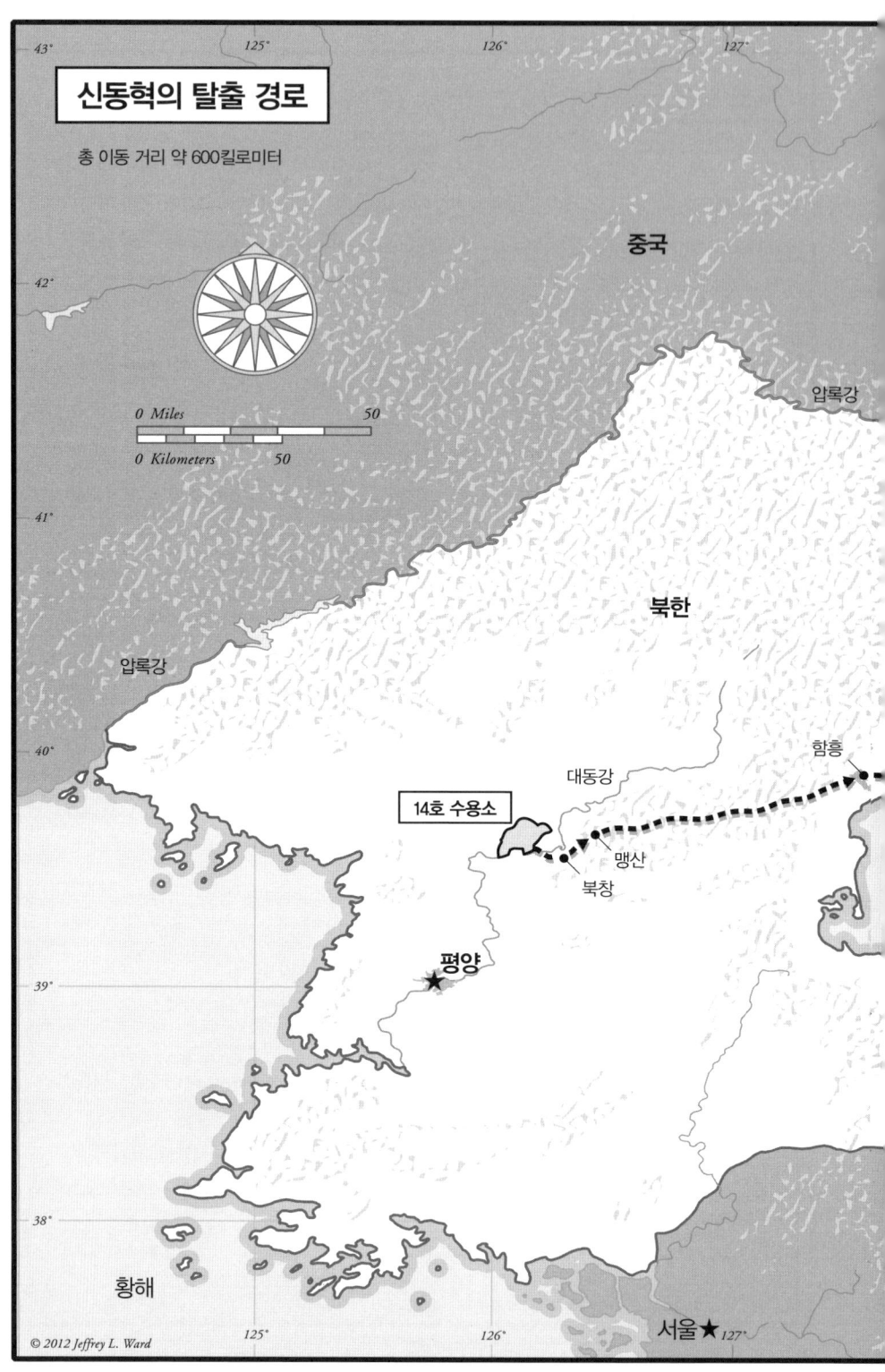

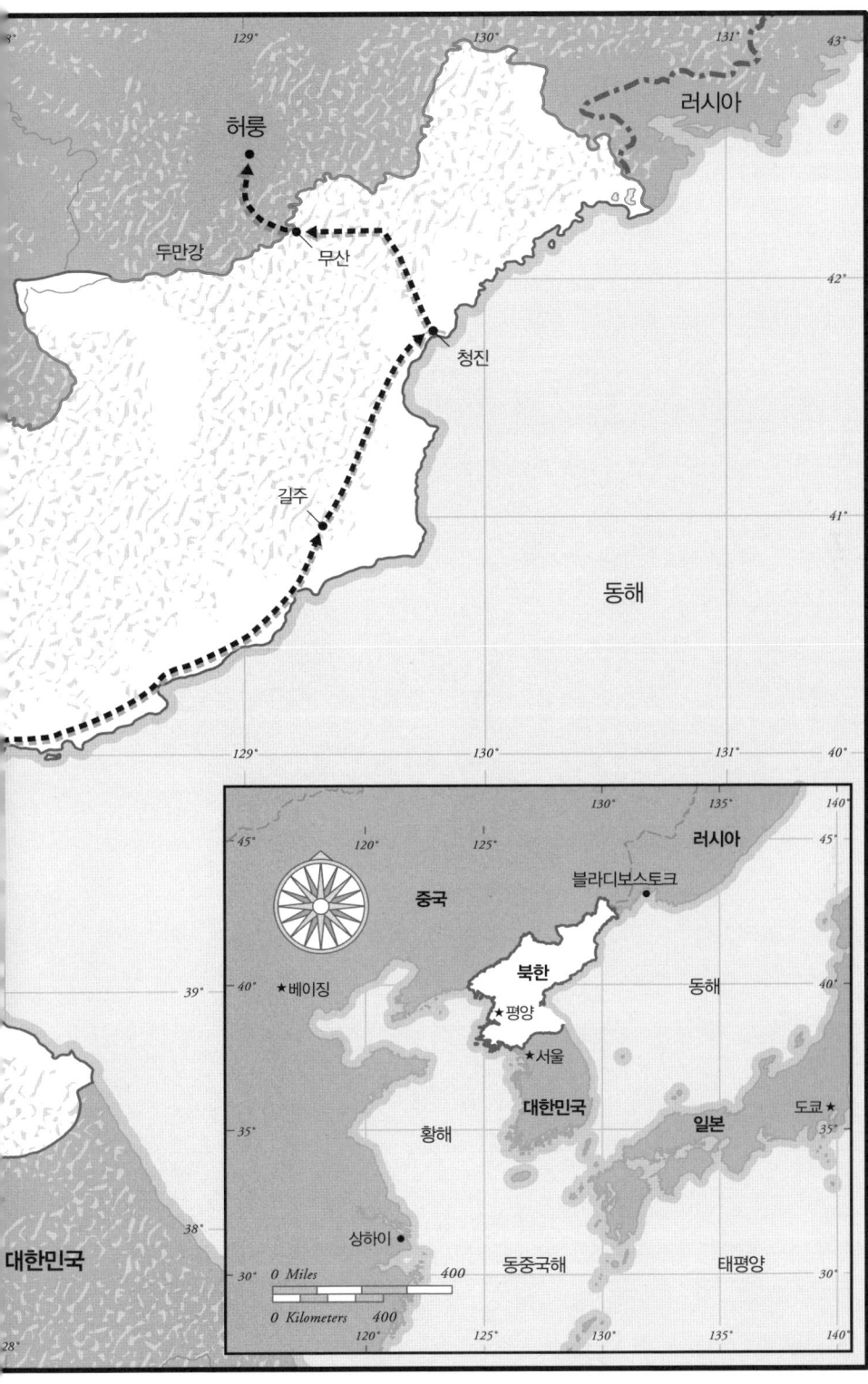

한국어판 서문

　북한 정치범 수용소에서 지낸 경험에 대한 책을 내고 싶다고 내가 처음 요청했을 때, 신동혁은 냉담한 기색으로 "싫습니다."라고 대답했다. 그는 언론인을 신뢰하지 않았다. 그는 나를 신뢰하지 않았다. 책을 내 봐야 시간 낭비라고 여겼다. 이미 회고록(세상 밖으로 나오다, 2007)을 써서 세상에 자신의 이야기를 전하고자 했지만, 아무도 관심을 보이지 않아 크게 상심한 터였다.

　그러나 굳은 결심으로 실망감을 극복한 동혁은, 결국 마음을 고쳐먹고 나와 함께 작업하기로 합의했다. 그는 외부 세계, 그중에서도 특히 남한 사람들이 북한 안에서 어떤 일이 벌어지고 있는지 알아주기를 바랐다. 이 책에서 동혁은, 14호 수용소에서 태어나고 자라며 겪은, 지독히도 끔찍했던 삶의 이야기를 털어놓았다. 그는 영웅이 아니다. 그는 때로는 스스로가 사람답지 못하다는 생각까지 한다. 수용소 간수들은 가족을 배신해야 한다고 가르쳤으며, 동혁은 간수들의 말을 그대로 따랐다. 책 속에서 동혁은 냉정하고, 교활하며, 이기적이다. 한편 용감하기도 하다. 그리고 그는 목숨을 걸고 탈출했다.

그 후 2년이 넘는 기간 동안 나와 동혁은 인터뷰를 나누었다. 어느 날 동혁은 가족을 밀고한 것이 자신이었으며, 그 사실을 그동안 은폐해 왔다고 솔직히 털어놓았다. 어쩌면 스스로의 명예가 실추될 수도 있는 일이었는데, 그는 그것을 무릅쓰고 밝혔다. 사실대로 고백하면 자신이 나쁜 사람으로 비쳐질 것임을 알았지만, 독자들에게 북한 정권의 본질을 그대로 알리고 싶었기 때문이었다. 김씨 정권은 주민들을 위협하고, 그들을 고분고분하게 복종시키기 위해, 수용소에서 노예를 기르면서 죽 한 그릇에 자기 엄마를 밀고하도록 가르쳤다. 그리고 지금도 그렇게 가르치고 있다.

동혁과 함께 쓴 《14호 수용소 탈출 Escape From Camp 14》이 출간되자, 이번에는 사람들이 관심을 보여 주었다. 동혁은 진정한 변화를 이끌었다. 《14호 수용소 탈출》은 세계적인 베스트셀러가 되었다. 전 세계 강대국들이 드디어 북한 인권 유린 문제를 조사하기 시작했다. 2013년 글린 데이비스(Glyn Davies) 오바마 행정부 대북정책 특별대표는 미국 상원 의회에서의 증언에서 동혁을 "용감하고 카리스마 있는"

인물로 묘사했다. 데이비스 특별대표는 《14호 수용소 탈출》의 이야기를 인용하며 다음과 같이 말했다.

"세계는 조선민주주의인민공화국이 저지르고 있는, 광범위하며 조직적인 인권 침해의 심각성에 크게 주목하며 문제 해결을 요구하고 있다."

2013년 3월

블레인 하든

신동혁 서문

　블레인 하든님의 집필로 《14호 수용소 탈출》이 영문으로 출간된 후 세계 여러 인권행사에 참석할 기회가 제게 주어졌으며 인권행사에서 만난 세계인들은 제가 정치범수용소에서 태어나 탈출까지 겪은 일들에 대해 저보다 더 아파하며 격려를 아끼지 않으셨습니다.

　저는 이렇듯 많은 분들의 관심 속에 '자유'를 누리며 살고 있지만, 하루하루 고된 노동과 고문 속에 살아가고 있는, 아니 죽어가고 있는 수용소의 주민들을, 또 제 동료들, 제 가족들을 생각하면 제가 누리고 있는 저의 '자유'가 사치스럽고 죄스럽기 이를 데 없습니다.

　제가 북한 인권 개선 활동에 참여하며 알게 된 사실은 김정일, 그리고 김정은 정권은 국제사회의 북한 인권 문제 제기를 가장 꺼려하고 있으며 국제사회의 인권문제 제기가 북한 인권 개선에 분명히 영향을 끼치고 있다는 점입니다.

　현재 국제사회에서 북한 인권 문제의 심각성은 국내에 비해 비중 있게 다뤄지고 있으며 크게 이슈화되어 있음에도 불구하고 정작 한 핏줄인 국내에서는 '북한인권법 계류' 등 북한 인권에 대한 심각성이 제대로 알려지지 않은 것 같아 안타까운 심정이었습니다.

   이번 한글판 출간을 계기로 국내에서 북한 인권 유린 실상이 제대로 알려져 북한 인권에 대한 관심과 인권 개선에 대한 노력이 많아지기를 진심으로 고대합니다.

신동혁

차례

한국어판 서문 11
신동혁 서문 14
영문판 서문 19
들어가며 25

1장   어머니의 점심을 먹은 아이/47
2장   학창 시절/60
3장   상류 계급/71
4장   어머니의 탈출 시도/87
5장   어머니의 탈출 시도 - 두 번째 이야기/94
6장   지하 감옥에서/100
7장   쥐구멍에도 볕 들 날 있다/108
8장   어머니의 눈길을 피하다/114
9장   반동종파의 새끼/118
10장 노동자/130
11장 돼지 농장에서/140
12장 밀고자/149
13장 명령 위반/158

14장	탈출 준비/171
15장	전기 철책을 넘어/179
16장	도둑질/186
17장	북쪽으로/198
18장	월경(越境)/211
19장	중국에서/219
20장	망명/229
21장	한국에서/241
22장	한국인의 무관심/252
23장	미국에서/263
24장	피할 길이 없다/279

| 후기 | 286 |
| 감사의 글 | 292 |

부록	14호 수용소 10대 규칙 296
	14호 수용소에서의 생활 300
	사진 302
주석	310

영문판 서문

교육의 장

그의 첫 기억은 공개 처형(處刑)이다.

어머니와 함께 걸어서 대동강 근처 밀밭으로 갔을 때, 간수들은 그곳에 수감자 수천 명을 둥그렇게 둘러 세우고 있었다. 모여든 사람들에 들뜬 그는 어른들 다리 틈으로 기어 들어가, 한 남자가 나무 기둥에 묶이는 모습을 맨 앞줄에서 지켜보았다.

다섯 살 어린아이 신인근은 처형 전에 발표한 내용을 이해하지 못했다. 고된 노동을 통해 죄수가 '사면' 받을 수 있도록 지도부가 관용을 베풀었으나 죄수가 그 기회를 저버렸다는 것이었다. 발표문의 속뜻은 그 뒤 여러 해 동안 수십 건의 집행에 참석하면서 나중에 알게 되었다. 간수들은 죄수가 지도부에 욕설을 퍼붓지 못하도록 입에 조약돌을 채우고 머리에 두건을 씌웠다.

첫 집행에서 신인근은 간수 세 명이 조준하는 장면을 보았다. 한 명당 세 발씩을 쏘았다. 어린 인근은 총소리에 깜짝 놀라 그만 뒤로 나자 빠졌다. 그러나 재빨리 일어나서 간수들이 축 늘어지고 피가 낭자한 시체를 내려 담요로 덮고 수레에 싣는 모습을 지켜보았다.

북한의 정치범 감옥인 14호 수용소에서는 사형 집행 때를 제외하고는 수감자 세 명 이상이 모이지 못하게 되어 있다. 공개 처형에는 모두 참석해야 한다. 수용소는 공개 처형을 뼛속까지 두려움을 심어 주는 '교육의 장'으로 삼는다.

수용소 간수인 보위부원들은 인근에게는 선생님이었으며 사육자였다. 인근의 어머니와 아버지를 고른 것도 그들이었다. 보위부원들은 수용소 규칙을 어긴 수감자는 죽어 마땅하다고 가르쳤다. 학교 근처 산비탈에는 '모두 다 법 규정과 규율의 요구대로'라는 구호가 내걸려 있었다. 어린 인근은 수용소의 '10대 규칙'을 외웠으며, 그 열 가지를 아직도 기억한다. 수용소 10대 규칙 1번의 첫 항은 '도주를 기도하다 잡히면 즉시 총살한다.'이다.

처음 공개 처형에 참석하고 10년이 흐른 뒤, 신인근은 같은 들판에 다시 섰다. 이번에도 간수는 사람들을 둥그렇게 둘러 세웠고, 바닥에는 나무 기둥이 박혀 있었다. 임시로 만든 교수대도 설치되었다.

인근은 이번에는 간수가 모는 차 뒷좌석에 타고 그곳에 도착했다. 양손이 묶이고 눈에는 누더기로 만든 눈가리개를 한 채였다. 인근의 옆자리에는 마찬가지로 손이 묶이고 눈가리개를 한 아버지가 앉아 있었다.

신인근과 그의 아버지는 14호 수용소 내의 지하 감옥에 8개월간 감금되었다 풀려났다. 석방의 대가로 지하 감옥에서 벌어진 일에 대해서 일절 발설하지 않겠다는 문서에 서명했다.

지하 감옥에서 간수들은 인근과 그의 아버지를 고문해 자백을 받아내려 했다. 그들은 인근의 어머니와 하나뿐인 형이 탈출을 시도하다 실패한 것에 대해 캐물었다. 간수는 인근의 옷을 벗기고, 손목과 발목을 밧줄로 묶어 천장의 고리에 매달았다. 그리고 몸을 매단 그 바로 아래에 불을 피웠다. 살이 타들어 가기 시작할 때 인근은 정신을 잃었다.

그러나 인근은 아무 자백도 하지 않았다. 자백할 것이 없었다. 어머니, 형과 함께 탈출을 모의한 적이 없었다. 그는 수용소에서 태어난 이후 보위부원들이 줄곧 가르쳐 온 것, 즉 절대 수용소를 탈출하지 못하며, 탈출을 시도하는 그 누구든 고발해야 한다는 사실을 믿었다. 바깥세상에 대해서는 꿈에서조차 생각해 본 적이 없었다.

'미국은 조국을 침략하고 치욕을 범하려는 계략을 꾸미는 앞잡이이다. 남한은 미제 앞잡이를 따르는 나쁜 놈들이다. 북한은 전 세계가 부러워하는 용감하고 뛰어난 지도자를 둔 위대한 국가이다.'

모든 북한 아이들은 이렇게 배운다. 그러나 수용소에서는 이를 전혀 가르치지 않았다. 실제로 인근은 한국, 중국, 미국의 존재를 전혀 알지 못했다.

'위대한 영도자'로 불리는 김정일의 사진이 어디에나 붙어 있는 보통 북한 아이들의 성장 환경과 인근이 자란 환경은 달랐다. 인근은 북한을 세운 '위대한 수령'이자 1994년에 사망한 이후에도 영원불멸한 국가의 수령으로 칭송되는 김일성의 사진이나 동상도 본 적이 없다.

눈가리개가 풀리자 인근의 눈에 군중과 나무 기둥, 교수대가 들어왔고, 처형을 앞둔 사람이 바로 자기 자신이라고 생각했다.

그러나 간수는 입속에 조약돌을 물리지 않았다. 손을 묶었던 끈도 풀어 주었다. 간수는 군중의 맨 앞줄로 그를 데려갔다. 그와 아버지는 구경꾼 역할이었다.

간수는 한 중년 여성을 교수대로 끌어가고 젊은 남자 한 명을 나무 기둥에 묶었다. 인근의 어머니와 형이었다.

간수는 어머니 목에 감긴 줄을 조였다. 어머니는 인근과 눈을 맞추려고 애썼다. 인근은 눈길을 돌렸다. 어머니가 밧줄 끝에서 바동거리던 몸부림을 멈추자 간수 세 명은 인근의 형에게 총을 겨누었다. 각각 세 발씩을 발사했다.

어머니와 형이 죽는 모습을 지켜보면서 인근은 자기가 아니라는 사실에 안도했다. 그는 어머니와 형이 탈출을 계획했다는 사실에 화가 났다. 15년간 아무에게도 털어놓지 않았지만 인근은 어머니와 형이 처형된 것이 자신의 책임이라는 사실을 알고 있었다.

들어가며

'사랑'이라는 말은 들어 본 적이 없다

어머니가 처형되고 9년이 흐른 뒤 신인근은 전기 철책을 넘어가 눈밭을 헤치고 달아났다. 2005년 1월 2일의 일이었다. 이전에는 북한 정치범 수용소에서 태어난 그 어떤 사람도 수용소를 탈출한 적이 없다. 적어도 현재까지 밝혀진 바로는 그가 유일하다.

당시 그의 나이 스물넷이었고, 수용소 담장 밖 세상에는 아는 사람이 전혀 없었다.

신인근은 수용소를 탈출해 중국 국경까지 한 달여를 걸어갔다. 그로부터 2년이 조금 못되어 한국으로 건너갔다. 4년 후에는 캘리포니아 남부에서 지내면서 미국의 북한 인권 단체인 링크(LiNK, Liberty in North Korea)의 수석 대사로 일했다.

캘리포니아에서 그는 직장까지 자전거를 타고 다니고, (한국 출신 강타자 추신수 선수가 있는) 클리블랜드 인디언스의 경기를 챙겨 보고, 세계에서 가장 맛있는 햄버거라고 생각하는 인앤아웃버거에 일주일에 두세 번씩 들른다.

　이제 그의 이름은 신동혁이다. 한국에 도착한 뒤 자유인으로 새롭게 다시 출발하고자 이름을 바꾸었다. 그는 경계하는 듯 바쁜 두 눈을 가진 잘생긴 청년이다. 수용소에서 양치질을 하지 못해서 망가진 치아는 로스앤젤레스에 있는 한 치과에서 손보았다. 전반적인 건강 상태는 양호하다. 그러나 그의 몸에는, 존재하지 않는다고 북한 정권이 주장하는 강제 수용소에서 자란 시련의 상처가 고스란히 담겨 있다.

　영양실조로 성장이 부진해 키 170센티미터에 몸무게 54킬로그램으로 체구가 작고 가냘프다. 팔은 어린 시절의 노동으로 활처럼 구부러졌다. 허리와 엉덩이에는 고문으로 불에 덴 흉터가 있다. 아랫배에는 불 위에서 몸을 움직이지 못하도록 쇠꼬챙이로 찌른 흉터가 남았다. 양 발목에도 독방에 갇혀 족쇄를 차고 거꾸로 매달렸을 때 생긴 흉터가 있다. 오른손 중지 한 마디는 수용소 피복 공장에서 재봉틀을 떨어뜨린 데 대한 처벌로 잘렸다. 발목에서 무릎까지 양 정강이는 14호 수용소를 둘러친 전기 철책을 넘을 때 생긴 상처와 화상으로 심하게 훼손되었다.

　신동혁은 2011년 김정일이 세상을 뜨면서 정권을 이양받은, 김정일의 통통한 셋째 아들 김정은과 거의 비슷한 또래다. 동시대 인물인 신동혁과 김정은을 비교하면, 명목상은 계급 없는 사회지만 실제로는 출신과 혈통에 따라 모든 것이 결정되는, 특권과 궁핍이라는 북한의 양극단이 전형적으로 드러난다.

김정은은 공산주의의 왕자로 태어나 왕실 담장 안에서 자랐다. 그는 가명을 쓰며 스위스에서 학교를 다니고 북한으로 돌아와 할아버지 이름을 딴 최고 대학에서 공부했다. 또 혈통 덕분에 법 위에 군림한다. 김정은에게 불가능이란 없다. 그는 군대 경험이 전혀 없음에도 2010년에 4성 장군인 북한 인민군 대장 자리에 올랐다. 그 이듬해 아버지가 급성 심장마비로 사망한 이후, 북한 관영 매체는 김정은을 '하늘이 내려주신 또 하나의 지도자'로 묘사했다. 그러나 현세의 독재 권력을 함께 누리려는 손위 친척이나 군부 지도자들의 압박을 받고 있을 가능성도 배제하지 못한다.

신동혁은 노예로 태어나 고압 전류가 흐르는 철책 안에서 자랐다. 수용소 내 학교에서 가장 기초적인 읽기와 셈만을 배웠다. 아버지 형제들이 범한 죄로 그의 피가 더럽혀졌기 때문에 그는 잔혹한 법 아래에서 살았다. 그에게 가능한 일은 아무것도 없었다. 국가가 규정한 그의 인생 궤도는 강제 노동과 지독한 굶주림을 겪은 뒤 병을 얻어 일찍 죽는 삶으로, 이 모든 것이 기소나 재판, 항소 절차 없이 비밀리에 정해진 것이다.

강제 수용소에서 살아남은 사람들의 이야기에는 전형적인 서술 구조가 있다. 보안 부대는 주인공에게서 사랑하는 가족과 평안한 가정을 앗아 간다. 주인공은 살아남기 위해 도덕적 원칙을 저버리고, 타인을 생각하는 감정을 억누르며, 문명화된 존재가 되기를 포기한다.

그중 가장 널리 알려진 이야기로 꼽히는 노벨평화상 수상자 엘리 비젤(Elie Wiesel)의 저서 《밤Night》에서는, 열네 살짜리 서술자가 기차에 실려 나치 수용소에 끌려가기 전 가족의 평범한 삶에 대해 묘사하며 자신의 고통을 설명한다. 비젤은 날마다 탈무드를 공부했다. 아버지는 루마니아에서 가게를 운영하면서 마을을 보살폈다. 할아버지는 유대교 기념일을 늘 함께 지내러 오셨다. 그러나 가족 모두가 수용소에서 몰살된 후 비젤은 이렇게 말했다. "신도 없고 사람도 없는 세상에 겁에 질린 채 홀로 남았다. 사랑이나 자비도 없이."

신동혁의 생존 이야기는 다르다.

어머니는 동혁을 때렸고, 1년에 딱 5일, 간수의 허락을 받아야만 아내에게 올 수 있었던 아버지는 동혁을 외면했다. 형은 남과 다름없었다. 수용소에 있는 아이들은 믿음이 안 가고 폭력적이었다. 무엇을 채 배우기도 전에 신동혁은 동료를 고자질해 살아남는 길부터 터득했다.

사랑과 자비, 가족은 의미 없는 단어였다. 신은 사라지거나 죽은 것이 아니었다. 신동혁은 신에 대해 들어 본 적조차 없었다.

비젤은 《밤》의 서문에서, 죽음이나 악에 대한 청소년들의 지식은 "문학 작품을 통해 깨닫게 되는 바로 제한해야 한다."라고 썼다.

14호 수용소에서 신동혁은 문학의 존재에 대해 알지 못했다. 수용소에서 동혁이 본 책이라고는, 바지 뒤춤에 권총을 차고 다니며 지시봉으로 동혁의 동급생을 때려죽인 적이 있는 군복 차림의 선생님 손에 들려 있던 국어 문법 교재 한 권뿐이었다.

신동혁은 안락한 생활에서 억지로 떠밀려 지옥에 떨어진 것이 아니었다. 그는 수용소에서 태어나고 자랐다. 그는 그곳의 가치를 받아들였다. 그는 수용소를 집이라고 불렀다.

북한의 정치범 수용소는 소련 굴라그(Gulag, 강제 수용소)의 두 배, 나치의 강제 수용소보다는 열두 배나 긴 기간 동안 존속해 왔다. 수용소의 위치에 대해서는 논쟁의 여지가 없다. 인터넷 망만 연결되면 누구든 확인할 수 있는 구글 어스(Google Earth)의 고해상도 위성 사진에는 바위산 사이로 철책을 두른 너른 땅이 보인다.

한국 정부는 강제 수용소에 갇힌 죄수를 약 15만 4,000명 정도로 추산하며, 미국 당국과 인권 단체들은 그보다 훨씬 많은 20만 명에까지 이른다고 본다. 지난 10년간 수용소의 위성 사진을 조사한 국제사면위원회(Amnesty International)는 2011년에 수용소 내에 새 건물이 들어선 것을 확인했다. 이들은 어리고 경험 없는 김정은에게 권력이 이양되는 과정에서 정치 사회적 불안이 불거져 수감자 수가 늘어난 것은 아닌지 염려한다.[1]

한국 국가정보원과 인권 단체에 따르면 북한에는 수용소가 여섯 군데 있다. 그중 가장 큰 곳은 가로 40킬로미터, 세로 50킬로미터로, 미국 로스앤젤레스보다도 넓은 면적이다. 수용소 대부분은 전기가 흐르는 철책에 둘러싸였으며, 군데군데 감시탑이 설치되고 무장한 군인이 순찰을 돈다. 15호와 18호 수용소 두 곳에는 운 좋은 일부 수감자들이 김정일과 김일성의 가르침으로 교화 과정을 밟는 재교육 구역을 두었다. 교육 내용을 잘 외우고 간수에게 자신의 충정을 잘 전달하여 수용소에서 석방되기도 하지만 그렇더라도 남은 평생 보위부원의 감시를 받는다.

이 두 수용소를 뺀 나머지는 '악질'[2] 죄수들이 죽을 때까지 일하는 '완전 통제 구역'이다.

신동혁이 있던 14호 수용소는 완전 통제 구역이다. 14호 수용소는 대부분의 구성원이 조선노동당이나 정부, 군부에서 숙청된 인물이나 그 가족이며, 혹독한 작업 환경, 삼엄한 경비, 수감자들의 죄를 중대하게 여기고 용서하지 않는 정부의 태도 등으로 수용소 중에서도 가장 힘든 곳으로 정평이 나 있다. 1959년 북한 중부 평안남도 개천에 건립된 14호 수용소는 약 1만 5,000명을 수용하고 있다. 가로 24킬로미터, 세로 48킬로미터 넓이의 땅에 농장과 광산, 공장이 험준한 산골 곳곳에 위치한다.

강제 수용소에서 태어나고 그곳을 탈출해서 자신의 이야기를 전한 사람은 신동혁 한 명뿐이지만 수용소를 실제로 목격하고 현재 자유의 몸이 된 사람은 최소 60명은 된다.[3] 그중 적어도 15명은 15호 수용소의 교화 구역에 있다가 수용소에서 풀려난 뒤 탈출해 한국에 정착했다. 다른 수용소에 있던 전직 간수들 중에도 북한을 탈출해 한국에 정착한 사례가 있다. 북한에서 특권 계층이었던 전직 인민군 중령 김용은 수용소 두 곳에서 6년을 보내다가 석탄 화차에 몸을 싣고 탈출했다.

한국의 대한변호사협회가 탈북자 증언을 간추려 발표한 문건을 보면 수용소의 일상이 그려진다. 수감자들이 매년 몇 명씩 공개 처형된다. 간수가 수감자를 학대하거나 강간하더라도 절대적으로 묵인되기 때문에 간수에게 맞아 죽거나 비밀리에 살해되는 사람들도 많다. 수감자 대부분은 옥수수와 소금에 절인 배추만으로 연명하며 농사를 짓고, 석탄을 채굴하고, 군복과 시멘트를 만든다. 치아가 다 빠지고 잇몸은 검게 변하며 뼈가 약해져서 40대가 되면 등이 굽는다. 1년에 한두 번 지급되는 옷으로 버티다 보니 더러운 누더기를 입고 일하고 잠을 자며, 비누, 양말, 장갑, 속옷, 휴지는 일절 없이 산다. 수감자들은 대체로 50세 이전에 영양실조와 관계된 질병으로 죽음에 이르는데, 죽을 때까지 하루에 열두 시간에서 열다섯 시간은 의무적으로 일을 해야 한다.[4] 수치를 정확히 예측하기는 힘들지만 서방 정부와 인권 단체들은 강제 수용소에서 죽어 간 사람들이 수십만 명에 이를 것이라고 추정한다.

수감자 대부분은 법적 절차 없이 수용소에 감금되며 자기가 어떤 혐

의로 기소되었는지 모른 채 죽는 사람이 많다. 그들은 대부분 한밤중에 집에서 보위부원에게 끌려간다. 국가안전보위부는 요원 약 27만 명을 거느린 북한의 정보기관으로 경찰 조직의 일부이다. 북한에서는 연좌제가 적용된다. 범법자는 부모와 자녀가 함께 구금되는 경우가 많다. 김일성은 1972년에 "혁명의 적들은 삼대를 멸해야 한다."는 강제적인 방침을 내렸다.

나는 2008년 겨울, 점심 식사를 하며 신동혁과 처음 대면했다. 우리는 서울 시내의 한 음식점에서 만났다. 말이 많았던 그는 배고픈 듯 게걸스럽게 밥과 고기를 여러 그릇 먹어 치웠다. 그는 밥을 먹으면서 통역자와 나에게 어머니가 처형당할 때의 이야기를 했다. 동혁은 고문당했던 탓을 어머니에게 돌리며, 아직도 어머니에 대해 분노하노라고 굳이 나서서 말했다. 자신이 '좋은 아들'은 못 되었다고 말했지만 그 이유는 언급하지 않았다.

그는 수용소에서 사는 동안 한 번도 '사랑'이라는 단어를 들어 보지 못했다고 말했는데, 죽어서까지 경멸하는 어머니에게 사랑이라는 말을 들었을 리 만무하다. 용서라는 개념은 한국 교회에서 처음 들었다. 하지만 그 의미가 혼란스러웠다. 14호 수용소에서는 용서를 구하려면 처벌하지 말아 달라고 빌어야 했다.

신동혁은 수용소에서의 경험을 적은 회고록을 펴냈지만 한국에서 그다지 주목을 받지 못했다. 일자리도 없고, 돈도 떨어졌고, 월세는 밀렸으며, 앞으로 무엇을 하면 좋을지 막막했다. 14호 수용소에서는 이성 간의 만남이 발각되면 처형되는 규칙이 있었기 때문에 그동안 여자와 가깝게 지내 본 적이 없었다. 이젠 제대로 여자 친구를 한번 사귀어 보고 싶지만 어디서부터 시작해야 할지 잘 몰랐다.

점심 식사 후 신동혁은 자신이 사는 작고 초라한 아파트로 나를 데리고 갔다. 비록 내 눈을 똑바로 보지는 않았지만 그는 잘려 나간 손가락과 등에 생긴 흉터를 내게 보여 주었다. 그리고 사진도 찍게 해 주었다. 여태껏 모진 시련을 겪었지만 얼굴 표정이 아직도 어린아이 같았다. 그의 나이는 스물일곱이었으며 14호 수용소에서 탈출한 지는 3년째 되었을 무렵이다.

기억에 남는 점심 식사를 했던 그때 내 나이는 쉰일곱이었다. 〈워싱턴포스트Washington Post〉의 동북아시아 특파원이었던 나는 1년이 넘도록, 북한이 체제 붕괴를 막기 위해 어떠한 억압 정책을 쓰고 있는

지 취재하고 있던 참이었다.

정치적 붕괴는 내 전문 분야였다. 나는 〈워싱턴포스트〉와 〈뉴욕타임스New York Times〉에서 일하면서 근 30년 동안 아프리카의 정치 파탄 국가, 동유럽의 공산주의 붕괴, 유고슬라비아의 분열, 미얀마 군사정권하에서의 장기간에 걸친 부패 등을 밝혀 왔다. 밖에서 지켜보기로는 다른 곳과 마찬가지로 북한에서도 비슷한 붕괴가 일어날 때가 (되어도 한참은) 되어 보였다. 그러나 세계의 거의 모든 이들이 부를 쌓아 가는 동안 북한 사람들은 갈수록 더 고립되고, 가난해지고, 굶주려 갔다.

김씨 정권은 모든 것을 철저히 감추어 왔다. 기능이 마비되어 버린 국가를 전체주의적 압박으로 지켰다.

북한이 정권을 어떻게 지켜 왔는지 밝혀내려던 내가 맞닥뜨린 문제는 북한에 접근할 방법이 없다는 점이었다. 세계의 여타 억압적인 정부들은 대체로 국경을 철저하게 봉쇄하지는 못했다. 나는 독재자 멩기스투(Mengistu Haile Mariam)의 에티오피아, 모부투(Mobutu Sese Seko)의 콩고, 슬로보단 밀로셰비치(Slobodan Milošević)의 세르비아를 자유롭게 드나들며 취재했고, 미얀마에는 여행자인 척하고 들어갔다.

북한은 훨씬 더 조심스러웠다. 외국 언론인들, 그중에서도 특히 미국인은 출입이 허가되는 경우가 거의 없었다. 나는 북한을 딱 한 번 방문했는데, 그때조차 경호원이 보여 주는 곳만 돌아보았으며 알아낸 정보는 거의 없다. 기자가 허가 없이 북한에 입국하면 스파이로 몰려 몇 달에서 몇 년 동안 감옥에 갇히기도 한다. 구금된 기자를 석방시키기 위해 전직 미국 대통령이 직접 나섰던 경우도 있다.[5]

이런 제한 때문에 북한 관련 보도는 피상적이고 알맹이가 없다. 한국에서 보도한 내용이건 일본이나 중국에서 보도한 것이건, 배를 침몰시키거나 여행객을 사살하거나 하는 북한의 최근 도발에 관한 내용으로 시작한다. 그리고 판에 박힌 보도문이 뒤따른다. 미국과 한국 정부는 분노를 표출한다. 중국 당국은 자제를 요청한다. 전문가 집단이 모여 북한 도발의 의미를 진단한다. 이런 식의 기사라면 나도 진절머리 나도록 많이 써 봤다.

그러나 신동혁이 이런 관행을 깨뜨렸다. 그가 살아온 이야기로 그동안 닫혔던 문이 열리고, 김씨 일가가 어린이 노동 학대와 살인으로 어떻게 정권을 지켜 왔는지가 외부에 공개되었다. 내가 동혁을 만난 지 며칠 뒤 동혁의 호소력 짙은 사진과 입이 떡 벌어지도록 끔찍한 이야기가 〈워싱턴포스트〉 1면에 대문짝만하게 실렸다.

그 기사가 실린 날 아침 〈워싱턴포스트〉 회장 도널드 E. 그레이엄(Donald E. Graham)은 나에게 놀랍다는 의미의 "와우!"라는 감탄사 한마디가 적힌 이메일을 보내왔다. 기사가 나간 날 마침 워싱턴의 홀로코스트 기념박물관(Holocaust Memorial Museum)을 찾았던 한 독일인 감독은 신동혁의 삶을 다큐멘터리로 만들기로 결정했다. 〈워싱턴포스트〉는 사설에서, 동혁이 겪은 참혹함에 몸서리쳐지지만 북한 강제 수용소의 존재에 대해 전 세계가 무관심한 현실 역시 그에 못지않게 무섭고 두렵다고 했다.

사설은 다음과 같이 결론을 내렸다. "미국 고등학생은 프랭클린 D. 루스벨트(Franklin D. Roosevelt) 대통령이 왜 히틀러의 수용소로 가는 철로를 폭파하지 않았는지에 대해 논쟁을 벌인다. 다음 세대인 그 자녀 세대에서는 왜 서방이 북한 수용소의 선명한 위성 사진을 확보하고도 아무 조치를 취하지 않았는지 질문할지도 모른다."

신동혁의 이야기가 일반 독자들의 마음을 움직였다. 독자들은 돈이나 지낼 곳을 제공하겠다거나 함께 기도하겠다는 내용의 편지와 이메일을 보내왔다.

오하이오 주 콜럼버스의 한 부부는 기사를 보고 동혁을 찾아서, 그가 미국을 여행하도록 비용을 부담했다. 로웰 다이와 린다 다이 부부는 부모의 정을 경험하지 못한 동혁에게 부모가 되어 주고 싶다고 말했다.

시애틀에 있는 젊은 한인 여성 이하림은 신동혁에 대한 기사를 읽고 동혁을 만나게 해 달라고 기도했다. 그녀는 나중에 캘리포니아 남부에서 동혁을 찾아냈고, 둘은 사랑에 빠졌다.

내가 쓴 기사는 신동혁의 삶을 피상적으로 훑은 정도에 불과했다. 보다 심도 있는 내용을 알리면 전체주의적 억압 정책을 쓰는 북한의 비밀 조직을 세상에 드러내 보일 수도 있겠다는 생각이 들었다. 세상 경험이 전혀 없는 젊은 탈주자가 들키지 않고 경찰국가의 국경을 넘어 중국에 도달한, 불가능해 보이는 이 탈출 이야기는 억압적인 조직이 일부나마 무너져 가고 있는 현실을 내비친다. 또한 북한에서 태어나 컸으며, 죽을 때까지 강제로 일해야 하는 상황에 처했던 소년의 이야기를 들으면 누구든 수용소의 존재에 대해 무작정 무시하지는 못할 터였다.

나는 신동혁에게 책을 낼 의사가 있는지 물었다. 동혁이 결심을 굳히기까지는 9개월이 걸렸다. 나는 그 9개월 동안, 영어로 된 책이 출판되면 한국, 일본, 미국의 인권 운동가들과 전 세계가 문제를 인식하고 북한에 대한 국제적인 압박 수위를 높일 것이며, 그 자신에게는 필요한 돈을 충당할 기회가 된다는 이유를 들며 동혁을 설득했다. 동혁은 제의를 수락한 뒤, 스스로 일곱 차례에 걸쳐 인터뷰를 제안했다. 맨 처음에는 서울에서, 그다음은 캘리포니아 주 토런스, 그리고 마지막으로는 워싱턴 주 시애틀에서 만났다. 동혁과 나는 책의 수익금이 얼마가 되든 50대 50으로 나누기로 했다. 그런 협의 덕분에 책의 내용에 있어서는 내가 주도권을 쥐었다.

신동혁은 북한에서 탈출한 지 약 1년 뒤인 2006년 초부터 일기를 쓰기 시작했다. 서울에서 우울증으로 입원했다가 나온 뒤에도 계속해서 일기를 썼다. 그 일기는 북한인권정보센터가 서울에서 2007년에 출간한 신동혁의 회고록《세상 밖으로 나오다》의 근간이 되었다.

그 회고록이 내가 신동혁과 나눈 인터뷰의 출발점이었다. 또 동혁이 북한과 중국에 머무르는 동안 그 자신, 가족, 친구, 간수에 관해 회고록에 적은 내용 중 많은 부분이 이 책에 직접 인용되었다. 그러나 이 책에 묘사된 신동혁의 생각과 행동 모두는 여러 차례 직접 인터뷰하는 과정에서 그가 기억을 더듬어 덧붙이고, 회고록에 나왔던 많은 중요한 부분을 스스로 수정한 것을 바탕으로 하였다.

그는 나와 이야기를 나누는 순간에도 털어놓기를 두려워하는 듯했다. 나는 마취 없이 치과용 드릴로 환자 치아를 가는 치과 의사가 된 기분이었다. 그런 작업은 2년여 동안 시시때때로 계속되었다. 이야기를 나누면서 그의 마음이 정화되는 때도 있었지만 우울해지는 경우가 더 많았다.

신동혁은 나를 믿으려고 무진 애를 썼다. 스스로도 쉽게 인정하듯 그는 그 누구도 신뢰하지 못한다. 자란 환경에 따른 피할 수 없는 현실이다. 수용소 간수들이 부모나 친구를 감시하고 고자질하라고 가르쳤기 때문에, 반대로 자기가 만나는 모든 사람이 자기를 밀고할 것이라고 생각한다.

책을 쓰면서 나도 때로는 그를 믿으려고 애썼다. 나와의 첫 번째 인터뷰에서 신동혁은 어머니의 죽음과 관련한 자신의 역할에 대해 어물쩍 넘어갔으며, 그 이후 10여 차례가 넘는 인터뷰에서도 계속해서 그렇게 진술했다. 추후에 그가 내용을 정정하자 나는 그가 꾸며 낸 부분이 또 있지는 않을까 걱정이 됐다.

북한을 통해서는 사실 관계를 확인할 수 없다. 국외인이 북한 정치범 수용소에 들어간 적은 한 번도 없다. 수용소 내부에서 일어나고 있는 일에 대한 진술은 자체적으로 증명할 길이 없다. 위성 사진 덕분에 바깥세상에서도 수용소에 대해 훨씬 많이 알게 되었지만 정보의 1차 자료로는 여전히 탈북자의 진술에 의존하는데, 탈북자들이 품은 동기나 신뢰성에 흠이 없지는 않다. 남한에서든 그 외 어디서든 탈북자들은 인권 운동가나 반공산주의 사절, 우익 이론가들이 내놓은 예상이 사실이라고 흔쾌히 확인해 주며, 먹고살기 위해 온 힘을 다한다. 수용소에서 나온 생존자 중에서는 현금으로 선금을 주지 않으면 진술을 거부하는 사람도 있다. 어떤 사람들은 직접 목격한 것이 아니라 주워들은 그럴듯한 일화를 되풀이해 말하기도 한다.

신동혁은 비록 나에 대한 경계를 풀지는 않았지만 과거에 대한 내 질문에 하나도 빠짐없이 답변했다. 그의 삶이 믿기 어렵게 느껴지기도 하지만 그의 고백은 북한을 탈출한 다른 수용소 수감자나 간수들의 증언과 일치한다.

"신동혁이 증언한 모든 내용은 내가 그동안 수용소에 대해 들어 온 것과 일치한다."

인권 전문가 데이비드 호크(David Hawk)가 말했다. 그는 위성 사진에 주석을 달아 생존자 증언과 함께 〈감춰진 강제 노동 수용소: 북한의 강제 노동 수용소 고발 *The Hidden Gulag: Exposing North Korea'* s Prison Camps〉라는 보고서를 쓰면서 신동혁을 비롯해 수용소에 수감되었던 사람들 60여 명을 인터뷰했다. 이 보고서는 미국 북한인권위원회(U.S. Commitee for Human Rights in North Korea)에서 2003년에 처음으로 출간했으며 이후 더 많은 증언과 고해상도 위성 사진을 추가한 개정판이 나왔다. 호크는 신동혁이 수용소에서 태어나고 자랐기 때문에 수용소를 탈출한 다른 생존자들이 알지 못하는 내용까지도 알고 있다고 말했다. 또 신동혁의 이야기는 대한변호사협회가 발간한 《2008 북한인권백서》 저자들에게 이미 검증받은 내용이다. 저자들은 증언에 나선 수용소 생존자들은 물론 신동혁과 폭넓게 이야기를 나누었다. 호크가 명시한 것과 같이 북한이 신동혁을 비롯한 수용소 생존자들의 증언을 '반박하고, 부인하거나, 틀렸음을 입증할' 단 하나의 방법은 수용소를 외부에 공개하는 일뿐이다. 그렇게 하지 못한다면 생존자들의 증언은 유효하다고 호크는 분명히 말한다.

북한이 정말 붕괴한다면, 신동혁의 추측처럼 북한 지도부는 전쟁 범죄 재판이 두려워서 조사관이 수용소에 도착하기 전에 수용소를 철거해 버릴 가능성도 있다. 김정일은 일찍이 "적이 우리에 대해 어떤 사실도 알지 못하도록 짙은 안개로 주위를 감싸 두어야 한다."라고 말했다.[6]

직접 보지 못하는 것을 종합해 내려고 노력하면서 나는 북한의 군대, 지도부, 경제, 식량 부족, 인권 유린 등에 대해 취재하는 데 3년 중의 많은 시간을 투자했다. 나는 15호 수용소 수감자 세 명과 수용소 네 곳에서 일했던 전직 간수 겸 운전사 등 탈북자 수십 명을 인터뷰했다. 북한을 정기적으로 드나드는 한국 학자와 과학 기술 전문가와 이야기를 나누고, 갈수록 많아지는 관련 연구와 수용소에 관한 수기를 검토했다. 미국에서는 동혁과 절친해진 친구들을 찾아다니며 인터뷰했다.

신동혁의 이야기를 가늠하는 데 잊지 말아야 할 점은, 전직 수용소 간수이자 운전사였던 안명철이 증언하듯 수용소에 있는 다른 수감자들 역시 동혁과 마찬가지로, 때로는 더욱 심하게 시련을 겪었다는 사실이다. 안명철은 "신동혁은 수용소의 보통 아이들에 비하면 비교적 편안한 삶을 살았다."라고 말한다.

핵폭탄을 터뜨리고, 남한을 공격하고, 일촉즉발의 호전적인 나라라는 평판을 구축함으로써 북한 정권은 한반도에 반영구적인 안보 위기를 불러일으켰다.

뻣뻣한 자세로 국제 외교의 장에 마지못해 나올 때면 북한은 늘 인권 문제를 협상 테이블에서 빼놓는 데 성공했다. 미국으로서는 핵무기와 미사일을 둘러싼 위기관리가 북한을 상대하는 주목적이었다.

수용소에 관한 문제는 늘 뒤늦게 생각했다.

"북한에 수용소에 관한 문제를 꺼내들기는 불가능한 일이었다. …… 그 문제를 입에 올렸다가는 북한 대표가 길길이 뛰며 난리를 부린다."

클린턴 정부와 부시 정부에서 국무부 소속으로 수년간 대북 정책을 책임졌던 고위 관리 데이비드 스트라우브(David Straub)가 내게 말했다.

북한 수용소 문제로 전 세계가 공동으로 양심의 가책을 느낀 적은 거의 없다. 미국에서는 신문 보도에도 불구하고 수용소의 존재에 대해 여전히 관심이 없다. 워싱턴에서는 지난 몇 년 동안 탈북자와 수용소 생존자 몇이 매해 봄 내셔널 몰 앞에 모여 강연을 하고 행진을 했다. 워싱턴의 기자단은 거의 관심을 보이지 않았다. 부분적으로는 언어 문제 때문이기도 했다. 탈북자 대부분은 한국어 밖에 할 줄 모른다. 그리고 또 하나 중요한 이유는, 연예인 같은 유명 인사를 중심으로 하는 미디어 문화에서, 마땅한 동영상 자료도 없는 동떨어진 이 이슈에 관심을 갖자고 설득하고 나선 영화배우, 아이돌 가수, 노벨상 수상자가 이제껏 한 명도 없었다는 점이다.

"티베트인들에게는 달라이 라마(Dalai Lama)와 리처드 기어(Richard Gere)가 있고, 미얀마 사람들에게는 아웅 산 수치(Aung San Suu Kyi) 여사가, 수단 다르푸르 사람들에게는 미아 패로(Mia Farrow)와 조지 클루니(George Clooney)가 있다. …… 북한 사람들에게는 그런 인물이 전혀 없다."

수용소 생존자들을 워싱턴으로 데려온, 오랜 경력의 활동가 수잰 숄티(Suzanne Scholte)가 내게 말했다.

신동혁은, 자기는 수용소에 남아 있는 수천수만 명을 대변할 자격이 없다고 했다. 그는 살아남고 탈출하기 위해 자신이 벌인 행동을 부끄러워했다. 그는 영어 배우기를 거부했는데, 자신을 중요한 인물로 부각시킬지 모르는 언어로 자기 이야기를 수도 없이 반복하고 싶지 않았던 점도 그 이유 중의 하나였다. 그럼에도 그는 북한이 그토록 철저히 숨겨 온 것이 무엇인지 전 세계가 알아주기를 간절히 바랐다. 그가 짊어진 짐은 무겁다. 수용소에서 태어나고 성장기를 보낸 후에 탈출했고, 수용소에서 무슨 일이 있었으며 현재 어떤 일이 벌어지고 있는지, 세계에 알릴 사람은 신동혁 이외에는 아무도 없다.

[일러두기]
- 이 책의 원서에서 언급된 나이는 전부 한국 나이로 환산하여 번역했습니다. (일관성을 유지하기 위해 신동혁뿐 아니라 외국인의 나이도 한국식 나이로 바꾸었습니다)
- 대화체는 신동혁의 《세상 밖으로 나오다》(북한인권정보센터, 2007)를 참조하여 북한 주민의 어투를 최대한 반영했습니다.
- 북한을 탈출한 북한 주민을 가리키는 법률상 용어는 '북한이탈주민'이나, 익숙하게 쓰이는 '탈북자'로 바꾸어 썼습니다.

01
어머니의 점심을 먹은 아이

신동혁과 그의 어머니는 14호 수용소에서 가장 좋은 막사에 살았다. 과수원 바로 옆에 있는 '시범 마을'로, 나중에 동혁의 어머니가 처형된 들판 바로 건너편이다.

시범 마을에는 단층 건물 40채가 있으며 한 채당 네 가구씩 거주했다. 개별 방을 배정받은 동혁과 어머니는 콘크리트로 된 방바닥에 나란히 누워 잠을 잤다. 네 가구가 공동으로 사용하는 부엌에는 전구 하나만 달랑 매달려 있다. 전기는 하루에 두 시간씩, 새벽 4시에서 5시, 밤 10시에서 11시 사이에만 공급되었다. 창문은 불투명해서 잘 들여다보이지 않는 회색 비닐이었다. 난방 시설은 부엌에서 석탄을 때면 방바닥 밑에 깔린 연통으로 열기가 전달되는 한국식 온돌이다. 수용소 내에 탄광이 있어서 난방에 쓸 석탄을 구하는 것은 어렵지 않았다.

침대나 의자, 식탁은 없었다. 수도 시설도 없었다. 목욕이나 샤워 시설도 없었다. 목욕을 하고 싶은 수감자는 여름에 몰래 강에 들어가기도 했다. 마실 물로는 약 30가구가 우물 한 곳을 나누어 썼다. 변소도 공동으로 사용했는데, 여자용과 남자용으로 구분해 썼다. 수감자의 분뇨를 수용소 농장 비료로 썼기 때문에 반드시 정해진 변소에 소변과 대변을 보아야 했다.

동혁의 어머니가 일일 작업량을 다 채운 날은 그날 저녁과 다음 날에 먹을 식량을 받아 왔다. 새벽 4시가 되면 어머니는 아들과 함께 먹을 아침과 점심을 지었다. 식단은 한결같이 옥수수 죽, 배추절임, 배춧국이었다. 신동혁은 처벌을 받아 아무것도 먹지 못했을 때를 빼고는 23년간 거의 매일 똑같은 음식을 먹었다.

동혁이 어려서 학교에 다니지 않았던 시절, 어머니는 동혁을 집에 혼자 두고 아침에 일하러 나갔다가 한낮이 되면 점심을 먹으러 돌아오는 때가 많았다. 동혁은 늘 배가 고팠기 때문에 아침에 어머니가 일을 하러 나가자마자 점심을 먹어 치웠다.

그는 어머니 몫까지 먹었다.

낮에 집에 돌아온 어머니는 먹을 것이 없다는 사실을 알아차리고 불같이 화를 내며 괭이, 삽 등을 손에 잡히는 대로 휘둘러 어린 아들을 마구 때렸다. 그럴 때 어머니의 매질은 동혁이 나중에 커서 간수에게 맞은 매만큼 모진 적도 많았다.

그럼에도 신동혁은 어머니 몫을 가능한 많이 그리고 자주 먹었다. 어머니 밥을 먹어 버리면 어머니가 배를 주리게 된다는 생각은 들지 않았다. 어머니가 돌아가시고 미국에서 살게 된 아주 먼 훗날이 되어서야 동혁은 어머니를 사랑했노라고 말했다. 그러나 그것은 돌이켜 생각해 보았을 때의 이야기이다. 문명사회의 어린아이는 엄마를 사랑하기 마련이라는 사실을 동혁이 배운 후였다. 그가 수용소에 있을 때, 즉 끼니를 전부 어머니에게 의지하고, 어머니 음식을 훔쳐 먹고, 모진 매질을 견뎌 내며 지내던 시절, 동혁에게 어머니는 생존을 위해 싸우는 경쟁자였다.

어머니 이름은 장혜경이었다. 동혁이 기억하는 어머니는 팔뚝이 튼튼하며 작고 통통한 체구였다. 수용소에 있는 다른 여자들처럼 규정에 따라 머리를 짧게 자르고 흰 천을 삼각형으로 접어 머리에 둘러서 목 뒤로 묶었다. 동혁은 지하 감옥에서 심문 받던 중에 문서에 적힌 내용을 보고 어머니 생년월일이 1950년 10월 1일임을 알았다.

어머니는 과거, 가족 이야기, 수용소에 오게 된 이유에 대해서는 단 한 번도 입에 담지 않았으며 동혁도 물어본 적이 없다. 동혁이 그녀의 아들로 태어나게 된 계기는 간수가 짝을 정해 준 데에서 기인한다. 간수는 남녀에게 상으로 주어지는 '표창 결혼'으로 신동혁의 어머니와 아버지를 짝지어 주었다.

미혼 남녀는 성별에 따라 다른 숙소에서 지냈다. 신동혁이 외워야 했던 14호 수용소의 규칙 중 여덟 번째 항은 "승인 없이 남녀 간에 신체 접촉이 있을 경우 즉시 총살한다."였다.

북한의 다른 수용소들도 마찬가지 규칙을 두고 있다. 여러 전직 간수나 수감 경험자들을 만나 취재한 내용에 따르면 승인받지 않은 성관계로 임신이나 출산에 이를 경우 여자와 아기는 대개 처형된다. 식량을 더 얻거나 조금 쉬운 일을 배정받으려고 간수와 성관계를 맺는 여자들도 위험 부담이 크다는 사실은 알고 있었다. 그러다 임신이라도 하면 어디론가 사라져 버린다.

표창 결혼은 성관계 금지 규정하에서 안전하게 성관계를 맺을 수 있는 유일한 길이었다. 결혼은 힘든 일의 달성이나 확실한 밀고에 따른 보상으로 수감자에게 주어지는 최고의 상이었다. 남자는 스물다섯, 여자는 스물셋이면 자격이 된다. 간수는 1년에 서너 번, 주로 새해 첫날이나 김정일 생일 같은 북한의 기념일에 결혼 명단을 발표한다. 신랑이나 신부가 될 사람은 상대를 고를 결정권이 전혀 없다. 혹여 결혼 상대로 지목된 사람이 받아들이기 어려울 정도로 나이가 많거나, 성격이 지독하거나, 형편없이 못생겼을 경우에는 결혼을 취소하기도 한다. 그러면 그 당사자인 여자와 남자는 다시는 결혼하지 못하게 된다.

동혁의 아버지 신경섭은 수용소 기계 공장에서 선반 기계를 훌륭히 다룬 보상으로 부인 장혜경을 얻었다. 어머니 장혜경은 어떤 계기로 결혼의 영예를 누리게 되었는지 동혁에게 말해 준 적이 없다.

그러나 수용소에서 결혼한 다른 여자들과 마찬가지로 동혁의 어머니에게도 결혼은 일종의 진급이었다. 결혼과 함께 약간 수월한 일과, 학교와 보건소가 딸린 시범 마을 내에 있는 더 나은 숙소가 배정되기 때문이다. 결혼 후 장혜경은 피복 공장에 있는 복작거리는 여자 숙소에서 시범 마을로 거처를 옮겼다. 또 갈망하던 대로 근처 농장의 일자리를 얻어서 옥수수, 쌀, 채소 등을 훔칠 기회도 생겼다.

결혼 직후 연속 5일 동안은 부부가 함께하는 잠자리가 허용된다. 동혁의 아버지는 그 이후로는 일터에 있는 숙소로 돌아가 1년에 단 몇 차례만 부인 장혜경을 찾아올 수 있었다. 그 사이 아들 둘이 태어났다. 첫째인 신희근은 1974년에 태어났다. 신동혁은 그로부터 8년 뒤에 태어났다.

형제는 서로에 대해 아는 바가 거의 없었다. 동혁이 태어났을 무렵 형 희근은 하루에 열 시간씩을 인민학교에서 보냈다. 동혁이 다섯 살이 되던 해 열세 살이 된 형은 규정에 따라 집을 떠나 공동 숙소로 들어갔다.

동혁이 회상하는 아버지에 관한 기억은 가끔 밤에 나타나서 아침 일찍 떠나는 모습이 전부였다. 동혁의 아버지는 아들에게 거의 관심을 두지 않았으며 동혁은 아버지의 존재와 무관하게 성장했다.

수용소를 빠져나온 뒤 수년이 지나서야 신동혁은 사람들이 '엄마', '아빠', '형'이라는 단어에서 따뜻함, 안전, 애정을 떠올린다는 사실을 인식했다. 동혁의 경험과는 전혀 다른 감정이었다. 간수들은 신동혁을 비롯한 아이들이 수용소에서 수감 생활을 하게 된 까닭은 모두 부모의

'죄' 때문이라고 가르쳤다. 그리고 몸속에 반역자의 피가 흐른다는 사실은 늘 부끄러워해야 마땅하지만, 중노동을 견뎌 내고, 간수에게 복종하고, 부모를 잘 감시하면 타고난 죄를 '씻어 내는' 긴 여정을 밟아 가게 될 것이라고 말했다. 14호 수용소의 열 번째 규칙은 수감자는 간수인 보위부원들을 반드시 진정한 스승으로 여겨야 한다는 규정이었다. 신동혁에게는 이 규칙이 타당하게 느껴졌다. 어린 시절과 청소년기를 지낼 때 부모는 늘 지쳐 있었고, 거리감이 느껴졌으며, 동혁과 대화도 거의 나누지 않았다.

　신동혁은 밀고를 하면 수용소를 벗어날 길이 열린다는 간수의 가르침을 확실한 믿음으로 간직한, 뼈가 앙상하게 마르고, 호기심 없으며, 친구도 거의 없는 아이였다. 그렇지만 어머니와 간수의 만남을 목격하게 되면서부터는 무엇이 옳고 그른지에 대한 판단이 흐려질 때도 있었다.

　신동혁이 열한 살이었을 때 하루는 저녁에 어머니를 찾으러 집을 나섰다. 배가 고팠고 어머니가 저녁 준비를 할 시간이었다. 어머니 일터인 근처 논으로 걸어가서 한 아주머니에게 어머니를 보았느냐고 물었다.

　그녀는 어머니가 보위지도원의 방을 청소하고 있다며 농장을 감독하는 간수의 사무실을 일러 주었다.

　동혁이 보위부원 사무실로 가 보니 출입문이 잠겨 있었다. 그는 건물에 난 창으로 안을 슬쩍 들여다보았다. 어머니는 무릎을 꿇고 바닥을 닦고 있었다. 그때 동혁의 시야에 보위지도원이 들어왔다. 그는 어머니

뒤쪽으로 다가가더니 어머니를 더듬기 시작했다. 어머니는 아무런 저항도 하지 않았다. 둘은 옷을 벗었다. 동혁은 두 사람이 성교하는 모습을 지켜보았다.

그는 자기가 목격한 것에 대해 어머니에게 단 한마디도 묻지 않았으며 아버지에게도 절대 말하지 않았다.

그해 동혁이 다니는 인민학교 반 아이들은 부모님의 일터로 가서 일을 돕도록 되어 있었다. 하루는 동혁도 아침에 어머니와 함께 논에 모내기를 하러 갔다. 어머니는 몸이 안 좋아 보였고 모심는 속도가 뒤처졌다. 점심시간 바로 전쯤 어머니의 굼뜬 작업 속도가 간수의 눈길을 끌었다.

"이년이!" 간수가 어머니를 향해 소리쳤다.

'이년'은 수용소 간수가 여자 수감자들을 부르는 기본 호칭이었으며, 동혁을 비롯한 남자 수감자들은 '개새끼'로 불렀다.

"모내기도 못하는 년이 어떻게 밥을 처먹으려고 그래?" 간수가 소리쳤다.

어머니가 미안하다며 빌었지만 간수는 불같이 성을 냈다.

"이 간나 안 되겠구만."

동혁이 어머니 옆으로 다가섰을 때 간수는 어머니에게 벌을 주었다.

"저쪽 이랑에서 무릎 꿇고 손 들라. 내가 점심 먹고 돌아올 때까지 그 자세 그대로 있으라."

동혁의 어머니는 한 시간 반 동안 햇빛을 받으며 양손을 번쩍 들고 무릎을 꿇은 채 둔덕 위에 앉아 있었다. 동혁은 옆에 서서 가만히 지켜보았다. 어머니에게 뭐라고 말을 건네야 할지 몰라서 그냥 잠자코 있었다.

간수는 점심을 먹고 돌아와서 어머니에게 작업을 계속하라고 명령했다. 힘이 빠지고 허기진 어머니는 오후 중반 무렵 끝내 까무러치고 말았다. 신동혁은 간수에게 달려가 도와 달라고 빌었다. 다른 일꾼들이 어머니를 쉴 만한 그늘진 곳으로 데려갔고, 어머니는 잠시 뒤 의식을 되찾았다.

그날 저녁 동혁은 어머니와 함께 자아비판을 하는 의무적 모임인 '사상투쟁회의'에 참석했다. 동혁의 어머니는 이번에도 무릎을 꿇고 앉아 보위부원을 따라 들어온 동료 농장 노동자 40명에 둘러싸여 작업량을 다 채우지 못한 데 대해 질책을 받았다.

여름밤에는 동혁과 마을에 사는 다른 남자 아이들이 마을 북쪽에 있는 과수원에 숨어들기도 했다. 아이들은 덜 익은 배나 오이를 따서 최대한 빨리 먹어 치웠다. 그러다 발각이라도 되는 날에는 간수에게 지시봉으로 얻어맞고 며칠 동안 학교에서 점심을 굶게 된다.

그러나 간수들은 아이들이 쥐나 개구리, 뱀, 곤충 등을 잡아먹는 것은 상관하지 않았다. 살충제를 거의 사용하지 않고, 사람의 똥오줌을 비료로 쓰며, 변소 청소용 물이나 목욕물이 전혀 공급되지 않아 너저분했기 때문에 수용소 내에는 쥐, 개구리, 뱀, 곤충들이 들끓었다.

쥐를 잡아먹는 행위는 주린 배를 채우는 것뿐 아니라 생존을 위해서도 아주 중요했다. 쥐 고기를 먹으면, 특히 겨울철에 만연하며 때로는 치명적이기도 한 질병인 펠라그라를 예방할 수 있었다. 단백질과 니아신 결핍으로 생기는 병인 펠라그라에 걸리면 전신 피로, 피부 병변, 설사, 치매 등의 증상을 겪는다. 수용소에서는 펠라그라로 죽는 사람이 흔했다.

신동혁은 쥐를 잡아 굽는 데 열정적으로 매달렸다. 집 안에서, 들판에서, 변소에서 쥐를 잡았다. 저녁에는 쥐를 구울 석탄이 있는 학교에서 친구들과 만났다. 쥐 껍질을 벗기고 내장을 긁어낸 다음 소금을 뿌려 구워서 살, 뼈, 작은 발까지 질겅질겅 씹었다.

또 늦여름과 가을에는 강아지풀 줄기에 귀뚜라미, 메뚜기, 잠자리를 꿰어서 불에 구워 먹는 법도 배웠다.

명령을 받고 동급생들과 무리 지어 산에 나무를 하러 갈 때면 동혁은 머루, 오디, 산딸기를 한 움큼씩 따 먹었다.

겨울, 봄, 초여름에는 먹을 것이 거의 없었다. 굶주림에 지친 동혁과 친구들은 배고픈 고통을 줄여 준다고 형들이 알려 준 방법을 따라 해 보기도 했다. 액체가 소화를 촉진시켜 더 빨리 공복 상태가 된다는 형들의 이론에 따라 물이나 국을 마시지 않고 밥을 먹었다. 대변을 보지 않으면 포만감이 느껴지고 음식에 대한 집착이 줄어든다는 믿음에서 대변을 억지로 참기도 했다. 소를 흉내 내서 먹은 음식을 다시 게워 내 다시 먹는 방법도 있었다. 신동혁도 이 방법들을 몇 번 써 보았지만 배고픔을 참는 데는 전혀 도움이 되지 않았다.

여름에 아이들이 모내기나 김매기를 도우러 들판에 나갈 무렵이 쥐와 들쥐가 가장 많은 시기였다. 동혁은 그럴 때면 매일 쥐를 잡아먹었다. 어린 시절 가장 행복하고 만족스러웠던 순간은 배가 가득 찼을 때였다.

북한에서 흔히 '식량 문제'로 지칭하는 이 문제는 강제 노동 수용소에 국한되지 않는다. 북한 전역에서 수백만 명이 성장 부진을 겪고 있다. 지난 10년간 북한을 탈출한 10대 소년들은 남한에서 자란 소년에 비해 평균 약 12센티미터 작고, 11킬로그램 덜 나간다.[1]

미국 정보공동체(U.S. intelligence community) 산하 연구 기관인 미국 국가정보위부원회의 보고에 의하면 유아기 영양 결핍에 따른 지적 장애로 북한군 징집 대상의 약 4분의 1이 부적격 판정을 받는다고 한다. 보고서는 굶주림에 따른 젊은이들의 지적 장애 문제가 향후 북한이 문호를 개방하거나 남한과 통일되었을 때 경제 성장에 걸림돌이 될 가능성이 높다고 예측했다.

1990년대 이래로 북한은 국민을 먹여 살릴 만큼 충분한 양식을 경작하거나, 사들이거나, 배급하지 못했다. 1990년대 중반의 기근으로 북한 주민들이 100만 명 가까이 목숨을 잃었다. 이 사망률을 미국 인구 규모로 환산하면 약 1,200만 명에 해당한다.

북한의 식량 재앙은 1990년대 후반 정부가 국제 식량 원조를 받아들이기로 결정하면서 다소 완화되었다. 미국은 여전히 북한의 가장 사악한 적이었지만 동시에 가장 큰 원조자가 되었다.

북한은 2,300만 명에 이르는 국민을 먹여 살리기 위해서 매년 쌀과 기타 곡물 500만 톤 이상을 생산해야 한다. 생산량은 그에 미치지 못해서 거의 매년 약 100만 톤 정도가 모자란다. 겨울이 길고 고산 지대가 많은 북한은 경작할 땅이 부족하며, 농부들에게 생산 장려책도 쓰지 않고, 연료나 현대식 농경 장비를 감당할 여력도 못된다.

한동안은 소련에서 보조를 받아 식량 재앙을 겨우 모면해 왔지만 소련이 붕괴하고 보조금이 끊기면서 북한의 중앙 계획 경제는 기능을 멈췄다. 노후한 공장에 공급할 공짜 연료도 없고, 조잡하기 짝이 없는 물건을 내다 팔 확실한 시장도 없고, 국영 농장에서 줄곧 써 오던 값싼 소련제 화학 비료도 없어졌다.

몇 년 동안은 남한이 남북 긴장 해소를 위해 '햇볕정책'을 도입하여 매년 50만 톤의 비료를 원조하면서 부족분을 메꿀 수 있었다.

그러나 남한에 새 정권이 들어서면서 2008년에 비료 무상 공급을 중단하자 북한은 수용소에서 수십 년째 해 온 방식을 전 국가적으로 실시했다. 주민들은 인분과 재를 섞어 퇴비를 만들도록 지시받았다. 최근 북한은 겨울마다 도시와 작은 마을의 화장실에서 얼어붙은 분뇨를 조각내어 꺼낸다. 북한에 정보원을 두고 있는 불교계 자선 단체 '좋은 벗들'에 따르면 공장, 공공 기관, 마을마다 퇴비 2톤씩을 만들어 내라는 명령이 내려졌다고 한다. 그렇게 만든 퇴비는 봄에 국영 농장으로 이송된다. 그러나 유기 비료는 국영 농장이 수십 년간 사용해 온 화학 비료와는 비교도 되지 않는다.

전기 철책 안에 갇혀 1990년대를 보낸 신동혁은 수용소 밖에서 수백만 명의 주민이 극심한 기근으로 고통받고 있다는 사실을 전혀 몰랐다.

동혁과 그의 부모는 (적어도 동혁은) 정부가 군대를 먹여 살리느라 고투하며, 수도 평양을 비롯해 도시에 사는 사람들이 굶주림으로 집에서 죽어 간다는 소식을 듣지 못했다. 또한 수만 명이 집을 버리고 식량을 찾아 중국으로 걸어 들어갔다는 사실도 몰랐고, 기근으로 고통받는 주민들이 북한에 흘러 들어간 수십억 달러어치의 식량 원조 혜택을 누리지 못했다는 사실도 알지 못했다.

이런 혼돈의 시기가 계속되면서 김정일 정권의 기본 기능이 마비되어 감에 따라 서구의 정책 연구 전문가들은 《북한의 종말 The End of North Korea》과 같은 최후의 심판일을 예견하는 책을 펴냈다.

가끔씩 열차로 실어 오는 소금을 빼고는 자급자족이 가능했던 14호 수용소에서 종말의 흔적은 그 어디에도 없었다.

수감자들은 옥수수와 배추를 재배했다. 노예나 다름없는 노동자인 그들은 쓰러져 가는 울타리 바깥의 경제를 위해 저비용으로 채소, 과일, 양식 물고기, 돼지고기, 군복, 시멘트, 도기와 유리그릇을 생산했다.

신동혁과 어머니는 기근의 시절에 굶주리고 처참히 지냈지만 이미 익숙해 있던 것보다 더 심하지는 않았다. 소년은 계속해서 쥐를 잡고, 어머니 음식을 훔치고, 매질을 견디면서 지냈다.

02
학창 시절

    선생님은 불쑥 소지품 수색을 실시했다. 신동혁을 비롯한 여덟 살 동급생 40명의 주머니를 샅샅이 뒤졌다.
    수색을 끝낸 선생님은 옥수수 다섯 알을 손에 쥐었다. 옥수수는 키가 작고 말랐으며, 동혁의 기억에 유난히 예뻤던 한 여자아이에게서 나왔다. 그 아이의 이름은 기억하지 못하지만 동혁은 1989년 6월 어느 날 학교에서 있었던 일을 또렷이 기억한다.
    주머니 검사를 시작할 때 이미 심기가 불편해 보였던 선생님은 옥수수를 발견하자 이내 폭발해 버렸다.
    "이 간나 새끼, 너 강냉이 훔쳤디? 손모가지 짤려 나가라구 길디?"
    선생님은 그 여자아이를 교실 앞으로 불러 무릎을 꿇렸다. 그리고 나무로 만든 긴 지시봉을 앞뒤로 획획 흔들며 아이의 머리를 쉼 없이 때렸다. 신동혁과 반 아이들이 숨죽이고 바라보는 동안 그 아이 머리에는 혹이 여러 개 튀어 올랐다. 코에서는 피가 주르륵 흘러내렸다. 결국 아이는 콘크리트 바닥에 고꾸라졌다. 동혁과 다른 아이들 몇 명이 아이를 들쳐 업고 학교 근처 돼지 농장에 있는 아이 집으로 데려갔다. 그날 밤 늦게 그 아이는 죽었다. 14호 수용소 규칙 3번의 3항은 "관리소 내의 모든 식량을 도둑질하거나 감춘 자는 즉시 총살한다."이다.

사실 선생님들은 보통 이 규칙을 철저히 지키지는 않았다. 학생 주머니에서 식량을 찾으면 지시봉으로 되는 대로 몇 대 후려치고 말았다. 그보다는 아무 처벌도 내리지 않는 경우가 더 많았다. 동혁을 비롯한 학생들이 모험을 거는 일은 흔했다. 그 예쁘장했던 아이는 동혁이 보기에 그저 운이 나빴을 뿐이다.

동혁은 간수와 선생님들에게 맞는 데는 다 그럴 만한 이유가 있다고 여기도록, 즉 부모에게 물려받은 반역의 피 때문이라고 생각하도록 교육받았다. 죽은 아이도 다를 바 없었다. 동혁은 그 아이가 받은 처벌이 공정하다고 느꼈으며, 반 친구를 죽인 선생님에게 화가 나지는 않았다. 그는 다른 아이들도 똑같이 그렇게 생각할 것이라고 믿었다.

다음 날 학교에서 아무도 그 사건에 대해 말하지 않았다. 교실에는 아무런 변화도 없었다. 적어도 동혁이 알기로는, 그 선생님이 자신의 행동 때문에 징계를 받지는 않았다.

신동혁은 인민학교 5년 동안을 쭉 같은 선생님 밑에서 보냈다. 30대 초반인 선생님은 제복을 입었으며 뒤춤 권총집에 권총을 꽂고 다녔다.

수업 사이사이 쉬는 시간에는 아이들이 가위바위보 놀이를 하고 놀도록 허용했다. 토요일에는 가끔 아이들에게 한두 시간씩 서로 머릿니를 잡아 주라고 지시하기도 했다. 동혁은 선생님 이름을 들어 본 적이 없다.

인민학교에서는 똑바로 서기, 선생님에게 인사하기, 선생님 눈 똑바로 쳐다보지 않기 등을 배웠다. 신동혁은 학교에 입학하면서 바지, 셔츠, 러닝셔츠, 그리고 신발 한 켤레를 교복으로 지급받았다. 한두 달만 지나도 벌써 해지기 시작했지만 교복은 2년에 한 번씩만 교체 지급되었다.

비누는 힘든 일에 대한 특별 포상으로 간혹 지급되었다. 신동혁은 눈에 띌 정도로 근면한 편은 못 되었기 때문에 비누는 거의 만져 보지 못했다. 바지는 먼지와 땀에 절어 판지처럼 뻣뻣했다. 손톱으로 피부를 긁으면 살비듬이 후드득 떨어져 나왔다. 날이 너무 추워서 강물에 들어가 목욕을 하거나 비를 맞고 서 있기 어려울 무렵이 되면 동혁과 어머니, 학교 친구들 모두 농장의 가축 같은 역한 냄새가 났다. 겨울이면 거의 모두들 무릎 언저리가 때로 검게 변했다. 어머니는 누더기를 잘라 동혁에게 속옷과 양말을 만들어 주었다. 그나마 어머니가 세상을 뜬 후에는 속옷도 걸치지 못했으며 신발 속의 발을 감쌀 만한 누더기 조각을 찾느라 애먹었다.

건물이 모여 있어서 위성 사진으로도 쉽게 찾을 수 있는 학교는 동혁의 집에서 걸어서 약 7분 거리에 있었다. 창문은 비닐이 아니라 유리였다. 유리 창문은 유일한 호사였다. 교실 안은 집과 마찬가지로 콘크리트로만 되어 있었다. 단에 올라선 선생님 뒤로는 칠판 하나만 덩그러니 걸려 있었다. 학생들은 가운데 통로를 기준으로 남녀가 따로 앉았다. 북한 전역의 모든 교실에 걸려 있는 김일성과 김정일의 사진이 수용소 학교에는 그 어디에도 없었다.

그 대신 가장 기초적인 읽기와 셈을 가르치고, 수용소 규칙을 반복해 외우게 했으며, 학생 개개인에게 반역자의 피가 흐른다는 사실을 끊임없이 상기시켰다. 인민학교 학생들은 일주일에 6일 등교했다. 고등중학교 학생은 한 달에 한 번 쉬는 날을 빼고는 일주일 내내 학교에 나갔다.

"오마니 아바지의 죄를 씻어 내야 하니 열심히 일하라!"

전교생이 모인 자리에서 교장이 말했다.

학교는 정확히 8시에 '총화' 시간으로 시작한다. 총화는 전체의 화합이라는 뜻이지만 주로 선생님이 학생들이 전날 잘못한 일을 비판하는 시간이다. 출석은 하루에 두 번씩 확인한다. 아무리 아파도 결석은 허용되지 않는다. 신동혁은 간혹 아픈 친구들을 부축해 학교까지 데리고 가기도 했다. 하지만 그는 감기를 빼고는 거의 병치레가 없었다. 예방 접종은 천연두 주사 단 한 가지만 맞았다.

신동혁은 옥수수 껍질로 수용소에서 만든 거친 종이 위에 연습을 하면서 한글 읽기와 쓰기를 배웠다. 매 학기마다 25페이지짜리 공책이 한 권씩 지급되었다. 연필은 주로 새까맣게 탄 나무를 뾰족하게 만들어 썼다. 지우개라는 물건은 있는지조차 모르고 살았다. 하나뿐인 책은 선생님이 가지고 있기 때문에 읽기 연습은 하지 않았다. 쓰기 연습으로는 각자 열심히 일하지 않았거나 규칙을 어겼던 잘못을 설명하는 글을 썼다.

동혁은 덧셈과 뺄셈은 배웠지만 곱셈과 나눗셈은 배우지 못했다. 지금도 동혁은 곱셈을 해야 할 때면 숫자를 여러 번 더해서 계산한다.

체육이라고 하면 밖에서 뛰어다니거나 운동장 철봉에서 노는 것이 전부였다. 가끔 아이들은 강물에 들어가서 달팽이를 주워 선생님에게 드렸다. 공놀이는 없었다. 동혁은 중국으로 도망친 뒤 스물네 살에 축구공을 처음 구경했다.

학교의 장기적인 교육 목표는, 선생님들이 굳이 가르치려 들지 않았다는 데서 암시적으로 드러난다. 신동혁은 북한이 독립 국가이며 자동차와 기차가 있다는 사실을 선생님에게 들었다. (간수들이 차를 모는 모습을 보았고, 수용소 서남쪽에 기차역이 있었기 때문에 그다지 놀라운 사실은 아니었다) 그러나 선생님들은 북한의 지리나 이웃 나라, 역사, 지도자에 관해서는 아무런 말도 한 적이 없다. 그저 '위대한 영도자', '친애하는 지도자'가 무슨 뜻인지 어렴풋이 짐작만 할 뿐이었다.

학교에서 질문은 허용되지 않았다. 질문을 하면 선생님의 화를 돋워

까딱하면 매질을 당한다. 교사는 말하고, 학생은 들었다. 동혁은 수업 시간의 반복 연습으로 한글과 기초 문법을 배웠다. 단어를 소리 내 읽는 법은 배웠지만 단어의 의미를 잘 알지 못하는 경우가 많았다. 교사는 학생들이 감히 새로운 사실과 정보를 알아내려고 시도하지 못하도록 본능적인 두려움을 조장했다.

신동혁은 수용소 밖에서 태어난 동급생을 만나 본 적이 없다. 동혁이 아는 한 그가 다닌 학교는 그와 같은 학생들, 즉 표창 결혼으로 수용소에서 태어난 아이들만 다니는 학교였다. 밖에서 태어나서 부모와 함께 수용소에 들어온 아이들은 학교에 다니지 못하고 수용소의 변방인 4골(골짜기)이나 5골에 구금된다고 들었다.

결과적으로 교사는 철책 너머 세상을 알고 있는 아이들로 인한 혼선 없이 학생의 정신과 가치를 마음대로 주무를 수 있다.

신동혁과 급우들이 맞이할 미래에 대해 감춰진 비밀은 없었다. 인민학교와 고등중학교는 학생들이 강제 노역의 준비를 하는 곳이었다. 겨울에는 아이들이 눈을 치우고, 나무를 베고, 학교 난방에 쓸 석탄을 옮겼다. 약 1,000명 정도인 전교생 모두가, 간수인 보위부원들이 부인, 자식과 함께 사는 보위부원 마을의 변소 청소에 동원되기도 했다. 동혁과 급우들은 꽁꽁 언 똥을 괭이로 조금씩 파서 (장갑 없이) 맨손으로 지게에 실었다. 그리고 근방의 들판으로 끌고 가거나 등에 지고 옮겼다.

날이 따뜻하고 편한 계절에는 오후에 학교가 끝난 후에 학급 전체가 학교 뒷동산에 올라 간수들에게 바칠 먹을거리나 약초를 구하기도 했다. 그럴 때면 규칙에 위배되는 일이었지만 고사리나 고비를 꺾어 교복 안에 몰래 숨겨 집으로 가져갔고, 어머니들은 이 나물로 반찬을 만들었다. 4월에는 느타리버섯을, 10월에는 송이버섯을 땄다. 그때는 먼 거리를 걸어 다녀오는 오후 시간 동안 아이들이 서로 이야기를 나누어도 특별히 제재하지 않았다. 남녀를 따로 떼어 놓는 엄격한 성별 분리 규칙도 완화되어서 나란히 걸어가는 남녀 아이들끼리 키득거리며 장난을 걸기도 했다.

신동혁은 같은 마을에 사는 두 아이와 함께 1학년에 입학했는데, 홍성조라는 남자아이와 문성심이라는 여자아이였다. 셋은 5년 동안 인민학교에 같이 걸어 다니고 같은 교실에서 수업을 받았다. 그리고 고등중학교에 올라간 후에도 다시 또 6년을 함께 보냈다.

신동혁은 홍성조를 가장 친한 친구로 여겼다. 학교에서 쉬는 시간에 함께 공기놀이를 하며 놀았고, 어머니들끼리는 같은 농장에서 일했다. 그러나 집으로 서로를 초대해서 논 적은 없다. 먹을 것에 대한 경쟁과 서로 감시하고 밀고하는 분위기 탓에 친구들 간의 신뢰는 변질되었다. 아이들은 배급 음식을 조금이라도 더 얻으려고 이웃이 무엇을 먹고 입고 말하는지 선생님과 간수들에게 일러바쳤다.

학교에서의 집단적인 처벌도 급우들끼리 사이가 벌어지게 만드는 요인이었다. 학급별로 나무 심기나 도토리 줍기 일일 할당량이 지정되는 경우가 많았는데, 목표치를 채우지 못하면 학급 전체가 벌을 받았다. 목표를 달성한 다른 학급에게 하루에서 때로는 일주일까지 자기 학급의 점심 배식을 양보해야 했다. 동혁은 맡겨진 임무를 수행하는 데 주로 더딘 편이었고 꼴찌인 경우도 많았다.

신동혁과 급우들이 커 갈수록 '노력동원'이라고 부르는 작업 과제도 점점 더 길고 힘들어졌다. 6월에서 8월까지 '김매기전투' 기간에는 인민학교 학생들이 새벽 4시부터 해질 녘까지 옥수수, 콩, 수수 등을 재배하는 밭에서 잡초를 뽑는다.

학생들이 고등중학교에 입학할 무렵이 되면 간신히 글을 읽고 쓸 정도가 된다. 그러나 교실 수업은 더 이상 없다. 교사는 현장 관리자가 된다. 고등중학교는 탄광, 농장, 산에서 지정된 노동 작업에 착수하는 과정이다. 일과를 다 마친 후에는 자아비판을 하는 긴 생활총화 모임이 있다.

신동혁은 열두 살 때 처음으로 탄광에 들어갔다. 동혁과 급우 다섯 명은 (남자 세 명과 여자 세 명이 한 조로) 막장으로 난 가파른 갱을 걸어서 내려갔다. 그들은 석탄을 2톤짜리 탄차에 싣고 좁은 선로를 따라 밀어 올려 집결지까지 보내는 임무를 맡았다. 작업 할당량을 채우기 위해서는 탄차 네 대를 언덕 위로 밀어 올려야 했다.

처음 두 대를 밀어 올리는 데 오전 시간이 다 지났다. 옥수수 죽과 배추절임으로 점심을 먹고, 얼굴과 옷에 석탄 가루를 뒤집어쓴 채 기진맥진해진 아이들은 채탄 막장으로 되돌아갔다.

어느 날, 세 번째 탄차를 밀던 중에 문성심이 균형을 잃으면서 한쪽 발이 철제 바퀴 밑으로 밀려 들어갔다. 문성심 바로 옆에 서 있던 동혁은 비명 소리를 들었다. 동혁은 진땀을 흘리며 고통으로 몸부림치는 문성심의 신발을 벗겼다. 엄지발가락이 으스러지고 피가 철철 흘렀다. 다른 아이는 지혈대 역할을 하도록 신발 끈을 그녀의 발목에 묶었다.

동혁과 다른 남자아이들은 문성심을 빈 탄차에 실어 탄광 입구까지 밀고 갔다. 그리고 바로 수용소 병원으로 데리고 갔는데, 병원에서는 마취도 하지 않은 채 엄지발가락을 절단한 후 소금물로 처치했다.

고등중학교 학생이 되면 육체노동의 강도가 높아질 뿐 아니라 각자와 서로의 죄를 찾는 데도 더 많은 시간을 보낸다. 학생들은 옥수수 껍질로 만든 공책에 비판 내용을 적으며 밤마다 열리는 생활총화를 준비한다. 매일 열 명 정도가 비판을 해야 했다.

동혁은 총화 시간 전에 급우들과 만나 어떤 내용을 고백할지 미리 정했다. 아이들은 가혹한 처벌은 피하면서도 선생님을 만족시킬 만한 죄를 만들어 냈다. 예를 들어 땅바닥에 떨어진 옥수수를 주워 먹었다거나 아무도 보지 않을 때 토막잠을 잤다고 고백하기도 했다. 학생들이 위반 사항을 적당히 잘 털어놓으면 머리를 한 대 맞거나 더 열심히 일하라고 경고하는 정도의 가벼운 처벌로 지나갔다.

고등중학교 기숙사에서는 남학생 25명이 콘크리트 바닥의 좁은 공간에 꽉 끼어 잠을 잤다. 가장 힘이 센 아이가 바닥 밑에 깔린 석탄 열관(熱管)에서 적당히 가까운 곳을 차지했다. 신동혁과 같이 힘이 약한 아이들은 열관과 아주 먼 쪽에서 밤새 오들오들 떨며 잠을 자기 일쑤였다. 열관 바로 위 말고는 다른 선택의 여지가 없는 아이들은 난방이 들어올 때 심하게 델지 모르는 위험을 감수해야만 했다.

신동혁이 기억하는 류학철이란 아이는 튼튼한 체구에 자존심이 강했던 열세 살 소년이었다. 학철은 자기가 원하는 아무 자리에서나 자고 선생님에게 감히 말대꾸하는 유일한 아이였다.

하루는 류학철이 배정된 일터를 허락 없이 떠났고, 그의 이탈이 즉시 보고되었다. 선생님은 반 아이들을 내보내 학철을 찾게 했다.

"일하다가 왜 도망쳤디?"

급우들에게 발견되어 학교로 되돌아온 학철에게 선생님이 물었다.

놀랍게도 류학철은 사과하지 않았다.

"배고파서 밥 먹으러 갔습네다." 학철이 심드렁하게 대답했다.

선생님도 깜짝 놀란 듯했다.

"이 새끼가 말대꾸를 해?"

선생님은 아이들에게 학철을 나무에 묶으라고 명령했다. 아이들은 학철의 웃통을 벗기고 쇠줄로 나무에 묶었다.

"저 새끼 정신 차릴 때까지 치라우." 선생님이 말했다.

신동혁은 생각할 것도 없이 바로 류학철을 때리는 친구들 무리에 합류했다.

03
상류 계급

북한의 계급 제도 때문에 신동혁이 머리에 돌을 얻어맞은 사건은 열한 살 때 일이었다.

이른 봄 신동혁과 동급생 약 30명은 철도 차량에서 짐을 내리다 쏟아진 석탄을 주우라는 선생님의 지시를 받고 기차역 쪽으로 가던 길이었다. 기차역은 14호 수용소의 서남쪽 모퉁이 근처에 있었는데, 학교에서 거기까지 가려면 대동강 위쪽 절벽에 있는 보위부원 마을 밑을 지나야 했다. 간수인 보위부원의 자녀들은 그 마을에 살면서 그곳에 있는 학교에 다녔다.

위쪽에서 보위부원 자녀들이 동혁과 급우들을 향해 소리쳤다.

"반동종파 새끼들이 온다!"

주먹만 한 돌멩이들이 수용소 아이들에게 쏟아져 내렸다.

아래는 강이고 위는 절벽이라 숨을 곳이 없었다. 돌멩이 하나가 동혁의 얼굴에 날아와 왼쪽 눈 바로 밑을 내리치면서 깊은 상처를 냈다. 동혁과 급우들은 비명을 지르고, 손과 팔로 머리를 보호하려고 안간힘을 쓰며 흙바닥에 몸을 웅크렸다.

머리에 두 번째 돌멩이를 맞으면서 동혁은 쓰러졌고 현기증을 느꼈다. 현기증이 사라졌을 무렵 돌팔매질이 멈추었다. 아이들 대부분이 피를 흘리며 신음하고 있었다. 동혁의 이웃이자 같은 반 친구이며, 탄광에서 엄지발가락을 잃었던 문성심이 정신을 잃고 쓰러졌다. 반장이었으며 그날 반의 임무를 책임지고 통솔했던 홍주현 역시 기절해 있었다.

그날 아침, 학교에서 선생님은 서둘러 기차역으로 가서 일을 시작하라고 아이들을 다그쳤었다. 선생님은 나중에 뒤따라가겠노라고 말했다.

마침내 선생님이 그 길을 지나가다가 피투성이가 된 학생들이 길바닥에 나동그라진 모습을 보고는 역정을 냈다.

"빨리 일하러 가디 않고 뭐하고 있는 기야?" 선생님이 호통을 쳤다.

아이들은 정신을 잃은 친구들을 어떻게 하면 좋을지 주뼛주뼛하며 물었다.

"등에 업어 데리고 가라. 너 새끼들은 일만 열심히 하면 돼."

선생님이 지시했다.

이 일이 있은 뒤, 신동혁은 수용소 내 어디에서든 보위부원 자녀가 눈에 들어오면 가능한 한 오던 길을 되돌아 달아났다.

보위부원 자녀들로서는 신동혁 같은 수감자에게 돌팔매질을 할 만한 이유가 충분했다. 구제받을 길 없는 죄인의 자손인 신동혁의 피는 상상 가능한 범주에서 최악으로 더럽혀진 상태였다. 그러나 보위부원의 자녀는 위대한 수령 동지의 은혜로 신성해진 혈통의 자식들이다.

정치적으로 걸림돌이 될지 모르는 사람들을 색출해 격리하기 위해, 김일성은 1957년 출신 성분을 기반으로 한 신봉건주의적 서열을 만들었다. 지도부는 전 주민을 각 개인의 부모와 조부모에 대해 파악한 신뢰도를 바탕으로 분류하고, 생활의 거의 모든 부분에서 차별했다. 북한은 스스로를 '노동자의 천국'이라 칭하고 평등함이라는 공산주의 이상을 천명하면서도 세계에서 가장 엄격하게 계층화된 계급 제도를 확립했다.

총 51개로 나누어지는 계급은 크게는 세 가지 계층으로 구분된다. 최상위인 '핵심 계층'은 정부, 조선노동당, 군이나 정보부에서 일할 수 있다. 한국전쟁에서 목숨을 잃은 농부와 병사 가족, 일본 강점기 항일 김일성 부대원의 가족들, 정부 관료 등이 이 핵심 계층에 속한다.

그 다음 단계는 '동요 계층' 혹은 '기본 군중'으로 불리는데, 군인, 기술자, 교사들이 이에 속한다. 마지막으로 최하위인 '적대 계층'은 정권에 대항할 가능성이 의심되는 사람들이다. 이 계층에는 과거 지주, 월남자 가족과 친척, 기독교인, 일제에 협력했던 사람이 포함된다. 이들의 후손은 현재 광산이나 공장 노동자로 일한다. 이들은 대학 진학이 금지된다.

계급 제도는 개인의 직업 선택 기회는 물론이고 거주 이전의 자유도 박탈해, 평양과 그 인근에 살 권한은 핵심 계층에 있다. 적대 계층의 상당수는 평양에서 멀리 떨어진 중국 국경 근처 지역으로 이주되었다. 동요 계층 중 일부는 인민군에 입대해 군 임무를 탁월하게 수행하고 운과 인맥이 따라 주면, 조선노동당의 낮은 직급을 확보하면서 상위 계층으로 상승하기도 한다.

사적 시장인 장마당이 빠르게 발달하면서 부를 쌓은 동요 계층이나 적대 계층의 상인들 중에는 매수하거나 뇌물을 써서 일부 최상위 정치가들보다 더 나은 생활 수준에 도달하는 사람들도 있다.[1]

그러나 정부 관료가 되는 것은 출신 성분에 좌우되었으며, 신동혁에게 돌멩이를 던질 권리가 누구에게 있는지 역시 출신 성분이 결정한다.

정치범 수용소의 간부가 될 만큼 깊이 신뢰받는 부류는, 예를 들면 보위부원의 아들인 안명철 같은 사람이다.

안명철은 2년간의 군 복무를 마치고 20세에 보위부에 들어갔다. 채용 과정에서 모든 친척들의 충성도를 확인받아야 했다. 또 수용소의 존재에 대해 절대 누설하지 않겠다고 서약하는 문서에 서명했다. 안명철과 함께 수용소 간수로 채용된 젊은이 200명 가운데 약 60퍼센트가 그처럼 보위부원의 아들이었다.

안명철은 1980년대 후반에서 1990년대 초반 사이의 7년간 14호 수용소를 제외한 다른 수용소 네 곳에서 간수와 운전사로 일했다. 그는 지방에서 식량 배급을 담당하던 아버지가 상관과 충돌해 자살하게 되면서 1994년 탈북하여 중국으로 건너갔다. 안명철은 이후 한국으로 이주한 뒤 서울의 한 은행에 근무하면서 한국 여성과 결혼했다. 자녀 두 명을 낳았고, 인권 운동가로도 활동한다.

탈북 후 안명철은 형과 누나가 강제 수용소로 끌려갔다는 소식을 들었으며, 그의 형은 이후 수용소에서 생을 마감했다고 한다.

2009년에 서울에 있는 중국 음식점에서 만난 안명철은 감색 양복에 흰 셔츠, 줄무늬 넥타이를 매고 반 무테 안경을 끼고 있었다. 그는 꽤 성공한 사람처럼 보였고, 나직하고 신중한 말투로 말했다. 그렇지만 넓적한 손과 미식축구 수비수처럼 어깨가 떡 벌어진 체구에서는 위압감이 느껴졌다.

간수가 되기 위해 훈련받을 때 그는 태권도를 연마하고 폭동 진압 기술을 익혔으며, 수감자를 다루는 과정에서 수감자들이 다치거나 죽더라도 염려하지 말라고 배웠다. 수용소에 근무하면서는 작업 할당량을 다 채우지 못한 수감자를 때리는 일에 익숙해졌다. 척추 장애로 등이 굽은 수감자를 때린 적도 있다.

"수감자를 때리는 일은 지극히 정상적인 행위입니다. 우리는 수감자를 인간으로 생각하지 않도록 교육받았습니다. 만일 그런 일이 있으면 간수 본인이 수감자가 됩니다."

안명철은 그를 가르쳤던 교관이 수감자 앞에서 절대 웃지 말고 수감자를 '개나 돼지'로 여기라고 가르쳤다고 설명했다.

동정하지 못하도록 한 규정 외에는 수감자를 다루는 특별한 지침은 거의 없었다. 결과적으로 간수들은 각자의 욕구와 기벽을 마음껏 채울 수 있어서, 조금이라도 나은 처우를 받기 위해 자기 몸을 내맡기는 예쁘장한 젊은 여성 수감자들을 성적 노리개로 삼는 경우도 비일비재했다고 한다.

"그러다가 임신이라도 하면 여자와 아기 모두 죽입니다. 수용소를 만든 원칙은 사상이 불순한 자의 친족은 삼대를 제거해야 한다는 사상이지요. 그래서 다음 세대가 태어나도록 허용하는 일은 규정에 부합하지 않습니다."

안명철은 갓 태어난 아기가 쇠몽둥이에 맞아 죽는 모습을 실제로 목격하기도 했다고 한다.

탈주하려는 수감자를 붙잡은 간수에게는 대학 입학 자격이 주어졌는데, 이는 야심 있는 간수를 포섭하기 위한 장려책이었다. 안명철에 따르면 어떤 간수는 수감자가 탈출을 시도하도록 놔두었다가 수용소 담장을 막 넘으려는 순간에 총으로 쏘기도 했다고 한다.

그러나 무엇보다도 수감자들이 두들겨 맞고 때로는 죽음에까지 이르는 사건이 가장 빈번히 발생했는데, 순전히 간수가 심심하거나 기분이 나쁘다는 이유에서였다.

수용소 간수와 그 정실의 자식은 출신 성분에 따라 핵심 계층에 속하기는 하지만 근무 기간 대부분을 추운 오지에 갇혀 지내는 말단 공무원 신세이다.

핵심 중의 핵심 계층은 평양에 있는 큰 아파트나 담장으로 둘러싸인 동네의 단독 주택에서 산다. 북한에 이 같은 고위 계층이 정확히 얼마나 되는지는 외부에 전혀 알려지지 않았지만 한국과 미국 학자들은 북한 총인구 2,300만 명중에서 10만 명에서 20만 명 정도로 극히 일부에 불과하다고 추정한다.

최상위 계층에서 신임이 두텁고 재능이 뛰어난 사람들은 이따금 출국이 허용되어 외국에서 국영 기업의 거래나 외교 임무를 담당한다. 지난 10년 동안 미국 정부와 세계 곳곳의 사법 기관들은 이런 북한 주민 중 국제 통화를 평양으로 보내는 범죄 기업에 연루되었음을 입증했다.

그들은 100달러짜리 위조지폐 제조, 사이버 테러, 마약에서 비아그라까지 각종 불법 약물 밀매, 고급 상표를 위조한 담배 판매 등에 관여했다. 또 유엔 결의안을 위반하고 이란과 시리아를 비롯한 여러 나라에 로켓과 핵무기 기술을 팔아넘겼다고 유엔 관료가 밝혔다.

외국을 많이 드나든 한 북한 최고위층 인사는 김정일의 지원과 총애를 공고히 하면서 어떻게 따로 돈을 모았는지 내게 알려 주었다.

그의 이름은 김광진이며 명문 엘리트 계층 출신으로 평양에서 자랐다. 그는 최고위층 자녀만 다니는 김일성종합대학에서 영문학을 전공했다. 2003년 탈북하여 한국으로 가기 전까지 그는 국가가 주도하는 국제 보험 사기를 담당했다. 북한 내에서 산업 재해나 자연 재해가 발생했다고 거짓으로 신고하여 세계 굴지의 보험사에서 보험금 수천 수백만 달러를 타 냈다. 그리고 그 대부분을 '친애하는 지도자'에게 바쳤다.

이 계획은 가장 중요한 기념일을 준비하는 것이었으며, 매년 김정일 생일인 2월 16일 일주일 전에 실행되었다. 사기 행위를 총지휘한 독점 국영 기업 조선국제보험회사의 임원들이 해외에 근거지를 두고 특별 생일 선물을 준비했다.

김광진은 2003년 2월 초 싱가포르 사무실에서 동료가 현금 2,000만 달러를 크고 튼튼한 가방에 넣어 베이징을 거쳐 평양에 보내는 장면을 목격했다. 그 돈은 국제적인 보험 회사에서 지급받은 보험금이었으며, 일회성이 아니었다. 김광진에 따르면 조선국제보험회사 평양 사무소에서 일하는 5년 동안 매년 지도자의 생일에 맞춰 현금 가방이 도착했다고 한다. 그 돈은 싱가포르 뿐 아니라 스위스, 프랑스, 오스트리아 등지에서 들어왔다.

돈은 조선노동당 중앙위원회 39호실로 배달되었다고 한다. 이 악명 높은 사무실 또는 부서는 김정일이 1970년대에 당시 북한 최고 지도자였던 아버지와는 별개의 세력 기반을 만들기 위해 국제 통용 화폐를 끌어 모으려고 만든 조직이다. 김광진(그리고 다른 탈북자 수십 명과 출판물)에 따르면 39호실은 북한 최고위층의 충성을 공고히 하기 위해 사치품을 사들였다. 또 외국산 미사일 부품과 그 밖의 무기 구입 자금을 댔다.

김광진의 설명에 따르면 북한의 보험 사기는 다음과 같은 방식으로 진행된다. 평양에 있는 조선국제보험회사 경영자는 탄광 사고, 열차 충돌, 홍수로 인한 작물의 손실 등 보험 보장 액수가 높으면서도 흔히 발생하는 재해에 대한 보험 증서를 작성한다.

  "재보험을 운영하는 주목적은 재난을 이용하기 위해서입니다. 재난이 발생할 때마다 그 재난은 정부에 흘러 들어가는 돈의 원천이 되는 것이지요."

  김광진과 같이 외국에서 활동하는 조선국제보험회사 직원들은 구미가 당기도록 높은 보험료를 수락하고 북한의 재난 비용을 보상해 줄 보험 중개인을 찾아 전 세계로 파견된다.

  재보험은 한 보험사가 진 위험 부담을 전 세계 여러 회사로 분산시키는 수십억 달러짜리 산업이다. 김광진에 따르면 매년 북한은 보험액을 주요 재보험사들 사이에 잘 배분하려고 최선을 다한다.

  "여기저기로 돌리지요. 예를 들어 한 해는 런던의 로이드 보험으로 합니다. 그리고 이듬해에는 스위스 리 보험에 가입하는 식이죠."

  비교적 심각하지 않은 손실을 큰 보험 회사 사이에 나누어 배분함으로써 북한은 위험 부담이 얼마나 큰지를 감추었다. 북한 정부는 꼼꼼하게 작성된 보험 청구서를 준비하고, 꼭두각시인 법정을 순식간에 통과하고, 즉시 지불을 요구했다. 그러면서 북한은 재보험사가 조사원을 파견해 청구 내용을 확인할 수 없도록 제한하는 경우가 많았다. 런던에서 활동하는 한 보험업계 전문가에 따르면 북한은 일부 재보험사와 설계사들의 무관심과 무지를 교묘히 이용했다. 그 전문가에 따르면 많은 재보험사들이 한국 회사와 거래를 하고 있는 것으로 착각했거나, 북한이 허울뿐인 법정을 둔 폐쇄적인 전체주의 국가이며 국제적 책임을 전혀 지지 않는다는 사실을 모르고 있었다.

시간이 지나면서 재보험사들은 조사가 거의 불가능한 열차 충돌이나 카페리 침몰 사고 같은, 많은 금액이 드는 보험 청구에 속임수가 있었음을 눈치채게 되었다. 독일계 거대 보험사 알리안츠 자산 운용사, 런던 로이드와 다른 여러 재보험사의 변호단은 조선국제보험회사를 상대로 런던 법원에 소송을 제기했다. 변호단은 2005년 헬리콥터가 평양에 있는 정부 소유 창고에 충돌한 사고의 보험금 청구에 이의를 제기했다. 법정에 제출한 소장에서 재보험사들은 이번 충돌이 미리 계획된 사고였으며, 보험 청구의 타당성을 인정한 북한 법정의 결정은 조작된 결과이고, 김정일의 개인 용도로 돈을 모으기 위해 북한이 주기적으로 보험 사기를 벌여 왔다고 주장했다.

그러나 결국 재보험사들은 소송을 철회하고 북한의 승리나 다름없는 합의에 동의했다. 법률 전문가 말로는 재보험사들이 어리석게도 북한법을 따르도록 되어 있는 계약에 승인했기 때문이라고 한다. 합의 이후 북한 변호사들은 국가가 보험 사기에 개입했다는 주장은 "믿기 어려울 정도로 부당하다."라고 말했다. 그러나 그 사건으로 언론의 관심이 집중되면서 전 세계 재보험사들이 북한을 기피하게 되었고 그에 따라 사기 행각도 서서히 줄어들었다.

김광진이 현금 2,000만 달러가 든 가방을 싱가포르에서 평양으로 보내도록 도왔을 때 김정일은 상당히 기뻐했다고 한다.

"감사의 편지를 전달받았고, 성대하게 경축했지요."

김정일은 그와 동료에게 오렌지, 사과, DVD 플레이어, 담요 등의 선물을 보냈다고 한다.

과일, 가전제품, 담요.

독재자가 보내온 이런 보잘것없는 선물에서 북한의 실상이 드러난다. 평양 핵심 계층의 생활 수준이 화려하다고는 하지만 그것은 주민의 3분의 1이 만성적으로 굶주리는 북한의 평균에 대비했을 때의 이야기이다.

최상위층은 비교적 넓은 아파트에 살고 쌀을 배급받는다. 또 과일이나 술 등의 수입 사치품이 들어오면 가장 먼저 차지한다. 그러나 평양에서조차 전기는 기껏해야 간헐적으로만 들어오고, 온수도 거의 공급되지 않으며, 외교관이나 국영 기업 경영자를 제외하고는 외국에 나가기도 어렵다.

"사유 재산, 편의 시설, 문화생활 등의 측면에서 볼 때, 평양 최상위층 가족의 생활 수준은 서울에 사는 평범한 샐러리맨 가족의 생활 수준에도 미치지 못한다."

평양에 있는 대학에 몸담았으며 현재 서울의 국민대학교 교수로 있는 러시아 출신 정치학자 안드레이 란코프(Andrei Lankov)가 말했다. 한국의 일인당 평균 소득은 북한(2009년 일인당 평균 소득 1,900달러)보다 15배나 높다. 북한보다 일인당 평균 소득이 높은 국가로는 수단, 콩고, 라오스도 들어간다.

물론 김정은 일가는 예외이다. 위성 사진으로 보면 초라한 북한 땅에 김씨 일가가 사는 주거지는 화려함이 눈에 띄게 도드라진다. 전직 요리사와 전직 경호원이 쓴 책들에 따르면 김씨 일가는 적어도 별장 여덟 채를 소유하고 있다. 거의 모든 별장에 극장, 농구 코트, 사격장이 딸려 있다. 볼링장이나 롤러스케이트장 같은 위락 시설과 실내 수영장을 갖춘 곳도 많다. 경마장, 전용 기차역과 물놀이 시설도 위성 사진으로 볼 수 있다.

미끄럼틀이 두 개 있는 50미터짜리 수영장이 딸린 전용 요트가 원산에 있는 별장 근처에서 사진 찍혔는데, 별장은 하얀 모래가 깔린 원산만의 반도에 있으며 김씨 일가가 가장 즐겨 찾는 곳으로 알려져 있다. 전직 경호원은 김정일이 노루, 꿩, 기러기 사냥을 종종 즐겼다고 말했다. 별장은 전부 일본과 유럽에서 수입한 가구로 채워졌다. 김씨 일가가 먹는 쇠고기는 개별 농장에서 경호원들이 키우며 사과는 별도의 과수원에서 유기농으로 재배하는데, 사과의 당도를 높이기 위해 북한에

서 귀하고 비싼 생필품에 드는 설탕을 땅속에 섞는다고 한다.[2]

김씨 가문이 누리는 특권은 엄청나다. 김정일은 1994년 김일성 사망 후 아버지의 통치권을 물려받았는데, 이는 공산주의 사회 최초의 권력 세습이었다. 그리고 김정일이 70세로 생을 마감하면서 2011년 12월에 두 번째 세습이 이루어졌다. 막내아들인 김정은은 즉각적으로 조선노동당, 국가, 군대의 '최고 지도자'로 묘사되었다. 김정은과 손위 친척들 중 진짜 권력을 장악한 쪽이 어디인지는 아직 명확하지 않지만 선전원들은 김정은에 대한 새로운 숭배 사상을 만들어 내는 데 전력을 다하고 있다. 조선노동당 기관지 〈로동신문〉은 김정은을 '군과 인민의 영적인 기둥이자 희망의 등대'로 묘사했다. 국영 방송국은 새로운 지도자가 '국가의 번영에 굳건한 초석이 될 탁월한 사상 이론가이며 비할 데 없는 빛을 발하는 장군'이라고 언급했다.

정통 혈통을 계승했다는 점 이외에 김정은이 갖춘 자격 조건은 별 볼일 없다. 그는 스위스 리버펠트의 독일어 학교에 다니는 동안 농구부에서 포인트 가드로 뛰었으며, 시카고 불스의 스타 농구 선수 마이클 조던을 몇 시간 동안이나 연필로 스케치하기도 했다.[3] 18세에 평양으로 돌아와서는 김일성종합대학에 다녔다. 김일성종합대학에서 어떤 공부를 했는지에 대해서는 알려진 것이 거의 없다.

2008년 김정일이 뇌졸중을 앓은 직후 평양에서는 아버지에서 아들로의 두 번째 권력 이양 준비가 명백해졌다. 뇌졸중은 '친애하는 지도자'에게 눈에 띌 정도로 다리를 저는 후유증을 남겼고, 무명의 김정은의 출현을 알렸다.

엄선된 청중을 대상으로 평양에서 열린 2009년 강연에서 김정은은 '문학예술의 천재'이며 북한을 핵을 보유한 초강대국으로 만들기 위해 '잠이나 휴식 없이 일하는' 애국자로 묘사되었다. 역동적인 '젊은 장군'을 보위할 핵심 그룹을 준비하기 위해, 선동을 위한 노래 '발자국'이 군부대에 배포되었다. 1983년이나 1984년에 태어난 것으로 알려진 김정은은 당시 20대 후반이었다.

김정은은 2010년 9월 그의 데뷔 행사에서 처음으로 전 세계에 공식적으로 얼굴을 알렸다. 그는 아버지 김정일보다 항상 더 많은 인기를 누렸던 조부 김일성을 빼닮았다.

묘하게 닮은 그 외모가 아버지의 죽음 이후에 지배권을 굳히는 데 한몫 했던 것으로 보인다. 그의 옷차림과 머리 모양, 즉 인민복과 구레나룻 없는 짧은 군인 머리는 그의 조부 김일성이 1945년에 북한의 정권을 장악했을 때의 모습과 똑같다. 한국에서는 김정은을 위대한 지도자 2세로 내세우기 위해 성형 수술을 해서 할아버지와 더 닮아 보이도록 만들었다는 소문이 돌았다.

김정은이 아버지나 할아버지와 같이 강력한 통치권을 손에 넣으려면 군의 굳건한 지원에 덧붙여 대중의 지지를 받기 위한 조치가 분명히 필요할 터이다. 아버지 김정일은 인기가 그리 많지 않았을지는 모르겠지만 그래도 20여 년에 걸쳐 연장자들 위에 군림하는 법을 배웠다. 서열이 높은 장군들을 직접 뽑았으며, 1994년 아버지 김일성이 사망할 당시에는 이미 실질적으로 나라를 이끌고 있었다.

아직 나이가 서른도 채 안 됐으며, 권력 조종법을 익히기 시작한 지 3년도 되지 않은 김정은은 그런 이점이 전혀 없다. 그렇지만 권력을 잡은 지 몇 달도 되지 않아 김정은과 대외 선전 요원들은 독재자의 새로운 이미지를 구상해 냈다. 젊은 지도자에게 행복하고 껴안고 싶은 가족 같은 이미지를 부여한 것이다. 국영 방송국은 그간 알려진 적이 없었던 김정은의 부인 리설주를 세상에 내보였다. 가수였던 20대의 '리설주 동무'는 삼성그룹의 2세 경영자처럼 차려입었다. 남편 가까이에 서서 미소를 자주 내비치며, 남들이 다 보는 앞에서 남편 팔에 손을 얹기도 한다.

이는 엄청난 변화이다. 김정일의 여러 부인은 비밀에 부쳐졌다. 지도자의 부인에 대해 뒷얘기를 하는 행동은 상당히 위험했다.[4] 그러나 김정은의 부인 리설주는 윌리엄(William Windsor) 왕자 옆에서 명품 디오르로 치장한 케이트 미들턴(Kate Middleton)의 역할을 맡은, 국가가 승인한 대표 작품이다. 부부는 카메라 앞에서 영양 상태가 좋은 아이들과 이야기를 나누고, 피트니스센터를 돌아보고, 슈퍼마켓을 살펴본다. 또 미키 마우스가 등장하는 공연을 관람하기도 한다. 김정은은 영화 '록키'의 배경 음악 연주에 엄지를 치켜들며 호응했다.

기묘하게 관심을 끄는 이런 연출된 행사 영상은 김씨 왕조의 변모를 가벼운 기삿거리로 다룬 '엔터테인먼트 투나잇' 방송과 함께 전 세계에 퍼져 나갔다. 순식간에 김정은은 인터넷에서 뜨겁게 달아올랐다. MSN의 뉴스 사이트 '엠에스앤 나우'에는 "여성들이여 유감이다. 여러분이 가장 좋아하는 북한 지도자는 이미 품절남"이라는 비아냥거리는 기사 제목이 등장하기도 했다.

새 지도자는 또 개혁에도 손을 대 보기 시작했다. 그는 공식 행사에서 여성도 바지를 입을 수 있게 했다. 강경 노선의 장군을 해임하기도 했다. 또 군의 무한한 권력을 뒤로 물리려는 듯했다. 장거리 미사일이 발사 직후 폭발하자 실패를 인정했다. 경제 정책으로 식량 부족을 해결할 수 있다고 말했으며, 중국식 자본주의를 배우기 위해 관료를 파견했다. 국가에 납부할 양을 초과한 농업 생산물은 경작 농부가 소유하거나 내다 팔도록 허용했다는 보도도 있었다. 장기간 북한을 연구해 온 사람들은 진정한 경제 개혁이 가능할지도 모른다고 추측했다.

하지만 인권 문제에 있어서는 변화의 조짐이 전혀 없다. 2012년 6월 유엔은 북한 주민의 3분의 2정도가 영양 부족을 겪고 있다는 추측을 내놓았다. 정치범 노동 수용소는 여전히 운영 중이다. 사실 부정과 호전적 자세도 여전하다. 국영 방송은 수용소 이야기를 꺼내는 탈북자들을 '인간쓰레기'로 묘사했다.

04
어머니의 탈출 시도

학교 기숙사에서 막 신발을 신고 있는데 선생님이 신동혁을 찾으러 왔다. 1996년 4월 6일 토요일 아침의 일이었다.

"야, 신인근이! 그 차림으루 빨리 나오라."

신동혁은 왜 불려 나가는지도 모른 채 기숙사에서 나와 서둘러 운동장으로 갔다. 운동장에는 지프차 한 대와 옆에 군복을 입은 남자 세 명이 서 있었다. 그들은 동혁에게 수갑을 채우고 검은 천으로 두 눈을 가린 뒤 지프차 뒷좌석에 태웠다. 한마디 말도 없이 그들은 어디론가 차를 몰고 갔다.

신동혁은 어디로 왜 끌려가는지 전혀 짐작이 가지 않았다. 그러나 흔들리는 차 뒷좌석에 앉아 30여 분을 달려가려니 두려운 생각이 들면서 온몸이 덜덜 떨렸다.

차가 멈추자 남자들이 신동혁을 끌어내려 세웠다. 묵직한 철문이 덜

커덩거리며 열리고 닫히는 소리가 들리더니 윙윙대는 기계음이 들렸다. 간수들이 동혁을 엘리베이터에 밀어 넣었고, 아래로 내려가는 느낌이 들었다. 그 곳은 수용소 안에 있는 지하 감옥이었다.

엘리베이터에서 내린 후 간수들은 복도를 지나 창문이 없고 텅 빈 큰 방으로 신동혁을 데리고 가서 눈을 가렸던 천을 풀어 주었다. 눈을 뜨자 옷에 별 네 개 계급장이 달린 지휘관이 앞에 있었다. 지휘관은 책상 뒤에 앉았다. 국방색 옷을 입은 간수 두 명이 옆에 섰다. 간수 한 명이 신동혁에게 의자에 앉으라고 명령했다.

"너 신인근이 맞아?" 별 네 개짜리 지휘관이 물었다.

"네, 맞습네다." 신동혁이 대답했다.

"신경섭이 네 아버지 이름 맞아?"

"네."

"장혜경이 네 어머니 이름 맞아?"

"네."

"신희근이 네 형 이름 맞아?"

"네."

지휘관은 신동혁을 약 5분간 응시했다. 신동혁은 무엇 때문에 심문을 당하는지 전혀 알 길이 없었다.

"너 여기 왜 들어왔는지 알갔어?" 지휘관이 마침내 물었다.

"모르갔습네다."

"기카믄 내가 얘기해 주간?"

신동혁은 고개를 끄덕였다.

"오늘 새벽에 네 에미하고 형 새끼가 도망치다가 잡혔어. 기래서 들어온 기야. 알간? 너 기런 거 알았어, 몰랐어?"

"모, 몰랐습네다."

신동혁은 지휘관의 말에 너무 놀라 말문이 막혔다. 맨 정신인지 꿈인지도 구별이 안 갔다. 지휘관은 갈수록 화를 내며 수상쩍다는 눈초리로 쳐다봤다.

"네 에미랑 형이 도망쳤는데 어떻게 네가 모를 수가 있어? 살아날래믄 사실대로 털어놓으라." 지휘관이 물었다.

"아니, 정말 몰랐습네다." 신동혁이 말했다.

"애비가 아무 소리 없었어?"

"집에 가 본 지가 오랩니다. 한 달 전에 집에 가서두 아무 말 듣지 못했습네다."

"너들 식구가 대체 무슨 꿍꿍이가 있어 도주를 시도한 기야?"

"전 정말 아무것도 모릅네다."

여기까지가 2006년 늦여름 신동혁이 한국에 도착했을 때 이야기한 내용이다. 그는 사람들에게 이 이야기를 일관되게 진술했고, 자주 언급했으며, 제대로 잘 이야기했다.

서울에서의 첫 진술은 국정원 직원들 앞에서였다. 경험 많은 조사관들은 탈북자들을 일일이 면담하여 김정일 정부가 주기적으로 파견하는 암살범을 차단하도록 훈련받았다.

국정원 조사가 끝난 뒤 신동혁은 자신의 이야기를 탈북자의 사회 정착을 돕는 정부 기관의 상담가와 정신과 의사에게 말했고, 그 다음에는 인권 운동가와 탈북자 동료에게, 그리고 한국과 외국의 방송 매체에 진술했다. 또 2007년에 출판한 회고록에도 썼으며, 2008년 12월에 나와 처음 만났을 때 내게 이야기했다. 9개월 후 나와 다시 만나 일주일 내내 하루 종일 취재에 응하면서는 자신이 살아온 이야기를 더 구체적으로 설명하였다.

물론 그가 말한 내용을 확인할 길은 없다. 신동혁이 14호 수용소에서 보낸 시절에 대한 정보의 출처는 신동혁 그 자신뿐이다. 그의 어머니와 형은 죽었다. 아버지는 여전히 수용소에 감금되어 있거나 어쩌면 이미 세상을 떠났을지도 모른다. 북한 정부는 14호 수용소의 존재 자체를 부인하기 때문에, 북한 정부가 나서서 기록을 바로잡기는 거의 불가능하다.

그렇지만 그의 이야기의 진실성은 검증되었으며, 다른 수용소 생존자, 인권 운동가, 한국 정부가 진실로 받아들였다. 나도 그의 이야기를 믿었고, 〈워싱턴포스트〉 기사로도 썼다. 나는 당시, 신동혁의 어머니가 탈출 계획을 말해 주지 않았기 때문에 동혁이 "그 말을 듣고 깜짝 놀랐다."라고 적었다.

내가 캘리포니아 토런스에 머물고 있었던 어느 화창한 날 아침, 신동혁이 나를 찾아와 그 이야기를 수정했다.

당시 우리는 약 1년 동안 일정이 되는 대로 만나 책 작업을 해 오던 중으로, 그 전주 일주일 동안은 내가 묵던 베스트 웨스턴 호텔 방에서 어두운 조명 아래 서로 마주보고 앉아 어린 시절 사건들을 찬찬히 살피며 추려 갔다.

그 바로 전날 신동혁은 새로 밝힐 중요한 사실이 있다고 말했다. 그는 통역관을 새로 찾아 달라고 요청했다. 그는 또 당시 직장 상사였으며 실질적인 후견인이었던 송한나를 자리에 배석시켰다. 송한나는 동혁이 미국으로 오는 데 도움을 준 인권 단체 링크의 대표였다. 30세의 재미 한인인 송한나는 신동혁에게 자금 관리, 비자, 여행, 의료, 처신 문제에 도움을 주었다. 그녀는 자기가 신동혁의 엄마라고 장난삼아 말하기도 했다.

동혁은 샌들을 벗고 호텔 소파 밑에 맨발을 집어넣었다. 나는 녹음기를 켰다. 토런스 대로의 아침 출근길 소음이 방 안에 스며들었다. 동혁은 초조한 듯 휴대폰 버튼을 만지작거렸다.

"무슨 일이죠?" 내가 물었다.

신동혁은 어머니의 탈출 시도에 대해 자신이 거짓말을 했다고 털어

놓았다. 한국에 도착하기 전에 미리 거짓말을 꾸며 두었다고 했다.

"감춰야 할 이야기가 많았습니다." 그가 말했다.

"사람들이 '당신 그러고도 사람이야?'라며 손가락질할까 봐 두려웠습니다.

사실을 감추고 있기가 정말 힘들었습니다. 처음에는 제가 한 거짓말에 대해 특별하게 생각하지 않았지요. 작정하고 꾸며낸 거짓말이었습니다. 지금은 주위 사람들의 영향으로 정직한 사람이 되고 싶어졌습니다. 더 도덕적인 사람이 되고 싶어요. 그러고 보니 진실을 말해야겠다는 생각이 들었습니다. 지금 제 주위에는 정직한 친구들이 있습니다. 정직이 무엇인지 이제야 조금씩 이해하기 시작했습니다. 모든 것에 대해 엄청난 죄의식을 느낍니다.

저는 가족보다 간수들에게 더 충성했습니다. 서로가 서로를 감시했지요. 진실을 말하면 사람들이 저를 경멸하려 들 겁니다.

외부 사람들은 수용소에 대해 오해하고 있습니다. 저희에게 폭력을 휘두르는 건 군인들뿐만이 아니었습니다. 수감자들 서로가 서로에게 적대적으로 대합니다. 사회라는 의식이 없습니다. 저는 그런 비열한 수감자 중 한 명입니다."

신동혁은 앞으로 밝힐 내용에 대해 용서를 바라지 않는다고 했다. 그는 자신도 스스로를 용서하지 못했다고 했다. 속죄 이상의 무언가를 하려는 듯 보였다. 증인으로서 자신의 신뢰도에 해가 될지 모른다는 점을 인식한 듯, 그는 수용소가 자신의 성격을 얼마나 뒤틀어 놓았는지 설명하고 싶어 했다.

정치범 수용소가 수용소 안에서 태어난 아이들에게 어떻게 해 왔으며 또 지금도 하고 있는지를 이해한다면, 외부 사람들도 자신의 거짓말과 삶을 용서하고 받아들여 줄 것이라고 말했다.

05
어머니의 탈출 시도 – 두 번째 이야기

  이 이야기는 하루 전인 1996년 4월 5일 금요일 오후에 시작된다.
  학교 수업이 끝나갈 무렵 선생님이 뜻밖의 이야기를 꺼냈다. 선생님은 신동혁에게 저녁에 기숙사에 남아 있지 않아도 된다고 말했다. 집으로 가서 어머니와 함께 저녁을 먹고, 자고 와도 된다는 말이었다.
  동혁의 모범적인 행동에 대한 선생님의 포상이었다. 기숙사에서 2년을 지내면서 동혁은 조금씩 상황을 파악해 갔다. 이전처럼 굼벵이처럼 굴지 않고, 덜 맞고, 고자질은 더 많이 했다.
  어머니 집에 다녀오고 싶은 생각은 그다지 없었다. 떨어져 살았다고 모자지간의 사이가 돈독해지지는 않았다. 동혁은 여전히 어머니에게 자신을 내맡기지 못했다. 어머니는 여전히 동혁이 옆에 있을 때면 신경이 날카로워 보였다. 그러나 어찌되었든 선생님이 신동혁에게 집에 가라고 했고, 그래서 집으로 갔다.

어머니의 탈출 시도 – 두 번째 이야기

집으로 가게 된 일은 신동혁에게 뜻밖이었는데, 집에 도착하니 더 놀랄 만한 일이 기다리고 있었다. 형 신희근이 집에 와 있었다. 신희근은 수용소 남동쪽 저 멀리 수 킬로미터나 떨어진 시멘트 공장에서 일했다. 집을 나간 지 10년이나 되었으며 나이가 여덟 살 많은 형 희근을 동혁은 거의 만난 적도 없고 잘 알지도 못했다.

신동혁이 형에 대해 아는 것은 형이 근면하지 못하다는 사실뿐이었다. 형은 공장에서 허가를 받고 부모님을 만나러 온 적이 거의 없었다. 그런 형이 어머니 집에 와 있으니 동혁은 드디어 형이 제 몫을 다하고 있나 보다고 생각했다.

작은아들이 저녁 시간에 불쑥 나타나자 어머니는 썩 달갑지 않은 기색이었다. 반갑다는 말이나 보고 싶었다는 말은 하지 않았다.

"아, 왔구나." 어머니가 말했다.

어머니는 하루 배급량인 옥수수 가루 700그램을 하나뿐인 냄비에 붓고 죽을 만들어 저녁을 지었다. 어머니와 두 아들은 부엌 바닥에서 숟가락만 있으면 되는 저녁을 먹었다. 밥을 먹은 후 동혁은 방으로 가 잠이 들었다.

그러다 부엌에서 들려오는 목소리에 잠에서 깼다. 어머니와 형이 뭘 하고 있는지 궁금해서 문틈으로 힐금 내다보았다.

어머니가 밥을 짓고 있었다. 신동혁은 뺨을 한 대 얻어맞은 듯했다. 어머니는 자기에게 평생 질리도록 먹은 맛없는 옥수수 죽을 내왔다. 그런데 형에게는 쌀밥을 지어 주고 있었다.

　북한에서 쌀이 얼마나 중요한지는 이루 다 설명하기 어렵다. 쌀은 부를 나타내고, 가족의 친밀감을 자아내며, 진정한 식사로 신성시된다. 강제 노동 수용소 수감자들은 쌀을 먹을 기회가 거의 없으며, 쌀을 먹을 수 없는 현실은 그들이 누리지 못하는 평범함을 날마다 상기시켰다.

　수용소 밖에서도 역시 만성적인 식량 부족으로, 특히나 적대 계층을 중심으로 많은 북한 주민의 일상 식탁에서 쌀이 사라졌다. 한국에 도착한 10대 청소년 탈북자들은 정부 기관 상담사에게 한없이 되풀이되는 꿈에 대해 말했다. 바로 식탁에 식구들과 함께 둘러앉아 따뜻한 쌀밥을 먹는 꿈이었다. 평양에 사는 최고위층 사이에도 신분을 드러내는 가장 중요한 물품으로 전기밥솥이 꼽힌다.

　밥 짓는 소리를 들으면서 신동혁은 어머니가 틀림없이 일하는 농장에서 쌀을 한 번에 몇 알씩 훔쳐다가 집에 숨겨 두었으리라 짐작했다.

　방에서 신동혁은 분개했다.

　그러면서 듣고 있었다.

　말을 하는 쪽은 거의 형이었다. 형은 하루 휴가를 받은 것이 아니었다. 형은 허가도 없이 시멘트 공장을 떠나 왔고, 그곳에서 무슨 잘못을 저질렀음이 분명했다.

　동혁은 형이 큰 곤경에 빠졌으며 간수들에게 붙잡히면 처벌받게 될 거라는 사실을 깨달았다. 어머니와 형은 어떻게 하면 좋을지 의논했다.

탈출.

신동혁은 그 말에 소스라치게 놀랐다. 형이 탈출이라는 말을 했다. 형은 도망갈 계획을 세우고 있었다. 어머니는 형을 돕고 있었다. 어머니가 소중히 비축해 둔 쌀은 도주를 위한 식량이었다.

신동혁은 어머니가 함께 가겠다고 이야기하는 말은 듣지 못했다. 그러나 희근이 탈출하거나 탈출을 시도하다 잡히면 나머지 가족 모두가 고문당하거나 죽게 된다는 사실을 알면서도 어머니는 맏아들을 설득해 말릴 생각은 하지 않았다. 14호 수용소 규칙 1번의 2항 "도주 기도를 목격하고도 신고하지 않은 자는 즉시 총살한다."는 모든 수감자가 잘 알고 있다.

어머니는 놀란 기색이 아니었다. 그러나 동혁은 놀랐다. 심장이 쿵쾅거렸다. 형을 위해 자신의 목숨을 위험에 내맡기는 어머니가 원망스러웠다. 탈출에 연루될까, 그리고 총살당할까 두려웠다.

형이 쌀밥을 먹게 되는 것도 심사가 꼬였다.

어머니의 집 방바닥에서 두려움을 억누르려 안간힘을 쓰던 분개한 열다섯 살 소년 신동혁은 수용소 태생으로서의 본능이 불거져 나왔다. 간수에게 알려야 했다. 그는 벌떡 일어나 부엌으로 가서 문을 열었다.

"오디 가니?" 어머니가 물었다.

"변소." 동혁이 대답했다.

동혁은 학교로 내달렸다. 새벽 1시였다. 학교 기숙사로 들어갔다. 선생님은 보위부원 마을에 있는 집에 돌아가고 없었다.

누구한테 이야기할까?

같은 반 아이들이 자는 발 디딜 틈 없이 꽉 찬 기숙사 방에서 신동혁은 친구 홍성조를 찾아 깨웠다.

홍성조는 그나마 동혁이 아는 사람 중에 가장 신뢰하는 존재였다.

동혁은 홍성조에게 자기 어머니와 형이 계획 중인 일을 알리고 조언을 구했다. 홍성조는 학교의 당직 간수에게 말하라고 했다. 신동혁과 홍성조는 함께 갔다. 학교 중심 건물에 있는 간수 사무실에 걸어가면서 동혁은 이번 고발로 어떤 이득을 챙길까 생각했다.

간수는 깨어 있었고 군복 차림이었다. 그는 신동혁과 홍성조에게 안으로 들어오라고 말했다.

"할 말이 있습네다. 기란데 우선, 보상으로 무언가를 받고 싶습네다." 처음 보는 간수에게 동혁이 말했다.

그 간수는 자기가 돕겠다고 말했다.

"배급을 늘려 준다는 약속을 해 주시라요." 동혁이 말했다.

신동혁의 두 번째 요구 조건은 일은 덜 하고 덜 맞는 자리인 학급장을 시켜 달라는 것이었다.

간수는 그러겠노라고 약속했다.

간수의 약속을 받고, 신동혁은 형과 어머니가 무엇을 계획하고 있으며 지금 어디에 있는지를 알렸다. 간수는 상관에게 전화를 걸었다. 그리고 신동혁과 홍성조에게 기숙사로 돌아가 잠을 자라고 했다. 자신이 모든 일을 알아서 처리하겠다고 말했다.

어머니와 형을 배반한 다음 날 아침, 군복을 입은 남자들이 학교 운동장에 와서 신동혁을 기다리고 있었다.

회고록에 썼고 또 한국에 있는 모두에게 이야기했던 것처럼, 신동혁은 수갑을 차고 눈가리개를 한 채 지프차 뒤에 타고 수용소 안에 있는 지하 감옥으로 조용히 끌려갔다.

그러나 동혁은 자신이 왜 소환되는지 알았다. 그리고 14호 수용소 책임자들도 자신이 밀고했음을 알고 있다고 생각했다.

06
지하 감옥에서

"너 여기 왜 들어왔는지 알갔어?"

신동혁은 자신이 한 일을 알았다. 자신은 수용소 규칙에 따라 탈출을 막았다.

그러나 지휘관은 동혁이 순종적인 정보 제공자라는 사실을 몰랐거나 아니면 상관하지 않았다.

"오늘 새벽에 네 에미하고 형 새끼가 도망치다가 잡혔어. 기래서 들어온 기야. 알간? 너 기런 거 알았어, 몰랐어? 에미랑 형이 도망쳤는데 어떻게 네가 모를 수가 있어? 살아날래믄 사실대로 털어놓으라."

어리둥절하고 갈수록 더 겁에 질려 동혁은 입을 열기가 어려웠다. 그는 정보 제공자였다. 그런 자신이 왜 공범으로 몰려 심문받는지 이해가 안 갔다.

그러다가 결국 학교 당직을 섰던 간수가 탈출 시도를 적발한 공을 전부 자기 몫으로 돌렸기 때문임을 깨달았다. 상관에게 보고할 때 동혁의 역할에 대해서는 언급하지 않았던 것이었다.

그러나 지하 감옥에 끌려온 날 아침 동혁은 상황을 전혀 이해하지 못했다. 열다섯 살이었던 그는 그저 영문을 몰라 당혹스러웠다. 지휘관은 탈출 계획이 왜, 언제, 어떻게 된 일인지 계속해서 물었다. 동혁은 그 어느 것도 조리 있게 설명하지 못했다.

마침내 지휘관이 책상 너머로 서류를 내밀었다.

"기카문, 새꺄, 이거 읽고 맨 밑에다 네 새끼 엄지손가락으로 지장 찍으라."

그 서류는 가족의 전과 기록 문서였다. 동혁의 아버지와 11형제의 이름, 나이, 죄목이 줄줄이 적혀 있었다.

맏형인 신태섭이 목록의 맨 위였다. 이름 옆의 날짜는 한국전쟁이 발발한 이듬해인 1951년으로 되어 있었다. 같은 줄에는 그의 죄목인 '치안 방해, 만행, 월남'이 적혀 있었다. 둘째 삼촌 이름 옆에도 같은 죄목이 나열되어 있었다.

신동혁은 그로부터 몇 달이 지나서야 문서에 나온 내용의 의미가 무엇인지 깨달았다. 문서의 내용은 아버지 가족이 14호 수용소에 끌려온 이유였다.

아버지의 용서받을 수 없는 죄목이란, 한반도 대부분을 쑥대밭으로 만들고 수십만 이산가족을 낳은 동포 간의 전쟁 중에 남한으로 도주한 젊은 형 두 명이 있다는 사실이었다. 신동혁의 용서받을 수 없는 죄는 그 아버지의 자식이라는 사실이었다. 아버지는 동혁에게 이를 알려 준 적이 없다.

1965년 가족 모두가 보위부원에 끌려가던 날에 대해서는 나중에 아버지가 말해 주었다. 동이 트기 전, 평안남도 문덕군에 있는 할아버지 집에 보위부원들이 쳐들어왔다. 문덕군은 평양 북쪽으로 약 56킬로미터 지점에 있는 비옥한 농경 지대였다. "짐을 싸라." 무장한 남자들이 소리 질렀다. 가족들이 왜 체포되는지, 어디로 가는지는 설명해 주지 않았다. 동이 틀 무렵 짐을 실을 트럭 한 대가 도착했다. 14호 수용소에 도착할 때까지 가족들은 하루 종일 70여 킬로미터 되는 산길을 이동했다.

시키는 대로 신동혁은 문서에 지장을 찍었다.

간수들이 동혁의 눈을 다시 가리더니 조사실에서 그를 끌고 나와 복도를 지났다. 눈가리개가 풀리자 '7'이라는 방 번호가 보였다. 간수들은 그를 안으로 밀어 넣고 죄수복을 던졌다.

"야, 새꺄, 이걸로 갈아입으라."

그 죄수복은 덩치 큰 어른 사이즈였다. 작고 뼈가 앙상한 신동혁이 옷을 입으니 마대 자루 속에 들어가 버린 듯 했다.

동혁이 감금된 방은 콘크리트로 된 정사각형 모양으로 간신히 다리를 뻗고 누울 정도 넓이였다. 구석에 변기가 있고 수도가 딸린 세면대가 있었다. 천장에 매달린 전구에 불이 켜 있었는데, 전등을 끌 수 없게 되어 있었다. 창문이 없어서 낮인지 밤인지 알 수 없었다. 바닥에는 얇은 이불이 두 장 있었다. 동혁은 아무것도 먹은 게 없어서 잠을 이루지 못했다.

다음 날이라고 생각될 때쯤 간수들이 감방 문을 열고 그에게 눈가리개를 한 다음 다른 조사실로 데려갔는데, 그곳에는 새로운 조사관 두 명이 기다리고 있었다. 조사관들은 동혁을 무릎 꿇리고 가족들이 탈출을 시도한 이유가 무엇인지 설명하라고 강요했다. 어머니가 무슨 원한을 품고 있는가? 어머니와 무엇을 의논했는가? 형의 의도는 무엇인가?

동혁은 모른다고 대답했다.

"이 새끼 너, 몇 살도 안 된 새끼인데 자백하고 나가서 살아야지. 여기서 죽고 싶네?" 조사관 한 명이 동혁에게 말했다.

"저, 정말 아무것도 모릅네다."

동혁은 갈수록 겁이 나고 갈수록 배가 고팠으며, 제보를 한 사람이 바로 자기라는 사실을 간수들이 왜 몰라주는지 이해하지 못해 답답했다.

간수들은 그를 다시 감방으로 돌려보냈다.

사흘째 아침이라고 여겨지는 때 조사관 한 명과 간수 세 명이 감방으로 들어왔다. 그들은 동혁의 발목에 족쇄를 채우고 천장에 있는 고리에 밧줄을 묶은 다음 거꾸로 매달았다. 그리고 한마디 말도 없이 모두 나가고 문을 잠갔다.

발이 거의 천장에 닿았다. 머리는 바닥에서 60센티미터쯤 떨어진 곳에 거꾸로 늘어졌다. 묶이지 않은 양팔을 뻗어 보니 바닥에 닿지 않았다. 똑바로 일어나 보려고 꿈틀대며 몸을 이리저리 돌려 보았지만 헛일이었다. 목에 쥐가 나고 발목이 저려 왔다. 결국에는 다리에 감각이 없어졌다. 머리에 피가 쏠려 시간이 지날수록 고통이 심해졌다.

간수들은 저녁때가 다 되어 돌아왔다. 이번에도 말 한마디 없이 동혁을 풀어 놓고 나갔다. 감방에 음식이 들어왔지만 음식을 떠먹기가 거의 불가능했다. 손가락이 움직이지 않았다. 족쇄의 날카로운 가장자리에 발목이 찢겨 피가 났다.

나흘째 되던 날 조사관들은 군복이 아닌 사복 차림이었다.

신동혁은 눈가리개를 한 채 어둡고 천장이 높은 방으로 끌려갔다. 기계 공장 같이 생긴 방이었다.

천장에 달린 권양기(밧줄이나 쇠사슬로 무거운 물건을 들어 올리거나 내리는 기계)에는 쇠사슬이 매달려 있었다. 벽에 달린 고리에는 망치, 도끼, 펜치와 다양한 크기의 몽둥이가 걸려 있었다. 널따란 책상 위에는 달구어진 금속 조각을 집거나 옮길 때 쓰는 커다란 집게가 있었다.

"야 새꺄, 이 안에 들어오니까 어드래?" 조사관 한 명이 물었다.

동혁은 뭐라고 대답해야 할지 몰랐다.

"한 번만 더 물어보갔어. 네 애비, 에미, 형이 무슨 음모가 있어서 탈출을 계획한 기야?"

"전 정말 모릅네다."

"이제라두 솔직히 말하믄 살려 주디. 안 기리믄 널 죽이갔어. 알갔디?"

동혁은 혼란스러워 정신이 멍했다.

"여지껏 조그만 애라고 좋게 대해 줬드만. 가만두지 않갔어."

이번에도 동혁은 아무 대답도 하지 못했다.

"이 새끼 안 되갔구만!" 지휘관이 소리쳤다.

지휘관의 부관들이 신동혁에게 달려들어 옷을 벗겼다. 발목에 족쇄를 채우고 천장에 달려 있는 쇠사슬에 묶었다. 권양기가 작동하고 동혁의 발이 끌려 올라갔다. 머리가 쿵 하고 바닥에 부딪혔다. 양손은 천장에 달린 고리에 엮여 있는 밧줄에 묶였다. 팔다리를 묶어 고정시키는 작업이 끝나자 동혁의 몸은 얼굴과 다리는 천장을 향하고 벌거벗은 등은 바닥을 향하는 U자 모양이 되었다.

지휘관은 몇 번 더 질문을 던졌다. 동혁은 제대로 된 답변을 하지 못했다. 그는 부관에게 무엇인가를 가져오라고 말했다.

숯불이 가득 찬 통이 동혁 아래에 놓였다. 부관은 풀무를 이용해 불이 활활 타오르게 만들었다. 권양기가 작동하면서 동혁의 몸이 화염 근처로 내려왔다.

"저 새끼 말할 때까지 계속 하라." 지휘관이 말했다.

신동혁은 엄청난 고통에 발광하고 살이 타는 냄새를 맡으며 불을 피해 온몸을 비비 꼬았다. 간수 한 명이 벽에 걸린 갈고리를 집더니 아랫배를 찔러서 정신을 잃을 때까지 불 위에 그를 고정시켜 두었다.

신동혁은 감방에서 눈을 떴다. 간수들은 동혁에게 죄수복을 다시 입혀 놓았는데, 기절해 대소변을 보았는지 옷이 똥과 오줌으로 더러워져 있었다. 얼마 동안이나 기절해 있었는지 알 길이 없었다. 허리에는 물집이 생기고 끈적끈적 진물이 났다. 발목 주위의 살은 벗겨져 있었다.

이틀 동안은 감방을 가까스로 기어 다니고 음식도 먹었다. 간수들은 통째로 삶은 옥수수와 옥수수 죽, 배춧국을 가져다주었다. 그러나 상처가 감염되어 열이 나기 시작하면서 식욕이 사라지고 몸을 거의 가누지 못했다.

감방 바닥에 널브러진 동혁을 보고 복도에서 간수가 외쳤다.

"저 쪼꼬만 놈 참 질기구만."

그로부터 열흘 정도가 흐른 후 마지막 심문이 있었다. 신동혁이 기운을 못 차리고 바닥에서 일어서지 못했기 때문에 조사는 그의 감방에서 이루어졌다. 그러나 동혁은 더 이상 두려움에 떨지 않았다. 처음으로 그는 자신을 변호하는 말을 꺼냈다.

"이 일을 고발한 것이 바로 접네다. 저는 옳은 일을 했습네다."

조사관들은 동혁을 믿지 않았다. 그러나 동혁을 위협하거나 때리지 않고 질문했다. 동혁은 어머니 집에서 들은 내용과 학교 당직 간수에게 한 말을 모두 말했다. 동혁은 반 친구 홍성조가 증인이라며 조사관에게 홍성조를 만나 확인해 보라고 애원했다.

조사관들은 아무런 약속 없이 감방을 떠났다.

열은 갈수록 심해졌다. 허리에 생긴 상처에는 고름이 잔뜩 끼어 부어올랐다. 감방에는 악취가 진동해 간수들이 발을 들이려 하지 않았다.

(의식이 또렷하지 않아 시간을 정확히 파악하긴 어렵지만) 며칠 뒤, 간수들이 감방 문을 열고 두 명의 죄수를 들여보냈다. 그들은 신동혁을 들고 복도를 지나 다른 감방에 데려다 놓았다. 간수는 동혁을 다시 가두었다. 감방 안에는 다른 죄수 한 명이 있었다.

신동혁의 형 집행은 유예되었다. 홍성조가 동혁의 증언을 확인해 준 것이다. 동혁은 학교 야간 당직을 섰던 간수를 다시는 볼 일이 없을 것이다.

07
쥐구멍에도 볕 들 날 있다

　신동혁의 감방 동료는 14호 수용소를 기준으로 할 때 현저하게 많은 나이인 50대였다. 수용소의 지하 감옥에 갇혀 있는 이유가 무엇인지 알려 주지는 않았지만 그는 벌써 수년째 갇혀 지내고 있으며 햇빛이 몹시 그립다고 했다.

　창백하고 가죽 같은 피부가 앙상한 뼈 위에 늘어져 있었다. 그의 이름은 김진명이었다. 그는 자기를 '삼촌'이라고 불러 달라고 했다.

　몇 주 동안은 거의 말을 못할 정도로 몸 상태가 나빴다. 열 때문에 바닥에 웅크려 지내던 동혁은 이러다 죽는구나 싶었다. 식욕이 없어서 김진명에게 자기 음식도 먹으라고 내주었다. 김진명은 조금은 받아먹었지만 동혁이 밥을 먹을 수 있게 된 후에는 절대 동혁의 음식에 손을 대지 않았다.

　그러는 동안 김진명은 신동혁 옆에 종일 붙어 간호해 주었다.

그는 식사시간마다 하루 세 번, 나무 숟가락을 이용해 곪은 상처를 치료했다.

"이거 고름이 많구나. 고름 좀 긁어내갔으니 참으라." 김진명이 말했다.

그는 짠 배춧국을 소독약 삼아 발랐다. 또 근육이 위축되지 않도록 팔과 다리를 마사지해 주었다. 대소변이 상처에 닿지 않도록 요강을 가져다주고 옆에서 부축해 주었다.

김진명의 극진한 보살핌은 약 두 달 정도 계속되었다. 능숙한 손길과 침착함을 보고 동혁은 김진명이 이런 일을 이전에도 해 본 적이 있었으리라 추측했다.

간혹 신동혁과 김진명은 죄수가 고문당하는 비명과 신음 소리를 들었다. 권양기와 몽둥이가 있던 감방이 바로 복도 저편에 있는 듯했다. 감옥에서는 죄수들끼리의 대화를 금지하는 규정이 있었다. 그러나 신동혁과 김진명이 나란히 누울 만한 넓이인 감방에서 둘은 속삭여 대화를 나눌 수 있었다. 나중에 알고 보니 간수들도 둘이 대화한다는 사실을 알고 있었다.

동혁이 보기에 김진명은 간수에게 특별 대우를 받는 듯했다. 간수들은 김진명의 머리를 잘라 주었으며, 수염을 다듬도록 가위를 빌려 주었다. 또 마실 물을 컵에 담아 가져다 주었다. 김진명이 몇 시인지 물으면 대답해 주었다. 음식을 더 주기도 했는데, 그러면 김진명은 그 음식을 동혁과 나누어 먹었다.

"넌 쪼그만데 아직 살날도 많칸디. 쥐구멍에도 볕 들 날 있다는 말이 있다."

김진명의 의학적 기술과 따뜻한 말이 소년을 살렸다. 열이 내렸고, 마음도 편해졌으며, 불에 덴 상처는 굳어 아물었다.

신동혁은 이런 한결같은 다정함을 태어나 처음으로 경험했는데, 뭐라고 말하기 어려울 정도로 고마웠다. 그러나 동시에 혼란스럽기도 했다. 자라면서 어머니가 자신의 끼니를 챙겨 줄지 믿지 못했던 그였다. 학교에서는 그나마 홍성조를 빼고는 아무도 믿지 못했으며, 주변의 모든 아이들을 감시하고 고발했다. 그 대신 욕을 먹고 배반당하는 일은 각오하고 있었다. 감옥에서 김진명은 그런 생각을 조금씩 바꾸어 놓았다. 김진명은 그동안 외로웠다고 말했는데, 누군가와 함께 지내며 먹을 것을 나누게 되어 진정 행복해하는 듯했다. 김진명은 동혁에게 화를 내거나 겁준 적이 한 번도 없으며, 회복에 대한 믿음을 주었다.

복도 너머에서 주기적으로 들려오는 비명 소리만 못 들은 척 넘어가면, 심문과 고문 이후 감옥 생활의 일상은 이상하게도 신동혁에게 힘이 되었다.

맛이 없기는 했지만 간수들은 신동혁과 김진명이 충분히 목숨을 유지할 만큼의 음식을 가져다주었다. 위험한 육체 노동도 없고 진을 빼는 작업 할당량도 없었다. 살면서 처음으로 육체노동을 전혀 하지 않아도 괜찮았다.

　신동혁을 간호하는 일 외에도 김진명은 시간을 알차게 보냈다. 김진명은 감옥 안에서 매일 운동을 했다. 동혁의 머리도 잘라 주었다. 또 그는 재주 있는 이야기꾼으로 여러 이야기를 해 주었다. 그중에서도 특히 음식에 대한 이야기로 동혁을 신 나게 만들었다.

　"삼촌, 이야기 좀 해 달라요." 동혁은 자주 이렇게 졸랐다.

　김진명은 수용소 바깥의 음식이 어떻게 생겼고, 무슨 냄새가 나고, 어떤 맛인지 설명했다. 돼지고기를 구워 먹고, 닭고기를 삶아 먹고, 바닷가에서 조개를 구워 먹던 아저씨의 생생한 설명 덕분에 식욕이 다시 솟구쳐 올랐다.

　건강이 나아지자 간수들은 신동혁을 감방 밖으로 불러냈다. 간수들은 동혁이 가족을 고발했다는 사실을 잘 알고 있었다. 그들은 동혁에게 김진명에 대해 캐물었다.

　"너들 둘이 같이 붙어 있는데, 무슨 말 하는 거 없어? 꾸미지 말고 말하라." 간수가 신동혁에게 물었다.

　감방에서는 김진명이 알고 싶어 했다.

　"밖에서 뭐라고 길던?"

　간병인과 간수 사이에 낀 신동혁은 양쪽 모두에게 진실을 말하는 쪽을 택했다. 그는 김진명에게, 간수들이 자기에게 정보원이 되어 달라고 부탁했다는 사실을 알렸다. 김진명은 그 말을 듣고 별로 놀라지 않았다. 김진명은 계속해서 먹는 이야기를 술술 늘어놓으며 동혁을 즐겁게 해 주었다. 그러나 개인적인 이야기는 전혀 꺼내지 않았다. 가족 이야기도 하지 않았다. 정부에 대해서도 아무 의견을 표현하지 않았다.

신동혁은 김진명이 말하는 태도에서 교육을 많이 받고 한때 요직에 있었던 사람이리라 추측했다. 하지만 어디까지나 추측일 뿐이다.

비록 14호 수용소에서 탈출에 대한 언급은 범죄였지만 감옥에서 풀려나면 어떤 삶이 펼쳐질까 공상하는 일은 규정 위반이 아니었다. 김진명은 신동혁에게 모두 언젠가는 풀려날 것이라고 말했다. 또 그때까지는 건강히 지내고 가능한 한 오래 살고, 자살을 고려하지 않을 신성한 의무가 있다고도 했다.

"어드레 생각하네? 나도 여기서 나갈 수 있갔디?"

김진명이 물었다. 동혁은 어렵겠다는 생각이 들었지만 아무 말도 하지 않았다.

간수가 감방 문을 열고, 지하 감옥에 들어오던 날 입었던 학교 교복을 건넸다.

"이거 입고 빨리 나오라." 간수가 말했다.

옷을 갈아입으며 신동혁은 앞으로 어떤 일이 있을지 아저씨에게 물었다. 김진명은 안심하라며 밖에서 언젠가 다시 만나자고 했다.

"손 한번 잡아 보자."

김진명은 동혁의 양손을 꼭 쥐었다.

신동혁은 감옥을 떠나고 싶지 않았다. 평생 그 누구도 믿거나 사랑해 본 적이 없었다. 그 이후로도, 동혁은 어두운 감옥에서 함께 지낸 나이 든 아저씨를 생각할 때마다 부모님보다 훨씬 더 깊은 정을 느꼈다. 그러나 간수들이 동혁을 내보내고 다시 감방 문을 닫은 그 순간 이후로 김진명을 다시는 만나지 못했다.

08
어머니의 눈길을 피하다

간수들은 4월 초에 처음 들어와 심문받던 텅 빈 큰 방으로 신동혁을 데려갔다. 이제 11월 말이었다. 신동혁의 열네 번째 생일이 막 지났다. 반년이 넘는 세월 동안 해를 못 보고 지냈다.

신동혁은 방에서 보게 된 광경에 소스라치게 놀랐다. 책상에 앉아 있는 조사관 두 명 앞에는 아버지가 무릎을 꿇고 있었다. 아버지는 예전보다 훨씬 더 늙고 초췌해 보였다. 아버지도 동혁과 같은 시기에 지하 감옥에 끌려왔던 것이다.

옆에 무릎을 꿇고 아버지를 바라보니 아버지 오른쪽 다리가 비정상적으로 바깥쪽으로 구부러져 있었다. 아버지 신경섭 역시 고문을 당했다. 무릎 밑 뼈가 다 부서졌다가 다시 붙으면서 삐뚤어졌다. 이 상처로 수용소에서 지금껏 비교적 편하게 해 오던 기계공 일을 다시 하지 못하게 될 터였다. 이제는 공사장에서 다리를 절뚝거리며 비숙련공으로 일해야 할 처지가 되었다.

지하 감옥에 있는 동안 간수들은 막내아들이 탈출 계획을 밀고했다는 사실을 아버지에게 알렸다. 동혁이 나중에 아버지와 그에 대해 이야기 나눌 기회가 생겼을 때는 참으로 껄끄러웠다. 아버지는 계획을 숨겨 두는 위험을 무릅쓰기보다 간수들에게 알리기를 잘했다고 말했다. 그러나 아버지의 비꼬는 말투에 혼란스러웠다. 아버지는 고자질하기가 아들의 타고난 본능임을 잘 안다는 식으로 말했다.

"이거 읽구 도장 찍으라." 조사관 한 명이 동혁과 아버지에게 서류를 들이대며 말했다.

그 서류는 감옥 안에서 일어난 일에 대해 아무에게도 말하지 않겠다는 서약을 적은 비공개 문서였다. 만일 누설하면 처벌받게 된다는 내용이었다.

엄지에 잉크를 묻혀 각자 지장을 찍은 다음, 수갑을 차고 눈가리개를 한 후 엘리베이터를 타고 밖으로 나왔다. 그리고 여전히 수갑과 눈가리개를 한 채로 작은 차 뒷좌석에 올라 어디론가 끌려갔다.

차 안에서 동혁은 이제 다시 학교 기숙사로 돌아가게 될 것이라 생각했다. 비밀 서약을 하게 한 다음 총살시킬 리는 없으니 말이다. 그건 이치에 맞지 않았다. 그러나 30여 분 달려온 차가 멈추고 눈가리개가 풀렸을 때 그는 경악했다.

어머니 집 근처 텅 빈 밀밭에 군중이 몰려 있었다. 그곳은 신동혁이 어린아이일 때부터 1년에 두세 차례씩 공개 처형을 구경하던 장소였다. 간이 교수대가 설치되고 나무 기둥이 땅에 박혀 있었다.

신동혁은 자신과 아버지가 꼼짝없이 처형당하나 보다 생각했다. 허파로 들어오고 나가는 공기가 생생히 느껴졌다. 이것이 삶의 마지막 숨이구나 하고 혼잣말을 했다.

갑자기 간수가 아버지 이름을 외치는 소리에 공포가 가라앉았다.

"야, 신경섭이. 맨 앞으로 가서 앉으라우."

동혁도 아버지와 함께 불려 나갔다. 간수가 수갑을 풀었다. 동혁과 아버지는 자리에 앉았다. 처형을 주재하는 지휘관이 발표를 시작했다. 어머니와 형이 끌려 나왔다.

동혁은 어머니와 형을 배신하던 날 밤 집을 나선 이후로 어머니와 형이 어떻게 되었는지 듣거나 보지 못했다.

"민족 반역자 장혜경과 신희근을 처단한다."

신동혁은 아버지를 쳐다보았다. 아버지는 소리 없이 눈물을 흘렸다.

어머니와 형의 처형에 대한 신동혁의 죄의식은 한국에서 거짓말을 하기 시작하면서 지난 수년 동안 더욱 커졌다.

"제 삶에서 이것만큼 무거운 짐은 없습니다."

캘리포니아에서 만나 자신의 과거에 대해 어떻게 다르게 말해 왔는지, 왜 그랬는지를 설명하면서 동혁이 말했다.

그러나 공개 처형이 있던 날에는 부끄러움 없이 떳떳했다. 그는 화가 났다. 학대받고 상처 입은 청소년기의 맹렬하고 단호한 판단으로 어머니와 형을 증오했다.

신동혁이 보기에는 어머니와 형의 어리석고 이기적인 계획 때문에 자신은 고문당하고 거의 죽을 뻔했으며 아버지는 불구가 되었다.

그리고 처형대에 오른 그들을 보기 바로 전까지 그들의 무모함 때문에 자기가 처형당하는 줄 알았다.

간수가 어머니를 교수대로 끌고 나오자 신동혁은 퉁퉁 부어오른 어머니 모습을 보았다. 간수는 어머니를 나무 상자 위에 세우고, 재갈을 물리고, 양팔을 등 뒤로 묶은 후, 목에 고리를 조였다. 퉁퉁 부은 두 눈은 가리지 않았다.

어머니는 눈으로 사람들 무리를 훑어 아들을 찾았다. 동혁은 어머니와 눈을 마주치지 않았다.

간수들이 나무 상자를 밀자 어머니는 필사적으로 대롱대롱 매달렸다. 어머니가 몸부림치는 모습을 보면서 신동혁은 어머니는 죽어도 싸다고 생각했다.

나무 기둥에 묶이는 형은 수척하고 몹시 야윈 모습이었다. 간수 세 명이 각각 세 발씩을 쏘았다. 이마와 나무 기둥을 묶은 밧줄이 총알에 끊어졌다. 피가 낭자하고 여기저기 파편이 튄 광경이 역겹고 겁이 났다. 그러나 그는 형 역시 죽어 마땅하다고 생각했다.

09
반동종파의 새끼

부모가 탈출을 시도하다가 잡혀 처형당하는 경우가 14호 수용소에서 드문 일은 아니었다. 신동혁은 어머니의 처형 전이나 후에 여러 건을 목격했다. 하지만 수용소에 남겨진 자식들은 어떻게 되는지는 정확하게 몰랐다. 신동혁이 알기로는 그런 아이들은 학교에 다닐 수 없었다.

그는 예외였다.

아마도 고자질로 입증이 되었기 때문인지 수용소 관계자들은 신동혁을 학교로 되돌려 보냈다. 하지만 학교 복귀가 쉽지는 않았다.

신동혁이 공개 처형장에서 학교로 걸어 들어간 순간부터, 동혁이 일대일로 선생님을 만나면서 벌써 문제가 시작되었다. 동혁이 이름도 모르는 이 선생님을 만난 지는 2년이 넘었는데, 적어도 수용소 기준으로는 비교적 공정한 편이었다.

그러나 신동혁과 만났을 때 선생님은 화가 부글부글 끓어올라 있었다. 선생님은 동혁에게 왜 당직 간수에게 탈출 음모를 제보했는지 물었다.

"왜 나한테 먼저 오지 않았디?"

"그러려고 했지만 찾을 수가 없었습네다."

동혁은 그때가 밤늦은 시간이었고 선생님 숙소에는 수감자들이 들어가지 못하기 때문에 그랬다고 설명했다.

"기카믄 담날 아침까지 기다렸어야디!"

선생님은 탈출 음모 적발에 대한 공로를 상관에게 하나도 인정받지 못했다. 선생님은 신동혁의 오판을 비난하며, 생각 없는 행동에 대한 대가를 받게 하겠다고 으름장을 놓았다. 나중에 동혁의 반 아이들 서른다섯 명 정도가 교실에 모였을 때 선생님이 동혁을 가리키며 소리쳤다.

"이 새끼 앞으로 나오라. 무릎 꿇으라!"

신동혁은 콘크리트 바닥에 거의 여섯 시간 동안 무릎을 꿇고 있었다. 다리가 불편해 꼼지락꼼지락 움직이자 선생님은 검은색 지시봉으로 사정없이 후려쳤다.

학교로 돌아온 지 이틀째 되는 날 신동혁은 옥수수 짚을 모아 탈곡장으로 끌고 가기 위해 동급생들과 수용소 농장으로 갔다. 동혁은 짚을 실은 지게를 졌다. 석탄차를 미는 것에 비하면 비교적 수월한 작업이었지만 어깨에 멘 가죽끈 때문에 허리와 엉덩이뼈에 있는 흉터의 연한 살이 자꾸 쓸렸다.

곧 피가 다리를 타고 줄줄 흘러 내렸다. 교복 바지가 흠뻑 젖었다.

동혁은 감히 불평하지 못했다. 선생님은 어머니와 형의 죄를 씻어 내려면 동급생들보다 몇 배 더 열심히 일해야 한다고 미리 경고를 해 두었다.

학교에서든 바깥 노동 현장에서든 모든 학생은 변소에 가려면 허락을 받아야 했다. 신동혁이 감옥에서 나온 뒤로 처음 변소에 가겠다는 허락을 구하자 선생님은 안 된다고 대답했다. 학교에서는 대소변을 참으려고 노력했지만 결국 일주일에 한두 번은 바지에 소변을 볼 수밖에 없었는데, 그것도 주로 밖에서 일을 하고 있을 때 그랬다. 겨울이었고 날이 아주 추웠기 때문에 그는 소변이 얼어 딱딱해진 바지를 입은 채로 일했다.

일곱 살이 되어 같이 인민학교에 다니기 시작한 이래로 신동혁은 동급생과 거의 다 알고 지냈다. 동혁은 남자아이치고는 작은 축에 들었지만 학급 동료들은 그를 친구로 잘 대해 주었다. 하지만 선생님의 태도가 돌변했음을 눈치챈 아이들은 동혁을 놀리고 따돌리기 시작했다.

음식을 가로채고 배를 때리는가 하면 이름 대신 별명을 불렀다. 별명 대부분은 '반동종파의 새끼'의 줄임말이었다.

신동혁이 어머니와 형을 배신했다는 사실을 급우들이 알았는지는 확실하지 않다. 어린 시절 친구인 홍성조는 아무에게도 말하지 않았을 것이다. 어찌 되었든 동혁은 가족을 배반한 일로 조롱을 당하지는 않았다. 아이들은 모두 가족이나 서로를 늘 감시하고 보고하라는 명령을 선생님에게 들어 왔는데, 만일 가족을 배반한 일을 조롱한다면 비애국적이고 위험한 장난이 될 터였다.

감옥에 들어가기 전에 신동혁은 전략적으로 교실 동맹을 맺어 두었다. 동혁은 학급장인 홍주현과 친구가 되었다. (신동혁이 가족들을 고발하면서 원했던 조건 중의 하나가 바로 이 학급장을 시켜 달라는 요구였다) 홍주현은 작업 일정에 따라 학생들을 인솔하고 게으름을 피운 아이를 때리거나 발로 걷어찰 권한이 있었다. 홍주현은 선생님이 가장 신뢰하는 정보원이기도 했다.

학급 아이들이 작업 중에 꾸물거린다든지 할당량을 다 채우지 못하면 홍주현 자신이 매를 맞거나 급식을 못 먹기도 했다. 그의 역할은 어른들로 치면 현장을 책임지는 작업반장과 비슷했다. 남자들 중에 풍채가 좋은 사람에게 주로 작업반장을 맡기는데, 간수들은 이 작업반장에게 다른 수감자를 제한 없이 다룰 권한을 준다. 노동자들이 저지른 모든 잘못에 책임을 져야 하므로 간수보다 작업반장이 더 빈틈없고, 잔인하고, 가차 없는 경우가 많았다.

신동혁이 학교로 돌아온 이후 홍주현은 동혁을 더 조심스럽게 살피기 시작했다. 도로 정비 작업 중에 동혁은 손수레에 돌멩이를 지나치게 많이 담고 말았다. 아무리 수레를 밀어 보아도 야윈 소년이 움직이기에는 너무 무거워서 꼼짝도 하지 않았다.

홍주현이 삽을 들고 다가오자 동혁은 그가 도와주지 않을까 내심 기대했다. 협력해서 수레를 밀라고 다른 학생들에게 지시할 줄 알았다. 그런데 홍주현은 오히려 삽을 휘둘러 동혁의 등을 후려쳐서 바닥에 넘어뜨렸다.

"똑바로 끌라우."

홍주현은 동혁의 머리 옆쪽을 발로 차면서 일어나라고 말했다. 동혁이 주섬주섬 일어서자 홍주현은 동혁에게 다시 삽을 휘둘러 코를 내리쳤고, 코피가 쏟아지기 시작했다.

홍주현에게 맞은 뒤 동혁보다 더 어리고 작은 아이들이 동혁의 어머니를 욕하기 시작했다. 선생님의 부추김을 받고 이번에는 욕을 해 가며 때렸다.

지하 감옥에 감금되면서 신동혁은 체력이 대부분 고갈되고 지구력도 거의 없어졌다. 다시 중노동에 장시간 시달리면서 학교에서 주는 적은 식량으로 버티려니 배가 고파 미칠 것 같았다.

학교 식당에서 신동혁은 두 눈을 벌겋게 뜨고 엎질러진 배춧국을 찾으러 다니고, 바닥에 흘린 더러운 국을 손에 묻혀 쪽쪽 빨아서 먹었다. 교실 바닥, 길, 들판을 돌아다니며 곡식 알갱이, 콩알 혹은 소화가 덜 된 옥수수 알갱이가 들어 있는 쇠똥을 찾으러 다녔다.

학교로 돌아온 지 몇 주 뒤인 12월, 오전 작업 시간에 신동혁은 짚

더미에서 말라비틀어진 옥수숫대를 발견하고 허겁지겁 먹었다. 홍주현이 근처에 있었다. 홍주현은 동혁에게 달려오더니 머리채를 쥐고 선생님에게 끌고 갔다.

"선생님, 이 새끼 일은 안 하구 먹을 것만 줏어 먹습니다."

신동혁이 (본능적으로) 무릎을 꿇고 잘못했다고 용서를 빌었지만 선생님은 지시봉으로 머리를 때리고, 반 아이들에게 와서 쓰레기를 주워 먹는 이놈을 한 대씩 때리라고 소리쳤다.

"야, 와서 이 새끼 볼따구 한 대씩 때리라."

무슨 일이 벌어질지는 뻔했다. 신동혁은 반 아이들에게 순차적으로 집단 구타를 당했다. 아이들은 동혁 앞에 줄을 서서 기다렸다. 여자들은 동혁의 오른쪽 뺨을, 남자들은 왼쪽 뺨을 때렸다. 구타 행렬은 다섯 바퀴까지 돌면서 계속되다가 선생님이 점심시간이라고 말할 때에야 멈추었다.

지하 감옥에 감금되기 전에, 그리고 선생님과 급우들의 괴롭힘을 당하기 전에는 신동혁은 14호 수용소에서 태어났다는 사실을 그 누구의 탓으로 돌려 본 적이 없다.

그는 편협한 환경에서 생활했기 때문에 먹을 것을 찾고 구타를 피하는 데에만 온 정신을 쏟았다. 바깥세상, 부모, 가족사는 관심 밖이었다. 간수들이 원죄에 대해 늘어놓는 설교를, 믿음이 닿는 한 성실히 믿었다. 반역자의 후손인 그가 면죄 받고 굶주림을 피할 단 하나의 기회는 중노동뿐이었다.

그러나 학교로 돌아온 신동혁은 억울함으로 가득 찼다. 어머니와 형에 대한 죄책감에 사로잡혔기 때문은 아니다. 죄책감은 훨씬 시간이 많이 지난 뒤에야 들기 시작했다. 동혁이 억울했던 이유는 바로 김진명과 감옥에서 몇 달을 함께 보내면서 철책 너머의 세상에 대한 장막이 아주 조금이나마 걷혔기 때문이다.

신동혁은 자신이 평생 절대 먹지 못하고 구경하지 못할 무엇이 있다는 사실을 인식하게 되었다. 수용소의 불결함과 악취, 음침함이 그의 마음을 짓눌렀다. 미미하게나마 자아를 인식하기 시작하니 외로움, 애석함, 열망이 느껴졌다.

무엇보다도 그는 부모에게 화가 났다. 자신이 이런 고통에 처한 이유가 모두 어머니가 꾸민 음모에서 비롯되었다고 믿었다. 선생님과 급우들에게 받는 희롱과 굴욕도 모두 어머니 탓으로 돌렸다. 또 이기적으로 강제 수용소 안에서 짝을 맺고 결국 전기 철책 안에서 죽을 운명인 후손을 낳은 어머니와 아버지 모두를 경멸했다.

공개 처형장에서 어머니와 형이 처형당하고 난 뒤 아버지는 동혁을 위로하려 했다.

"괜찮아? 어디 다치지는 않았어? 그 안에서 오마니는 봤네?" 아버지는 지하 감옥 이야기를 들먹이며 되풀이해서 물었다.

동혁은 너무 화가 나서 대답하지 않았다.

처형 사건이 있은 후 신동혁은 '아버지'라는 말을 입에 담는 것조차 불쾌하게 여겼다. 아주 가끔 (1년에 약 14일 정도) 학교를 쉬는 날이 생기면 아버지는 동혁이 찾아오기를 기다렸다. 아버지를 찾아가도 동혁은 아무 대꾸도 않는 때가 많았다.

아버지는 사과하려고 했다.

"부모를 잘못 만나 네가 이렇게 고생하는구나. 운 나쁘게 이런 부모 밑에 태어나서. 기래두 오카건? 이리 된 걸."

평범한 삶에서 뜯겨 나와 중노동, 배고픔, 구타, 수면 부족이 만연한 강제 노동 수용소 체제에 편입되는 북한 사람들에게 자살의 유혹은 상당히 강력하다.

"수용소에서 자살하는 사람을 보기는 어렵지 않다."

15호 수용소에서 10년을 보낸 강철환은 회고록에서 말한다.

"이웃 중에 그 길을 택한 사람들이 많다. …… 그런 이들은 정권을 비판하거나 적어도 보위부를 비판하는 편지를 남긴다. …… 사실, 비판하는 글을 남기건 남기지 않건 일정한 처벌이 뒤따른다. 예외를 인정하지 않는 규칙이다. 자살을 권력으로부터 도망치려는 시도로 보기 때문에 자살을 시도한 사람이 살아 있지 않다면 그 대신 처벌할 누군가를 찾아야 한다."[1]

대한변호사협회의 보고에 따르면 북한 국가안전보위부는 죄수가 자살을 하면 남아 있는 죄수의 친족에게 더 긴 형량을 부여하겠다고 모든 죄수에게 경고해 둔다.

인민군 중령이었으며 수용소 두 곳에서 6년을 보낸 김용은 회고록에서 자살의 유혹이 "어마어마하게 강력했다."라고 말한다.

"수감자들은 배고픔을 느끼는 정도를 넘어서 지속적으로 의식이 들락날락함을 느낀다."

김용은 14호 수용소에서 2년을 보내고, 간수들의 폭력이 덜하고 수감자들이 조금 더 자유를 누리는, 대동강 건너에 있는 18호 수용소로 이송되었다.

14호 수용소에서 발작 증세를 없애기 위해 김용은 탄광 갱도에 뛰어내렸다. 탄광 바닥으로 굴러 떨어지면서 심한 상처를 입은 뒤 그는 통증보다는 실망감을 더 크게 느꼈다고 한다.

"형언하기 어려울 정도의 이 고통을 마감할, 보다 나은 방법을 생각하지 못했다는 사실이 후회스러웠다."[2]

어머니와 형의 처형 이후 동혁의 삶이 비참했던 만큼, 자살은 그저 잠깐 스쳐 지나가는 생각일 뿐이었다.

신동혁이 보기에는, 수용소 밖에서 태어나 수용소로 들어온 사람과 수용소에서 태어나 자란 사람 간에는 근본적인 차이가 있다. 외부 출신들은 편안했던 과거와 극도로 힘든 현재가 극명하게 대비되어 삶의 의지를 찾거나 유지하지 못한다. 수용소 태생으로서 누리는 반사 이익은 삶에 대한 기대가 전혀 없다는 점이다.

그래서 신동혁은 그간 겪은 비극으로 완전한 절망으로 빠져들지는 않았다. 그는 잃을 희망도, 애통한 과거도, 지켜야 할 자존심도 없었다. 바닥에 떨어진 국물을 핥아 먹더라도 모멸감을 느끼지 않았다. 간수에게 용서를 구걸해도 수치스럽지 않았다. 음식 때문에 친구를 배반해도 양심에 거리낌이 없었다. 그 모두가 생존 방법일 뿐이지 자살의 동기는 아니었다.

학교 선생님들은 다른 일자리로 순환 근무하는 경우가 드물었다. 학교에 다니기 시작한 이후 7년 동안 신동혁이 만난 선생님은 딱 두 명이었다. 그러나 처형이 있은 지 4개월 뒤 신동혁에게 변화가 찾아왔다. 어느 날 아침, 동혁을 괴롭히고 급우들에게도 그를 괴롭히라고 부추기던 선생님이 사라졌다.

새로 부임한 선생님은 겉으로 봤을 때 아이들을 덜 학대할 것 같지는 않았다. 수용소에 있는 다른 모든 보위부원 선생님들처럼 이름을 밝히지 않았으며, 30대 초반의 완고해 보이는 인상으로, 자신이 말할 때는 눈길을 피하고 고개를 숙이라고 아이들에게 명령했다. 신동혁은 그 선생님이 다른 간수들처럼 차갑고, 거리가 있고, 군림하려 드는 태도를 보였던 것으로 기억한다.

그러나 새 선생님은 신동혁이 영양실조로 죽게 내버려 둘 작정은 아닌 듯 했다.

지하 감옥에서 풀려난 지 4개월 후인 1997년 3월 즈음 신동혁은 실제로 기아에 빠져들 가능성이 충분했다. 선생님과 동급생들에게 괴롭힘을 당했고, 몸을 지탱할 만큼의 영양을 섭취하지 못했다. 상처도 다 낫지 않아 여전히 피가 났다. 갈수록 쇠약해졌고, 작업량을 완수하지 못해 결국 매를 더 맞았다. 배급량은 더 줄었고, 상처의 출혈은 더 심해졌다.

새로 온 선생님은 식사 시간이 끝난 후 동혁을 학교 식당으로 데리고 갔다. 그리고 남은 음식이 있으면 뭐든 좋으니 먹으라고 했다. 어떤 때는 직접 음식을 몰래 가져다주기도 했다. 또 동혁에게 덜 힘든 일을 배정하고, 동혁이 기숙사의 따뜻한 바닥 쪽에서 잘 수 있도록 신경 써 주었다.

그리고 중요한 점은 학급 친구들이 동혁을 때리거나 동혁의 음식을 빼앗지 못하도록 했다. 죽은 어머니에 대한 조롱도 멈추었다. 동혁의 얼굴을 삽으로 때렸던 학급장 홍주현과는 다시 친구가 되었다. 이제는 몸에 살이 좀 붙었다. 허리에 난 화상 상처도 마침내 나았다.

아마도 선생님은 어머니가 죽는 모습을 지켜본 데다 친구들 괴롭힘에 시달리기까지 하는 아이에게 동정을 느꼈는지도 모른다. 아니면 불만을 품은 예전 선생님이 신뢰할 만한 밀고자를 홀대한다는 사실을 수용소 상위 간부가 알아차렸기 때문일 가능성도 있다. 그래서 새로 부임한 선생님이 신동혁을 살려 내라는 명령을 받았을지 모른다.

새로 온 선생님이 왜 그렇게 애를 썼는지는 동혁도 정확히 모른다. 그러나 그 선생님의 도움이 없었다면 자기가 십중팔구 죽었을 것임은 확실히 안다.

10
노동자

트랙터들은 노동 현장으로 매일 음식을 실어 날랐다. 옥수수 가루와 배춧국이 담긴 뜨거운 통이 한가득이었다.

열일곱 살이 된 신동혁은 수감자 수천 명과 함께 일을 하고 있었다. 1998년 동혁을 비롯한 노동자들은 14호 수용소 남쪽 경계 부근 대동강에 수력 발전용 댐을 건설하는 중이었다. 강제 노동자들에게 하루 세끼를 꼬박꼬박 챙겨 주며 일을 시킬 정도로 긴급한 사안이었다. 간수들은 또한 성인 수감자 5,000여 명과 고등중학교 학생 수백 명에 이르는 노동자들이 강가에서 물고기와 개구리를 잡을 수 있도록 허용했다.

신동혁은 태어나서 처음으로 1년 내내 배불리 먹었다.

북한 정부는 고압 전류 철책이 있고, 군복, 유리, 시멘트를 대량으로 생산하는 공장을 둔 수용소에 전력을 안정적으로 공급할 수단이 필요하다고, 그것도 하루 속히 필요하다고 결정했다.

"야! 야! 야! 무너진다! 무너진다!"

신동혁은 놀라서 소리를 질렀다. 콘크리트 반죽을 작업반에 가져다주는 길에, 갓 부어 만든 콘크리트 담장에 금이 가서 붕괴하기 시작하는 광경을 목격했다. 그 아래쪽에서는 노동자 여덟 명이 다른 담을 마무리하고 있었다.

신동혁은 있는 힘을 다해 소리쳤다. 그러나 너무 늦었다.

어른 셋, 열여섯 살짜리 여자아이 세 명과 남자아이 두 명이 숨을 거두었다. 인식하지도 못하는 사이에 모두 짓눌려 버렸다. 감독하던 간수는 사고가 일어났는데도 작업을 중지시키지 않았다. 교대 시간이 되자 그저 일꾼들에게 죽은 이들의 시체를 처리하라고 명령할 뿐이었다.

북한의 산지에는 물살이 빠른 크고 작은 강이 종횡으로 가로지른다. 분단되기 이전에는 한반도 전력의 90퍼센트를 북한 지역에서 공급했을 정도로 북한 지역의 포장 수력은 풍부하다.[1]

그러나 김씨 정권하에서, 북한 정부는 대부분 도시 지역과 먼 수력 발전 댐을 연결하는 안정적인 전기 공급 망을 건설하거나 유지하지 못했다. 1990년대 초반 소련이 값싼 연료유 공급을 중단하자, 도시에 있는 화력 발전기는 털털거리다 멈추어 버렸다. 국토 대부분에서 전등이 꺼졌다. 현재까지도 전등은 거의 안 들어온다.

밤 시간에 한반도를 찍은 위성 사진을 보면 중국과 한국 사이에 검은 구멍이 나타난다. 정부가 애지중지하는 최고위층이 사는 평양조차 불을 밝힐 전기가 부족하다. 2008년 2월 뉴욕 필하모닉 공연을 보도하기 위해 외국 취재단의 일원으로 내가 2박 3일 동안 평양에 머물렀을 때 북한 정부는 간신히 도시 대부분의 전등을 밝혔다. 오케스트라와 취재단이 평양을 떠나자 전등은 다시 꺼졌다.

그러니 지역 산업에 전력을 공급할 수 있으며 기초적인 기술과 인력을 동원하면 건설할 수 있는 중소 규모의 수력 발전소들이 1990년대 이후 주도적으로 건설된 것도 어찌 보면 당연한 일이다. 광란적인 강제 노동으로 댐 수천 개가 건설되었다.

경제 붕괴를 모면하는 것 이외에도 댐 건설은 국가를 이끄는 김씨 가문에게 이념적인 매력이 있었다. 김일성을 칭송하는 글에서 나타나듯, 김일성의 가장 중요한 지적인 성과물 '주체사상'은 국가적 자부심과 스스로에 대한 신뢰가 하나라고 주장한다.

'위대한 수령'은 주체사상을 이렇게 설명했다.

주체의 의미를 간단히 밝히자면
조국의 혁명과 재건의 주인이 되는 것이다.
그 의미는 독립적인 지위를 고수하고,
남에게 의존함을 거부하며,
스스로의 두뇌를 쓰고, 자신의 힘을 믿으며,

주체적인 혁명 정신을 표출하여,

결국 어떤 상황에서든지

자신의 책임하에 있는 모든 문제를

스스로 해결하는 것이다.[2]

위의 설명 중에 북한처럼 부실하게 운영되는 나라에게 아주 미약하게나마 가능한 사항은 하나도 없다. 북한은 외국 정부의 지원에 늘 의존해 왔으며, 만일 지원이 끊기면 김씨 정권은 아마도 붕괴해 버릴 것이다. 북한은 가장 상황이 좋았던 시절에조차 혼자 힘으로 먹고살지 못했다. 북한에는 기름이 전혀 나지 않으며, 국제 시장에서 연료를 구입할 만한 현금도 없었다.

미국을 비롯한 여러 서방 국가와 맞서 싸워 교착 상태를 만든 중국의 도움이 없었다면 북한은 한국전쟁에서 패배해 국가로서의 존재가 사라졌을 것이다. 1990년대까지 북한 경제는 대부분 소련의 보조금으로 유지되었다. 2000년에서 2008년까지는 한국이 평화 공존의 수단으로 주머니를 열어 후하게 투자하고, 비료와 음식 등 무조건적인 선물을 엄청나게 제공하면서 북한을 지원했다.

그 이후 북한은 특혜 무역, 식량 원조, 연료에 대한 중국 의존도를 갈수록 높였다. 높아지는 중국의 영향력을 보여 주는 한 예로, 한 외교관에 따르면 2010년 김정일의 후계자로 김정은이 공식 데뷔하기 몇 달

전, 병들고 늙은 김정일이 베이징으로 두 번이나 찾아가서 자신의 권력 이양 계획을 지지해 달라며 부탁했다고 한다.

이런 현실인데도 북한은 김일성 탄생 100주년인 2012년까지 국가적으로 널리 선전하는 목표인 '강성대국'에 이를 수 있는 필수 조건으로 주체사상을 옹호하고 든다.

그런 기상천외한 목표에서, 정부는 고결한 구호로 포장한 비참한 과제에 정기적으로 대중의 참여를 요청한다. 선전 문구는 상당히 창의적이다. 기근은 "고난의 행군"으로 재포장되었으며, "하루 두 끼만 먹자." 같은 감정을 자극하는 구호로 북한 사람들에게 애국적인 투쟁을 장려하기도 했다.

2010년 봄 식량 부족이 다시 심각해지자 정부는 도시 거주자가 시골로 이주해 농사를 짓도록 하기 위해 대규모 귀농 캠페인을 벌였다. 사무직원, 학생, 군인 등을 봄에 2개월간, 가을에 2주간 농촌으로 파견하는 연례 캠페인 "모내기 전투"에 도시인들이 영구적인 지원 인력이 되는 셈이었다. 도시 거주자들은 겨울에는 봄 파종에 쓸 퇴비용 인분을 처리하는 비용을 부담했다.

북한이 국민에게 강요하는 시급하고도 애국적인 과제의 예는 그밖에도 "수확량이 더 많은 생선을 양식하자!", "염소 사육을 확대하고 당과 함께 풀밭을 더 만들자!", "해바라기를 더 기르자!" 등이 있다. 이 같은 장려 운동의 성과는, 특히 도시 거주자들을 등골 빠지는 농촌 노동으로 끌어들이려는 정부의 인기 없는 노력은 아주 미미했다.

14호 수용소의 댐 건설 계획에서는 그런 동기 부여 같은 것은 전혀 문제가 아니었다.

신동혁의 증언으로는, 간수들이 수력 발전용 댐을 건설하는 '노력 동원'을 발표하자마자 성인 수감자 수천 명이 공장을 떠나 대동강 북쪽 제방 근방에 세운 가건물 기숙사로 행진했다. 신동혁과 급우들도 학교 기숙사에서 나왔다. 모두들 수용소 중심부에서 남동쪽으로 약 10킬로미터 떨어진 댐 건설 현장에서 일하고, 먹고, 잤다.

현재 위성 사진으로 보면 넓은 강을 가로지른 크고 튼튼한 콘크리트 구조물과 북쪽 제방에 바싹 붙은 터빈과 배수로가 확인된다.

댐 건설 작업은 밤낮으로 계속되었다. 트럭들이 시멘트, 모래, 돌을 실어 날랐다. 신동혁이 본 디젤 굴착기는 단 한 대뿐이었다. 흙을 파내고 건설하는 과정 대부분은 노동자들이 삽, 양동이, 맨손으로 작업했다.

신동혁은 그동안 수용소 수감자가 굶주림, 질병, 구타, 공개 처형으로 죽는 모습은 보았지만 일상적인 작업 중에 죽는 것은 보지 못했다.

댐 건설 과정에서 가장 큰 인명 손실은 총력을 기울인 건설 작업이 막 시작됐을 때 일어났다. 1998년 7월 퍼붓던 장맛비에 대동강이 범람해 작업하던 일꾼과 학생들 수백 명이 휩쓸려 내려갔다. 강둑 위에서 모래를 나르던 동혁은 사람들이 저 멀리 사라지는 모습을 지켜보았다. 그는 사망한 학생들의 신원을 파악하고 사체를 매장하는 작업에 곧바로 투입되었다.

신동혁은 홍수가 난 사흘째 되던 날 퉁퉁 부은 소녀의 시체를 등에 지고 날랐던 일을 기억한다. 처음에는 시체가 축 늘어져 있었지만 이내 경직되어 팔과 다리가 바깥으로 벌어진 채 굳었다. 손으로 판 좁다란 구덩이에 시체가 들어가도록 팔다리를 아무렇게나 쑤셔 집어넣어야 했다.

물살에 옷이 쓸려 나간 경우도 있었다. 홍주현은 홍수가 지나간 곳에서 잔해를 치우다가 발가벗겨진 급우를 발견하고는 자신의 옷을 벗어 덮어 주기도 했다.

청소를 하는 동안 아이들은 서로 먼저 시체를 찾으려고 경쟁하기도 했다. 시체 한 구를 묻을 때마다 간수들은 밥을 한두 그릇씩 주어 보상했다.

14호 수용소를 지나 흐르는 대동강은 폭이 넓고 물살이 세서 추운 겨울에도 얼지 않기 때문에 1년 내내 댐 건설을 할 수 있었다. 1998년 12월 동혁은 얕은 강물 속으로 들어가 바위를 끄집어내라는 명령을 받았다. 추위를 참을 수 없어서 다른 아이들처럼 간수의 허락 없이 강물 밖으로 나왔다.

"이 새끼들 물 밖으로 나오면 다 굶을 줄 알아. 알갔디!" 간수가 고함쳤다.

동혁은 몸을 가누기 힘들 정도로 심하게 떨면서 계속 일을 해야만 했다.

학생들은 주로 가장 낮은 직급 노동자로 일했다. 특히 보강용 철근을 옮겨다 주는 일을 많이 했는데, 그러면 성인 수감자들은 여기에 노끈이나 철사를 감아서 묶는다. 장갑이 없기 때문에 겨울에는 손이 차가운 철근에 달라붙는 경우도 있었다. 철근을 건네주는 일을 하다가 결국에는 손바닥이나 손가락 피부가 벗겨지기도 했다.

동혁의 동급생인 변순호는 열이 나고 몸이 안 좋다고 간수에게 불평했다가 극한의 고통을 경험하기도 했다.

"순호, 혀때기 내밀라."

간수는 변순호에게 얼어붙은 철근에 혓바닥을 대라고 명령했다. 변순호는 거의 한 시간 후 눈에 눈물이 잔뜩 고이고 입에 피가 철철 흐르는 채로 가까스로 혀를 떼어 냈다.

댐 건설 작업은 위험했지만 동혁에게는 아주 신 나는 일이기도 했다. 가장 중요한 이유는 먹을거리였다. 특별히 맛있지는 않지만 철마다 먹을 것이 풍성했다. 신동혁은 댐 건설 현장에서의 식사 시간을 10대 시절 중 가장 행복했던 순간으로 기억한다. 지하 감옥에서 빠졌던 몸무게와 체력이 모두 회복되었다. 그리고 생존해 나갈 자신감이 생겼다.

댐 근처에서 지내는 동안에는 약간의 자유가 허용되었다. 여름에는 학생들 수백 명이 건물 바깥 우거진 수풀 밑에서 잤다. 일을 하지 않는 낮 시간에는 14호 수용소 내를 마음대로 돌아다닐 수 있었다. 학급장은 열심히 일한 대가로 신동혁에게 4일간 아버지를 만나고 오도록 허가했다. 아직은 아버지와 화해하지 않았기 때문에 동혁은 그냥 하루만 함께 보내고 돌아왔다.

1999년 5월 고등중학교를 마칠 무렵에는 댐에서 일한 지 약 1년이 되어 갔다. 학교는 돌멩이 줍기, 잡초 뽑기, 댐 건설 노동에 학생을 파견하는 노예 집합소와 다름없었다. 그러나 졸업은 곧 열여덟 살에 성인 노동자가 되었음을 의미했다. 신동혁은 이제 수용소 내의 평생직장으로 파견될 준비가 되었다.

신동혁의 같은 반 급우 중 약 60퍼센트는 함몰, 폭발, 가스 중독 등 사망 사고가 흔히 발생하는 탄광에 배정되었다. 10년에서 15년 넘게 지하에서 일하다 보면 폐병을 얻는 사람도 많았다. 아예 더 일찍 사망하는 경우를 빼고는 광부 대부분이 40대에 죽었다. 동혁은 탄광 배정을 곧 사형 선고로 받아들였다.

누가 어디로 배정되는지는 2년 전 음식을 더 먹이고 급우들의 학대를 막아 동혁의 목숨을 건져 주었던 그 선생님이 결정했다. 선생님은 학생들이 남은 생을 보낼 곳이 어딘지 퉁명스럽게 말하며, 아무 설명 없이 작업장 배치를 발표했다. 선생님이 발표를 마치면 곧바로 공장, 탄광, 농장의 작업반장이 학교에 와서 학생들을 데리고 간다.

선생님은 홍주현에게 탄광에 배정되었다고 말했다. 신동혁은 그 이후 다시는 홍주현을 보지 못했다.

열두 살 때 탄광에서 엄지발가락을 잃은 문성심은 직물 공장에 배정되었다.

동혁이 어머니와 형의 탈출 계획을 밀고했다는 사실을 증명함으로써 고문에서 동혁을 구한 홍성조도 탄광에 배치되었다. 동혁은 그 또한 다시 만나지 못했다.

작업 배정 뒤에 어떤 근거가 있었다 해도 전혀 알 길이 없었다. 동혁이 생각하기에는 그 속내를 전혀 읽기 힘들었던 그 선생님이 자기 기분에 따라 정하지 않았나 싶다. 아마 선생님이 동혁을 마음에 들어 했었나 보다. 어쩌면 불쌍히 여겼을지도 모른다. 아니면 동혁을 잘 봐주라는 명령을 받았을 가능성도 있다. 그저 모를 일이었다.

어쨌든 그 선생님이 신동혁의 목숨을 구했다. 선생님은 남녀 200여 명이 돼지 800마리와 염소, 토끼, 닭, 젖소 몇 마리씩을 키우는 14호 수용소 돼지 농장에 동혁을 배정했다. 돼지의 먹이는 축사를 에워싼 들판에서 재배했다.

"신인근이, 너 목장 배치야. 가서 일 잘하라."

선생님이 말했다.

14호 수용소에서 목장만큼 훔칠 음식이 많은 곳도 없었다.

11
돼지 농장에서

신동혁은 열심히 일하지 않았다.

일을 잘하지 못하면 작업반장이 노동자들을 때렸지만 그렇게 호되지는 않았으며 죽을 만큼 때리는 일도 없었다. 돼지 농장 일은 14호 수용소에서 동혁이 해 본 노동 중에 가장 편하고 좋았다. 가끔은 오후에 몰래 낮잠을 자기까지 했다.

농장 식당의 식사 시간이 시멘트 공장, 피복 공장, 탄광보다 더 길지는 않았다. 음식이 더 나은 것도 아니었다. 그러나 11월에서 7월까지는 새끼 돼지에게 먹이려고 준비한 옥수수 가루를 끼니 사이에 몰래 먹을 수 있었다. 또 8월에서 10월 사이에는 들판에서 김을 매거나 수확하면서 옥수수, 배추 등의 농작물을 간식거리로 먹었다. 가끔은 작업반장이 들판으로 솥을 들고 나와 모두를 배부르게 먹이기도 했다.

농장은 강에서 멀리 떨어진 언덕 위에 있었고, 걸어서 30분 거리에 동혁이 다니던 학교와 어머니와 살던 집이 있었다. 여자와 아이들은 가족 숙소에서 농장까지 걸어서 왔다 갔다 했지만 농장 노동자 대부분은 농장 기숙사에 머물렀다.

신동혁은 남자 기숙사 방바닥에서 잤다. 따돌림 같은 문제는 없었다. 콘크리트 바닥에서 따뜻한 자리를 차지하려고 다툼을 벌일 필요도 없었다. 늘 푹 잘 잤다.

농장에는 도축장이 있어서 1년에 두 번 돼지를 50여 마리씩 잡아서 간수와 간수 가족들에게 배분했다. 수감자인 신동혁은 농장에서 키운 가축의 고기를 절대 먹지 못했다. 그러나 가끔씩 훔칠 수는 있었다. 농장에서 돼지고기를 굽는 냄새가 간수에게 발각되면 매를 맞거나 벌로 몇 주 동안 배급량이 반으로 줄기 때문에, 훔친 돼지고기는 익히지 않고 날로 먹었다.

농장에서 지내는 동안 신동혁은 바깥세상에 대해 생각하거나, 말하거나, 꿈꿔 본 적이 없다.

농장에서는 그 누구도 동혁의 어머니와 형을 결국 처형에 이르게 한 탈출 계획에 대해서 언급하지 않았다. 동료 노동자를 감시해 고자질하라고 간수들이 시키지도 않았다. 어머니의 죽음에 뒤이어 엄습했던 분노는 가라앉아 덤덤해졌다. 지하 감옥에 구금되고, 고문당하고, 수용소 울타리 밖의 세계에 대한 김진명의 이야기를 듣기 전까지 동혁은 오로지 바로 다음 끼니에만 관심이 있었다.

돼지 농장에서는 그런 수동적인 단조로움으로 되돌아갔다. 신동혁은 농장에서 보낸 1999년에서 2003년까지를 "편안했다."라는 말로 표현했다.

그 시기 수용소 바깥 북한 주민의 삶은 편안함과는 거리가 멀었다.

1990년대 중반 기근과 홍수로 중앙 계획 경제가 거의 사라지다시피 했다. 1950년대 이래로 북한 주민 대부분을 먹여 살려 온 정부의 배급 제도가 무너졌다. 기아와 아사에 당황한 반응으로 물물 교환이 횡행하고 사적 시장인 장마당의 수와 비중이 급속히 팽창했다. 열 중 아홉 가구가 생존을 위해 거래를 했다.[1] 먹을 것, 일자리, 무역을 위해 국경을 넘어 중국으로 숨어들거나 한국으로 빠져나가는 사람들이 갈수록 늘었다. 중국과 북한 모두 정확한 수치를 공개하지 않았지만 경제 위기로 인한 이주자는 적게는 수만 명에서 많게는 40만 명 정도로 추산된다.

김정일은 이 혼란을 잠재워 보려고 했다. 새로 구치소를 만들어 허가 없이 여행하는 무역상을 단속했다. 그래도 배고픈 경찰이나 군인에게 과자나 담배를 쥐여 주고 자유를 얻는 일은 흔했다. 주요 도시의 기차역, 노천 시장, 뒷골목은 굶주린 떠돌이들로 넘쳐났다. 그런 곳을 전전하는 고아들은 '꽃제비'라는 이름으로 알려졌다.

당시 신동혁은 이 모두를 아직 몰랐지만 민중을 기반으로 한 자본주의, 방랑자들의 무역, 만연한 부패 등으로 14호 수용소를 둘러싼 경찰

국가에는 균열이 생기기 시작했다.

　미국, 일본, 한국 등의 식량 원조는 1990년대 후반 기근으로 인한 최악의 상황을 면하게 해 주었다. 그리고 식량 원조의 영향은, 동혁의 생명을 유지시키고, 은둔시키고, 중국으로 탈출하는 길을 인도하게 될 시장 아주머니, 보따리장수에게까지 간접적인 힘을 미쳤다.

　세계 여타의 원조 수혜 국가와는 다르게 북한 정부는 기부 받은 식량 수송을 홀로 도맡겠다고 고집했다. 그 요구로 최대 기부자인 미국은 분노했다. 분배 과정을 추적해 의도한 수혜자에게 제대로 공급이 되는지 확인하는 유엔 세계식량계획(WFP, World Food Program)의 감시 체계가 무력화되었다. 그러나 빈곤 상황이 다급하고 사망자 수가 워낙 많았기 때문에 서방은 역겨움을 억누르며 1995년에서 2003년까지 10억 달러 상당의 식량을 지원했다.

　그 기간 한국에 도착한 탈북자들의 증언에 따르면 쌀, 밀, 옥수수, 식용유, 탈지분유, 비료, 의약품, 겨울옷, 담요, 자전거, 그 외 여러 원조 물품들이 사설 시장에서 거래되었다고 한다. 시장 풍경을 담은 사진이나 동영상을 보면 '미국인들의 선물(A Gift from the American People)'이라고 적힌 곡물 포대가 눈에 띈다.

　외부 학자와 국제 원조 기관이 추정한 바에 의하면, 관료, 고위 당원, 군 장성 등 요직에 있는 최고위층들이 원조 식량의 약 30퍼센트를 가로챘다고 한다. 그들은 주로 달러나 유로를 받고 상인에게 원조 물품을 팔아넘겼으며, 정부 차량을 이용해 물품을 납품했다.

그럴 의도가 없었지만 부유한 나라들의 원조가 북한 거리 시장의 추잡한 세계에 활력을 불어넣었다. 국제 식량 원조를 가로채는 수익성 높은 '절도 사업'은 쉽게 돈을 벌어들이려는 고위층의 탐욕을 자극했으며, 그에 따라 사설 시장이 국가의 기본 경제 엔진으로 탈바꿈했다.

북한에 1990년대와 같은 재앙적인 기근이 다시 발생할 가능성이 적다고 외부 전문가들이 전망하는 근본적인 이유는, 바로 오늘날 북한 주민이 먹는 음식의 대부분을 공급하는 사설 시장이 있기 때문이다.

그러나 사설 시장은 굶주림이나 영양실조를 없애는 길과는 거리가 멀다. 거래 방법을 몸에 익힌 사람들과 그렇지 못한 사람들 사이에 큰 골을 만들면서 불평등이 심화된 측면도 있다.

신동혁이 돼지 농장에 배치되기 몇 달 전인 1998년 말, 세계식량계획은 북한 어린이 인구 약 70퍼센트의 영양 상태를 조사했다. 조사 대상의 3분의 2가량이 성장 발달이 멈췄거나 체중 미달이었다. 이는 오랜 시민전쟁이 끝나갈 무렵의 앙골라를 조사한 수치의 2배나 되었다. 조사 결과가 만방에 공개되자 북한 정부는 격노했다.

그로부터 10년 뒤, 북한에 사설 시장이 확실히 자리 잡고 수입 과일에서 중국산 CD 플레이어에 이르기까지 모든 상품을 판매하고 있지만 원조 조건으로 북한이 허용할 수밖에 없었던 세계식량계획의 영양 조사 결과를 보면 공립 기관에 있는 아이들과 노인의 영양 상태는 거의 나아지지 않았다.

"아이들은 무기력하고 쇠약하며 비참해 보였습니다."

2008년 영양 조사에 참여했던 영양학자가 말했다. 1990년대 후반에도 조사에 참여했던 그녀는, 시장이 널리 확산되었음에도 북한 주민 다수는 여전히 만성적인 굶주림과 심각한 영양실조에 시달린다는 판단을 내렸다.

국제 영양 조사로 지역 불균형이 만연해 있다는 사실도 밝혀졌다. 적대 계층의 거주지인 외딴 지역에서는 굶주림, 성장 장애, 쇠약증의 발생 빈도가 평양과 그 주변 지역보다 서너 배가 높았다.

신동혁이 강제 노동 수용소에서 터득했듯, 만성적인 굶주림이 일반적인 북한 사회에서 힘없는 사람이 살아갈 가장 안전한 장소는 농장이다. 모든 관련 지표에서 볼 때, (홍수로 피해를 입은 사람들을 제외하면) 농부들은 도시인들보다 기근을 훨씬 잘 이겨 냈다. 비록 재배 작물이 국가에 귀속되는 협동 농장에서 일했지만 식량을 숨기거나 비축하고, 또 내다 팔거나 옷이나 생필품으로 바꿀 상황이 되었다.

기근이 발생하고, 식량 배급 체계가 붕괴하고, 사설 시장이 중요하게 부각된 이후, 정부는 농부들에게 주는 보수를 높이고 식량을 더 재배하도록 장려책을 쓰는 것밖에는 선택의 여지가 없었다. 2002년에는 작은 텃밭에 개인적으로 농사를 지을 수 있도록 법제화했다. 그렇게 되면서 농장에서 시장으로의 사적 거래가 더욱 늘어나고 중간 상인의 힘과 생산성 높은 농부들의 권위가 높아졌다.

그러나 김정일은 시장 개혁을 절대 부추기지 않았다. 김정일 정부는 시장을 '꿀 바른 독'으로 불렀다.

"자본가와 반사회주의자의 싹을 단호히 잘라 버려야 한다. …… 제국주의자의 이데올로기와 문화적 중독이 일단 용인되면 아무리 확고부동한 신념이라도 총검의 위협 앞에 물에 젖은 토담처럼 굴복하게 된다."

북한의 조선노동당 기관지 〈로동신문〉에 실린 기사이다.

북한의 도시와 작은 마을에 꽃핀 자본주의는 주민의 일상을 꽉 움켜쥐던 정부의 힘을 약화시켰고, 국부를 쌓는 데는 거의 도움이 되지 않았다. 김정일은 "솔직히 정부는 돈이 없지만 개인들은 정부 2년 예산에 해당하는 돈을 소유하고 있다."라고 공개적으로 투덜거렸다.[2]

김정일의 정부는 반격했다.

그의 정부가 1999년에 공식적으로 선포한 '선군(先軍) 정치'의 일환으로, 하루에 세끼 먹일 군인 100만 명 이상을 거느린 인민군은 협동 농장에서 생산한 식량의 상당 부분을 몰수하며 공격적으로 움직였다.

"추수철에는 군인들이 군용 트럭을 몰고 농장으로 가서 그냥 싣고 가 버립니다."

서울에서 만난 한국농촌경제연구원 소속 권태진 연구원이 말했다.

전통적으로 수확량이 적고 농부들이 정치적으로 적대적인 계층으로 치부되는 북단 지역에서는 군대가 전체 곡물 생산량의 25퍼센트를 가져간다고 권태진 연구원이 설명했다. 그 나머지 지역에서는 5퍼센트에서 7퍼센트 정도를 가져간다고 한다. 국영 농장 노동자들이 군대를 속이지 못하도록, 추수철 내내 3,000여 개 모든 농장에 군인이 배치된다. 가을에 도시민 수만 명이 가을걷이에 차출될 때도, 혹시라도 먹을 것을 훔쳐 가지 않는지 군인들이 감시한다.

농장에 군인을 영구적으로 배치하면서 부패를 낳았다. 권태진 연구원에 따르면 군인들은 농장 관리자에게 뇌물을 받고 식량을 대규모로 빼돌리는 행위를 눈감아 주는데, 그렇게 빼돌린 식량은 사설 시장에서 팔린다고 한다. 부패한 군인들 사이에 간간이 분쟁이 일어나 주먹다짐이나 교전이 벌어지는 경우도 있다고 많은 탈북자와 지원 단체들이 보고한다. 북한에 정보원을 둔 불교계 구호 단체 '좋은 벗들'은 2009년에 한 국영 농장에서 옥수수를 놓고 다툼을 벌이던 한 군인이 낫에 찔리는 일이 발생했다고 보고했다.

신동혁은 돼지 농장에 갇혀서, 그로부터 채 2년도 안 되어 탈출할 때 도움이 될 길거리 행상, 부패, 도시 간 불법 여행에 대해서는 전혀 듣지 못하고 지냈다.

수용소 내 수용소 같은 산꼭대기 농장에서 잘 견뎌 내면서, 동혁은 10대의 마지막 시기를 자중하며 아무 생각 없이, 식량을 훔치는 데 온

에너지를 집중한 채 별 탈 없이 표류했다. 그 시절에 가장 인상 깊은 기억은 훔친 돼지 창자를 굽다가 들킨 일이다. 두들겨 맞고 5일 동안 밥을 굶었으며, 이후 3개월간 배급량이 반으로 줄었다.

농장에서 20대를 맞이하면서 동혁은 나이가 들고 죽을 때까지 머무를 장소를 찾았다고 생각했다.

그러나 돼지 농장 생활은 2003년 3월에 돌연 중단되었다. 신동혁은 이전 배치에 대한 이유를 전혀 듣지 못한 채, 여성 노동자 2,000명과 남성 노동자 500명이 모여 군복을 만드는, 붐비고 정신없고 스트레스 많은 일터인 피복 공장으로 옮겨졌다.

공장에서 동혁의 삶은 다시 복잡해졌다. 생산 할당량을 채워야 하는 스트레스가 끊이지 않았다. 그리고 밀고의 억압이 재개되었다. 간수들은 피복 공장의 여공들을 성적 노리개로 삼았다.

또한 평양 출신의 학식 있는 수감자 한 명이 새로 들어왔다. 유럽에서 학교를 다니고 중국에서도 살았던 적이 있는 사람이다. 그는 그동안 몰랐던 세상에 대해 신동혁에게 이야기해 주었다.

12
밀고자

여자 재봉공 1,000여 명이 열두 시간 교대로 함께 군복을 만들었다. 발을 눌러 작동하는 변덕스런 재봉틀이 고장 나면 신동혁이 고쳤다.

신동혁은 약 50대의 재봉틀과 재봉공을 담당했다. 재봉틀에서 할당량만큼의 군복이 쏟아져 나오지 않으면 동혁과 재봉공은 '혹독한 굴욕 작업'을 수행해야 해서, 작업장에서 추가로 두 시간 동안, 대개 10시에서 밤 12시까지 일해야 했다.

경력 있는 재봉공은 재봉틀을 순조롭게 잘 다루었지만 신참이거나 솜씨가 없거나 몸이 아주 아픈 사람들은 그렇지 못했다. 재봉틀은 14호 수용소 내 주물 공장에서 주철을 주조해서 만드는데, 고장이 나면 수리공이 등에 짊어지고 위층의 정비소로 가져가야 했다.

추가 노동을 할당받으면 격분하는 수리공들이 많았는데, 그러면 재봉공의 머리채를 움켜쥐고 벽에 쾅 박아 버리거나 발로 재봉공의 얼굴을 차면서 화풀이를 했다. 간수는 수감자들 중에 거칠고 억센 사람을 뽑아 작업반장을 시키는데, 작업반장들은 보통 재봉공이 매를 맞으면 시선을 다른 곳으로 돌렸다. 그들은 두려움이 생산성을 높인다고들 말했다.

여전히 작은 키에 빼빼 마른 체구였지만 이제 신동혁은 더 이상 소극적이고, 영양실조에 허덕이고, 고문으로 상처 입은 소년이 아니었다. 공장에서 일하던 첫해, 다른 재봉틀 수리공과 정면으로 맞서면서 그 자신과 동료 노동자에게 이를 증명해 보였다.

공진수는 성미가 급한 사람이었다. 한번은 그가 담당하는 재봉공 하나가 재봉틀 중심축을 고장 내자 불같이 성을 냈다. 공진수는 그 재봉공이 바닥에 쓰러질 때까지 얼굴을 발로 찼다.

하루는 공진수가 신동혁이 담당하는 한 재봉공에게 재봉틀 톱니 부품을 좀 달라고 했으나 재봉공이 퉁명스럽게 거절했다.

"야, 간나, 수리공이 달라면 주야디! 오디 눈깔이 올롱해서 쳐다보고 기래?"

신동혁의 눈앞에서 공진수가 재봉공의 얼굴을 쳤고 재봉공은 코피를 흘렸다.

동혁은 자신과 재봉공들 모두 깜작 놀랄 정도로 이성을 잃었다. 동혁은 큰 스패너를 손에 쥐고 공진수의 두개골을 부술 양으로 있는 힘껏 내리쳤다. 스패너는 공진수가 자기 머리를 보호하려고 올려 든 팔뚝에 맞았다.

공진수는 숨넘어갈 것처럼 소리를 지르며 바닥에 쓰러졌다. 신동혁을 가르쳤던 교대 근무 작업반장이 황급히 달려왔다. 그리고 거친 눈빛으로 스패너를 든 동혁이 팔에 달걀만 한 혹이 난 채 피를 흘리는 공진수 옆에 서 있는 광경을 보았다. 작업반장은 동혁의 얼굴을 후려치고 스패너를 빼앗았다. 재봉공은 다시 바느질을 시작했다. 그 이후 공진수는 동혁을 멀리 피했다.

피복 공장은 큰 건물 일곱 개가 어지러이 널려 있는데, 전부 위성 사진으로 볼 수 있다. 피복 공장은 대동강 가까이, 수력 발전 댐과 유리와 그릇을 만드는 공장이 있는 곳에서 멀지 않은 2골 입구에 있다.

피복 공장 구내에는 2,000명의 여자 재봉공과 재봉틀 수리, 재단, 공장 운영, 운반 작업을 담당하는 남자 노동자 500명이 거주하는 기숙사가 있었다. 보위부원은 공장 감독관 단 한 명뿐이었다. 총반장을 포함한 나머지 작업반장들 모두 수감자였다.

공장에서 일하는 동안 신동혁은 매일 10대, 20대, 30대 여성 수백 명과 가까이에서 부대끼며 지냈다. 눈에 띄게 외모가 아름다운 재봉공도 꽤 많았으며, 그들의 여성성이 공장에 긴장을 조성했다. 허술한 작업복 탓이기도 했다. 여자 노동자들은 브래지어가 없었으며 속옷을 입는 경우도 드물었다. 생리대도 없어서 작업복이 생리혈로 얼룩져 있기도 했다.

스물두 살 숫총각이었던 신동혁은 여성 노동자들 사이에서 긴장하며 지냈다. 재봉공들에게 관심이 쏠렸지만 사전 승인 없이 남녀 간에 신체 접촉이 있을 시 처형한다는 수용소 규칙이 마음에 걸렸다. 그래서 어떤 여자와도 연루되지 않도록 조심했다. 그러나 성관계 금지 규정은 공장 감독관과 작업반장을 맡고 있는 소수의 혜택 받은 수감자들에게는 아무런 상관이 없었다.

30대인 공장 감독관은 우시장에 온 사람처럼 재봉공 사이를 서성인다. 며칠에 한 번씩 새 재봉공을 골라서 공장 안에 있는 자기 방을 치우라고 명령한다. 감독관의 방 청소 담당으로 뽑히지 않은 나머지 재봉공들도 총반장과 작업반장이 노리는 목표 대상이 된다.

여자들은 순순히 응할 수밖에 없었다. 그리고 적어도 단기간은 약간의 보상이 있었다. 감독관이나 작업반장 중 한 명의 비위를 잘 맞추면 일을 덜 하고 음식을 더 받기도 했다. 재봉틀을 고장 내더라도 맞지 않았다.

공장 감독관 방을 정기적으로 청소하던 재봉공 중에는 신동혁과 고등중학교를 같이 다니고 동혁이 수리를 담당하는 구역에서 일하던 박춘영도 있었다. 박춘영이 감독관 방에서 오후 시간을 보내기 시작한 지 4개월이 지난 뒤, 동혁은 또 다른 학교 동기에게서 박춘영이 임신했다는 소식을 전해 들었다.

박춘영의 상태는 작업복 밖으로 배가 불룩해질 때까지 비밀에 부쳐졌다. 그리고 박춘영이 사라졌다.

신동혁은 재봉틀 소리만 듣고도 무엇이 잘못되었는지 알 수 있게 되었다. 다만 육중한 기계를 수리실까지 나르는 일은 조금 힘에 부쳤다. 2004년 여름, 재봉틀을 등에 지고 계단을 뛰어오르던 중 재봉틀이 미끄러져 떨어졌다. 재봉틀은 계단통 아래로 굴러 떨어졌고 고칠 수 없을 정도로 부서졌다.

공장 일을 터득할 때까지 참을성 있게 지켜보던 동혁의 직속 상사인 작업반장이 망가진 재봉틀을 보고는 동혁의 뺨을 몇 대 후려쳤다. 그리고 공장 지휘 계통에 따라 피해 상황을 보고했다. 재봉틀은 수감자들보다도 소중하게 여겨졌기 때문에 재봉틀을 망가뜨리는 실수는 엄청난 죄였다.

재봉틀을 떨어뜨리고 몇 분이 지난 뒤 신동혁은 사고를 보고한 작업반장, 총반장과 함께 공장 감독관 사무실로 호출되었다.

"이 새끼, 무슨 생각을 한 기야?" 감독관이 신동혁에게 소리쳤다.

"너 죽을라 길다? 밥도 많이 처먹는 새끼가 손에 힘이 없어서 떨군 거 말이 안 돼. 네 놈을 죽이고서도 재봉기를 못 가져온다. 저놈 손이 문제이니 저 새끼, 손가락을 짤루라!"

감독관의 말에 총반장이 신동혁의 오른손을 잡더니 감독관 사무실

탁자 위에 올려놓았다. 그리고 식칼로 동혁의 가운뎃손가락을 한마디가 조금 못되게 잘라 버렸다.

작업반장이 신동혁을 부축해 작업장으로 데리고 갔다. 그날 밤 늦게 작업반장은 동혁을 수용소 보건소로 데리고 갔고, 간호사로 일하는 수감자는 동혁의 손가락을 소금물에 담갔다가 꺼내 꿰맨 다음 천으로 둘둘 감았다.

그러나 그런 처치가 감염을 막지는 못했다. 동혁은 지하 감방에 있을 때 김진명이 상처에다 짠 배춧국을 문질러 주던 기억을 떠올렸다. 식사 시간에 그는 배춧국에 손가락을 담갔다. 감염이 뼈까지 퍼지지는 않았으며, 3개월이 채 되지 않아서 뭉툭한 새살이 돋았다.

손가락이 잘리고 이틀 동안은 작업반장이 작업실 일을 대신 해 주었다. 미처 기대하지 않았던 배려 섞인 행동이 동혁의 회복을 도왔다. 그 착한 작업반장은 오래 붙어 있지 못했다. 그는 동혁이 재봉틀을 떨어뜨린 사건 몇 달 후 부인과 함께 사라졌다. 다른 수리공에게 듣기로는, 작업반장의 부인이 숲에서 작업을 하다가 계곡에서 있었던 비밀 처형 장면을 우연히 목격했다고 한다.

작업반장은 사라지기 전에 신동혁에게 선물을 가져다주었다.

"이거 가루밥(북한의 은어로 옥수숫가루를 섞어 지은 가루범벅인 밥_편집자)인데, 너 아버지가 너 전해 주라고 기래서." 작업반장이 말했다.

아버지라는 말을 듣자 동혁은 화가 났다. 억누르려고 노력했지만 어머니와 형이 죽은 이후 그들에 대한 분노가 점점 커졌다. 아버지에 대한 감정마저 나빠졌다. 아버지와 관련된 것은 뭐든 내키지 않았다.

"난 안 먹어요. 반장이나 먹으라요."

"기래두 아버지가 주는 건데 먹어야 되지 안칸?" 영문을 모르겠다는 듯 쳐다보며 작업반장이 물었다.

배가 고팠지만 동혁은 거절했다.

상당히 많은 수감자들이 가까이 붙어 일하는 공장은, 밀고에 있어서는 세균 배양 접시 같았다.

신동혁이 재봉틀을 떨어뜨린 사건 몇 주 뒤 한 동료가 동혁을 배신했다. 동혁이 속한 조가 일일 생산 할당량을 다 채우지 못해 혹독한 굴욕 작업을 해야 했다. 동혁은 다른 수리공 세 명과 자정이 넘어서야 기숙사로 돌아왔다.

잠이 안 올 정도로 배가 고프던 참에 한 명이 배추, 상추, 오이, 가지, 무 등을 기르는 공장의 채소밭에 몰래 가자고 제안했다. 비가 내렸고 달도 보이지 않았다. 발각될 가능성이 낮을 거라고 생각했다. 동혁은 동료들과 함께 바깥으로 몰래 나가 양팔 한 가득 채소를 딴 다음 방으로 들고 들어와서 먹고 잠이 들었다.

다음 날 아침 네 명 모두 감독관 사무실로 불려갔다. 누군가가 밤중에 취식한 사실을 보고했기 때문이었다. 감독관은 한 명씩 돌아가며 막

대기로 머리를 후려쳤다. 그러더니 함께 불려 간 수리공 중 한 명인 강만복에게 방에서 나가라고 말했다. 밀고자는 다른 밀고자의 냄새를 잘 맡는다. 동혁은 본능적으로 강만복이 일러바쳤음을 깨달았다.

감독관은 이 세 명의 수리공의 배급량을 앞으로 2주 동안 반으로 줄이라고 명령하면서 몽둥이로 머리를 몇 대씩 더 때렸다. 공장으로 돌아간 뒤 강만복은 동혁의 눈을 맞추지 않고 피했다.

그리고 얼마 지나지 않아 신동혁은 동료의 행동을 살피는 스파이 노릇을 하라는 요구를 받았다. 감독관이 사무실로 동혁을 부르더니 어머니와 형의 죄를 씻기 위해서 범법자들을 신고하라고 말했다. 동혁은 두 달이 지나서 범법 행위를 하나 발견했다.

어느 날 밤 잠들지 않은 채로 바닥에 누워 있는데, 운송 작업반에서 일하는 20대 후반의 강철민이라는 기숙사 동료가 일어나 바지를 깁는 모습이 보였다. 그는 바지에 난 구멍을 메우는 데 군복 천 조각을 썼다. 분명 작업 현장에서 천을 훔쳐 왔을 터였다.

다음 날 아침 신동혁은 감독관에게 갔다.

"선생님, 천쪼각지 훔친 것을 봤습니다."

"기래? 누기가?"

"우리 호실 강철민입니다."

신동혁은 그날 밤 늦게까지 일을 했기 때문에 10시부터 하는 의무 모임인 사상투쟁회의에 거의 마지막으로 들어가 참석했다.

회의실에 들어가 보니 강철민이 눈에 들어왔다. 그는 무릎을 꿇은 채 쇠사슬에 묶여 있었다. 상의가 벗겨진 등은 채찍으로 맞은 자국으로 뒤덮여 있었다. 동혁이 소문으로 들은 적 있는, 강철민과 비밀리에 사귀고 있던 여자 재봉공도 옆에 무릎을 꿇고 있었다. 그녀 역시 쇠사슬에 묶여 있었다. 그 둘은 회의 시간 한 시간 반 내내 묵묵히 무릎을 꿇고 있었다. 회의가 끝나자 감독관은 모두들 강철민과 여자 친구의 뺨을 한 대씩 때리고 나가라고 명령했다. 동혁도 그들의 뺨을 쳤다.

그 두 사람은 밖으로 끌려 나가 콘크리트 바닥에서 몇 시간이나 더 무릎을 꿇고 있었다고 들었다. 둘은 훔친 천에 대해 누가 신고했는지 알아채지 못했다. 신동혁은 가능한 그 둘의 눈길을 피하려고 애썼다.

13
명령 위반

    공장 감독관은 신동혁에게 또 다른 일거리를 맡겼다.
    키가 작고 통통하며 흰머리가 부스스한 박영철은 새로 들어온 주요 수감자였다. 그는 외국에서 살았었다. 그의 부인은 유력한 친지가 많았다. 그는 정부 고위 관료들과 아는 사이였다.
    감독관은 박영철에게 재봉틀을 수리하는 방법을 알려 주고 친하게 지내라고 동혁에게 지시했다. 신동혁은 박영철이 자신의 과거사, 정치, 가족에 대해 하는 이야기 모두를 감독관에게 보고하도록 지시받았다.
    "박영철 그 새끼는 빨리 자백하면 되는데, 숨기고 말을 안코 있다." 감독관이 말했다.
    2004년 10월, 신동혁과 박영철은 피복 공장에서 하루에 열네 시간씩을 함께 보냈다. 박영철은 동혁이 재봉틀 수리 기술을 가르쳐 주면 공손하게 귀 기울여 들었다. 또 그는 동혁이 과거에 관해 질문하면 정중

한 태도로 답을 피했다. 동혁은 거의 아무것도 알아내지 못했다.

그런데 4주 동안 거의 말이 없었던 박영철이 돌연 개인적인 질문을 던져서 신동혁을 놀라게 했다.

"선생, 집이 어디야요?"

"내 집이요? 나야 여기야요, 집이." 신동혁이 말했다.

"난 평양에서 왔시요." 박영철이 말했다.

박영철은 신동혁에게 존칭을 붙이고 높임말을 썼다. 수련생인 박영철이 자신을 가르치는 신동혁을 상관으로 여기는 것이었다. 위엄 있는 40대 남성인 박영철이 자기에게 높임말을 써 가면서 말을 거니 동혁은 불편하고 당혹스러웠다. 동혁이 말했다.

"내가 더 나이가 작아요. 말 놓으라요."

"기래요." 박영철이 대답했다.

"기카구, 평양이 어디야요?"

동혁의 질문에 박영철은 놀란 듯 아무 말도 하지 못했다.

그러나 이 신사는 비웃거나 동혁의 무지함을 경시하지 않았다. 대신 호기심이 생긴 듯했다. 박영철은 평양은 14호 수용소 남쪽 약 80킬로미터에 있으며, 북한의 수도이고 북한의 권력자들이 사는 곳이라고 차근차근 설명했다.

신동혁의 순진무구함에 딱딱하던 분위기가 깨졌다. 박영철은 자신에 대해 말하기 시작했다. 그는 평양에 있는 넓고 편한 아파트에서 자랐으며 북한 최상위 계층의 교육 특혜를 누리며 동독과 소련에서 공부했다고 말했다. 북한으로 돌아온 뒤에는 평양 태권도수련전당 최고 책임자가 되었다고 했다. 그가 맡았던 일이 세간의 이목을 끄는 자리여서 북한을 통치하는 사람들을 많이 만났다고 한다.

기름 묻은 오른손을 재봉틀에 가져다 대며 박영철이 말했다.

"내레 이 손으로 김정일과 악수를 했디."

박영철은 운동선수처럼 보였다. 손이 크고 두툼했다. 허리가 약간 통통하긴 하지만 단단한 몸집이 인상적이었다. 그러나 신동혁이 정작 감탄한 점은 박영철의 예의 바름이었다. 그는 동혁이 자신의 무지를 스스로 느끼지 않도록 배려했다. 참을성 있게 14호 수용소 바깥과 북한 밖의 삶이 어떠한지 설명하려 애썼다.

그렇게 신동혁의 삶을 영원히 바꾸어 놓은 한 달간의 일대일 세미나가 시작되었다.

작업장으로 걸어가면서 박영철은 신동혁에게 북한 바로 옆의 큰 나라가 중국이라고 말해 주었다. 중국 사람들은 급속도로 부유해지고 있다고 했다. 남쪽에 같은 민족의 나라가 있다고 말하며 남한 사람들은 모두들 이미 부자라고 했다. 박영철은 돈의 개념에 대해서도 설명했다. 그리고 텔레비전과 컴퓨터, 휴대폰의 존재에 대해서도 말했다. 지구가 둥글다고도 설명했다.

특히나 처음에는 박영철이 이야기한 대부분을 이해하거나, 믿거나,

관심 두기 어려웠다. 동혁은 세계가 어떻게 돌아가는지는 별로 관심이 없었다. 듣는 것만으로도 기쁘고 즐거워서 박영철에게 계속 이야기해 달라고 조른 부분은 바로 음식과 먹는 이야기였는데, 특히나 고기구이가 주요리로 등장하는 이야기를 가장 좋아했다.

동혁이 더 나은 삶을 꿈꾸며 밤잠을 설친 이유는 바로 그런 이야기 때문이었다. 부분적으로는 끝도 없이 계속되는 공장 일로 기진맥진해졌기 때문이기도 했다. 배급량은 빈약하고, 근무 시간은 끝도 없었으며, 동혁은 늘 배가 고팠다. 그리고 그 밖에 하나가 더 있었다. 열다섯 살 때 지하 감옥에서 화상을 입었던 상처를 회복하기 위해 애쓰던 기억이었다. 그때 나이 지긋한 감방 동료 김진명이 푸짐한 식사에 대한 상상의 불을 지폈다. 한번은 수용소를 떠나 원하는 음식을 모두 먹겠다는 상상을 감히 해 보기도 했다. 동혁이 생각하는 자유는 구운 고기의 또 다른 이름이었다.

지하 감옥에 함께 있었던 김진명도 북한에서 잘 먹고 살았지만 박영철이 경험한 맛의 탐험은 전 세계적이었다. 그는 중국, 홍콩, 독일, 영국, 구소련에서 닭고기, 돼지고기, 쇠고기를 먹는 황홀감을 묘사했다. 이야기를 들으면 들을수록 수용소에서 더욱 더 나가고 싶어졌다. 자신과 같이 대수롭지 않은 사람이 음식점에 들어가 쌀밥과 고기로 배를 채울 수 있는 세계를 가슴 저리도록 갈망했다. 박영철처럼 먹고 싶다는 생각에 그와 함께 탈출하는 상상을 했다.

자기가 배신해야 하는 동료에게 들은 이야기에 도취되어 신동혁은 생애 거의 처음으로 자기 의사에 따른 결정을 내렸다. 박영철을 밀고하지 않기로 결심했다.

이는 생존 방식을 계산하는 데 있어서 상당히 주요한 변화였다. 지금까지의 경험으로는 밀고에는 대가가 따랐다. 밀고는 어머니와 형을 죽인 사형 집행에서 동혁을 구했다. 이후 음식을 제대로 먹고 괴롭힘에서 벗어나기 쉬운 돼지 농장 일을 배정받도록 선생님이 배려한 이유도 아마 밀고 덕분이었을지 모른다.

그러나 박영철의 비밀을 존중하기로 결정했다고 옳고 그름의 본질에 대한 새로운 식견이 생긴 것은 아니었다. 신동혁은 자신의 행동이 근본적으로는 이기적인 행동이었다고 회상한다. 그때 박영철에 대해 일러바쳤다면 배추를 조금 더 얻어먹었을 터이다. 아니면 재봉공들을 마음대로 착취하는 특권을 누리는 작업반장으로 승진되었을지도 모른다.

그러나 박영철의 이야기는 신동혁에게 그보다 훨씬 가치 있었다. 미래에 대한 기대를 바꾸고 미래를 계획할 의지를 심어 주는, 활기를 북돋는 중독성이 있었다. 더 듣지 않고는 못 배길 것 같았다.

감독관에게는 거리낌 없이 마음 편하게 거짓말을 했다. 박영철이 아무 이야기도 하지 않았다고 말이다.

10년 전 지하 감옥에서 신동혁과 함께했던 나이 든 감방 동료는 수용소 밖의 음식에 대해서는 배짱 좋게 이야기했다. 그러나 그는 자기 신변이나 정치에 관해서는 한마디도 하지 않았다. 조심하고, 의심하며, 드러내 보이지 않았다. 그는 동혁을 정보원으로 여겨 믿지 않았다. 동혁은 기분이 상하지 않았다. 당연하다고 생각했다. 신뢰는 처형당하기 딱 좋은 길이었다.

그러나 박영철은 처음에 함구하고 있던 시기가 지나고는 동혁을 의심하지 않았다. 동혁이 무지한 만큼 신뢰할 수 있겠다는 믿음에서였던지 박영철은 자기 이야기를 털어놓았다.

박영철은 중간급 기관원과 하찮은 일로 다툰 후, 그 기관원이 정부 고위층에 박영철을 밀고하면서 2002년에 평양 태권도수련전당의 책임자 자리를 잃었다고 말했다. 일자리를 잃은 박영철은 부인과 함께 북쪽으로 여행을 했는데, 그곳에서 불법으로 국경을 넘어 중국에 있는 삼촌 집에서 18개월간 머물렀다. 다시 평양으로 돌아갈 생각이어서 10대였던 자식은 부모님 집에 맡기고 갔다.

중국에 있는 동안 박영철은 남한 라디오 방송을 매일 들었다. 그는 북한 사상의 큰 틀을 짰으며 탈북자 중 가장 지위가 높은 관료였던 황장엽 장군 관련 소식에 귀를 기울였다. 황장엽은 1997년에 북한을 탈출하고 망명해 남한에서 유명 인사가 되었다.

함께 피복 공장에서 일과를 보내면서 박영철은 황장엽에 대해 말해 주었는데, 황장엽은 김정일이 북한을 부패한 봉건주의 국가로 만들었다며 비난했다고 설명했다. (김정일 정부는 2010년에 황장엽을 암살하기 위해 요원을 파견했다. 그러나 암살자들은 서울에서 체포됐고 황장엽은 같은 해 87세 나이로 자연사했다)

2003년 여름 박영철은 부인과 중국에서 갓 태어난 아들을 데리고 북한으로 돌아왔다. 8월에 허울뿐인 국회인 북한 최고인민회의 선거가 있는데, 그 선거에 맞춰 평양으로 돌아갈 작정이었기 때문이다.

북한의 선거는 사실상 무의미한 행사이다. 후보는 조선노동당에서 선택하며 경쟁 후보 없이 진행된다. 그러나 박영철은 선거에 참여하지 않으면 정부에서 그가 없다는 사실을 눈치채고 그를 반역자로 몰아 그의 가족을 정치범 수용소에 보낼까 봐 두려웠다. 북한에서 투표가 강제 사항은 아니지만 정부는 투표하지 않은 사람들을 면밀히 주시한다.

국경에서 북한 정부 관계자가 박영철 가족을 억류했다. 그는 자신이 탈북자가 아니고 중국에 있는 가족을 만나고 왔을 뿐이며, 선거에 참여하러 집으로 가는 길이라고 열심히 설명했다. 그러나 정부 관계자는 믿어 주지 않았다. 그들은 박영철을 기독교로 개종한 남한의 첩자로 몰았다. 이후 몇 차례 심문을 거쳐 박영철과 부인, 아들은 14호 수용소로 보내졌다. 그리고 2004년 가을에 수용소의 피복 공장에 배치되었다.

신동혁이 박영철을 만났을 때 박영철은 북한으로 돌아온 자기 자신에 몹시 화가 나 있었다. 그는 자신의 어리석음으로 자유를 박탈당하고, 곧 부인도 잃게 생겼다고 말했다.

박영철의 부인은 이혼을 준비 중이었다. 부인은 평양의 유력 집안 출신으로 당에도 가까운 인척이 많은데, 남편은 정치범이지만 자신은 그저 충실하고 순종적으로 아내 역할을 다했을 뿐이라며 수용소 간수들을 설득하고 있다고 박영철이 말했다.

부패한 지도부, 부인, 그리고 자기 자신에 분노하고 있음에도 박영철은 늘 위엄을 잃지 않았는데, 특히 식사 시간에는 더욱 그랬다.

신동혁이 보기에 그 모습은 놀랍기 그지없었다. 동혁이 아는 수용소 사람들은 모두 식사 시간에 정신 나간 동물처럼 행동했다. 그러나 박영철은 배가 고파도 그렇게 행동하지 않았다. 동혁이 공장에서 쥐를 잡았을 때 박영철은 참을성 있게 기다리라고 말했다. 난로나 불길을 찾아서 삽 위에 쥐를 펴 놓고 완전히 익힐 때까지는 먹지 못하게 했다.

한편으로는 태평스럽기도 했고 가끔은 너무하다 싶을 때도 있었다.

예를 들면 박영철은 노래를 불렀다.

공장 작업장에서 밤 근무를 하던 중에 박영철이 갑자기 노래를 흥얼거려 신동혁을 깜짝 놀라게 만들었다. 행여나 작업반장이 들을까 겁이 난 동혁이 소리쳤다.

"아니! 지금 뭘 하는 기라요?"

"노래 부르디."

"당장 그만두라요!"

동혁은 노래를 불러 본 적이 없다. 음악을 접해 본 경험이라고는 농장에서 수감자들이 김매는 동안 트럭에서 스피커로 시끄럽게 군악을 틀어 댔던 때밖에는 없다. 동혁이 느끼기에 노래를 부르는 것은 부자연스럽고 엄청나게 위험해 보였다.

"함께 불러 보갔서?"

동혁은 박영철을 조용히 시키려고 힘차게 고개를 흔들며 손을 내저었다.

박영철이 말했다.

"이 밤중에 누가 듣는다고 기래? 어디 한 번만 따라 불러 보라."

동혁은 거절했다.

박영철은 김정일이 도적놈이고 북한이 지옥 같은 곳이라는 선동적인 이야기는 기꺼이 들으면서 왜 이까짓 노래는 두려워하느냐고 물었다.

동혁은 박영철이 들키지 않고 속삭이는 재주가 있어 그런 일은 괜찮았다고 말했다. "기래두 노래만은 부르디 말았으면 좋갔시요."

박영철은 부르지 않겠다고 약속했다. 그러나 며칠 뒤 박영철은 다시 노래를 부르기 시작하더니 동혁에게 가사를 알려 주겠다고 나섰다. 여전히 미심쩍고 겁이 났지만 동혁은 노래를 듣고 조용히 노래를 따라 불렀다.

최근에 탈북한 사람들은, 동혁이 배운 노래가 북한 국영 텔레비전의 한 인기 있는 프로그램의 주제가 '동지(冬至)의 노래'라고 한다. 가사의 내용은 시련과 고통을 참아 내는 여행 동반자 이야기다.

인생의 머나먼 길 너와 나 함께 걸으며
그 어떤 시련도 이겨 내는 다정한 길동무 되리.
그 길에는 아픔도 있고 그 길에는 슬픔도 있어.
이겨 내리, 견디어 내리 인생의 모든 풍파를.

지금까지도 신동혁이 아는 노래라고는 이 곡뿐이다.

11월, 박영철이 피복 공장에 배치되고 얼마 지나지 않았을 때 보위부원 네 명이 밤에 열리는 사상투쟁회의에 갑작스레 방문했다. 그중 두 명은 처음 보는 얼굴이었는데, 신동혁은 수용소 밖에서 온 사람들이리라 짐작했다.

사상투쟁회의가 끝나자 선임 보위부원이 수용소의 만성적인 문제인 이에 대해 이야기하겠다고 말했다. 그는 몸에 이가 있는 사람은 앞으로 나오라고 명령했다.

기숙사 방장인 남자와 여자 한 명씩이 일어섰다. 그들은 자기네 방에 통제하기 어려울 정도로 이가 많다고 보고했다. 간수들은 그들에게 농약 냄새가 나는 희뿌연 물이 담긴 양동이를 하나씩 나누어 주었다.

이를 잡는 데 얼마나 효과가 있는지 알아보기 위해 각 방에서 남녀

다섯 명씩을 뽑아 이 물로 목욕을 하도록 했다. 신동혁과 박영철에게도 이가 있었지만 그들은 이 약을 써 볼 기회를 얻지 못했다.

약 일주일 후 약으로 목욕을 했던 수감자 열 명 모두 피부에 종기가 나기 시작했다. 몇 주 뒤에는 피부가 곪았다. 모두 고열에 시달리고 일을 하러 나가지 못했다. 그 후 트럭 한 대가 공장에 멈춰 서더니 병자가 된 수감자들을 실어 갔다. 동혁은 그들을 다시 보지 못했다.

바로 그때가 2004년 12월 중순, 신동혁이 이제 더 이상은 못 견디겠다고 결심했던 시기였다. 동혁은 탈출을 생각하기 시작했다.

박영철이 있어서 그런 생각을 할 수 있었다. 박영철은 동혁이 인간관계를 맺는 방식을 바꿨다. 둘의 우정이, 어머니와의 나쁜 관계에서 시작해 동혁이 평생 살아온 방식이었던 경계심과 배신을 없앴다.

동혁은 더 이상 포획자에 귀속된 존재가 아니었다. 그는 자신의 생존을 도울 누군가를 찾았다고 믿었다.

신동혁과 박영철의 관계는 여러 모로, 수감자가 생존하고 제정신으로 버티도록 도왔던 나치 수용소 수감자들의 신뢰와 상호 보호의 유대 관계를 상기시킨다. 학자들에 따르면 강제 수용소에서 '생존의 기본 단위'는 한 명이 아니라 두 명이다.

"인간다운 겉모습을 유지한 수감자들은 둘씩 짝을 이루고 있었다."

예일대학교의 사회학자 엘머 룩터핸드(Elmer Luchterhand)가 막 자유

의 몸이 된 수용소 생존자 52명을 인터뷰하고 이렇게 결론지었다.[1]

짝지은 두 사람은 서로를 위해 음식과 옷을 훔치고, 작은 선물을 서로 나누었으며, 미래를 계획했다. 둘 중 한 명이 굶주림으로 나치 친위대 앞에서 정신을 잃고 쓰러지면 다른 한 명이 일으켜 세웠다.

"생존은 …… 개인적인 사건이 아니라 사회적 성취일 수밖에 없다."

헝가리에서 태어난 유대인으로 1943년에 부헨발트(Buchenwald) 수용소로 이송되었던 벨기에 레지스탕스 유진 바인시톡(Eugene Weinstock)은 자신의 책에서 이렇게 밝혔다.[2]

둘 중 한 명의 죽음이 나머지 한 사람의 죽음으로 이어진 경우가 많다. 나치 시대에, 세계적으로 유명한 일기를 남긴 어린 소녀 안네 프랑크(Anne Frank)를 알던 베르겐벨젠(Bergen-Belsen) 수용소의 한 여성은 안네의 죽음은 굶주림이나 발진티푸스 때문이 아니라고 말했다. 그보다는 언니 마고(Margot)가 죽은 후 안네가 삶의 의지를 잃었기 때문이라고 했다.[3]

나치 강제 수용소와 마찬가지로 북한의 강제 수용소에서는 간수가 수감자들을 완전히 치밀하게 통제하는 폐쇄된 공간인 일종의 스키너 상자(미국의 심리학자 스키너[Burrhus F. Skinner]가 쥐의 학습 과정을 연구하기 위해 고안한 상자_편집자)를 만들기 위해 감금, 굶주림, 두려움을 이용한다.[4] 그러나 나치의 아우슈비츠가 단 3년 동안만 운영되었던 데 반해 14호 수용소는 50년째 운영되고 있는 스키너 상자로, 태어날 때부터 간수들이 수감자를 통제하고, 고립시키고, 서로 싸움 붙이면서 정신을 지배하고 억압하는 장기적인 실험을 계속하고 있다.

그러나 신동혁과 박영철의 우정이라는 기적이 실험 상자를 단숨에 날려 버렸다.

박영철의 정신, 위엄, 선동적인 정보가 신동혁의 마음을 사로잡았으며 동시에 참을 수 없는 무엇, 즉 미래에 대해 꿈꿀 기회와 방법을 전해 주었다.

동혁은 돌연히 자기가 어디에 있으며 누리지 못하는 것이 무엇인지 깨달았다.

14호 수용소는 더 이상 집이 아니었다. 혐오스런 우리였다.

그리고 이제는 밖으로 나가도록 도울, 여행 경험이 많고 어깨가 떡 벌어진 친구가 옆에 있다.

14
탈출 준비

계획은 단순했다. 그리고 말도 안 되게 낙관적이었다.

신동혁은 수용소를 알았다. 박영철은 바깥세상을 알았다. 신동혁이 수용소 담장 밖으로 나갈 길을 인도한다. 박영철은 중국까지 길을 인도하고, 중국에 있는 그의 삼촌이 지낼 곳과 돈을 마련해 주고, 한국까지 갈 수 있도록 도와줄 것이다.

함께 탈출하자고 먼저 제의한 쪽은 신동혁이었다. 그러나 혹시라도 박영철이 정보원이고 이 모두가 함정이라면 어머니나 형처럼 처형당하게 되리라는 두려움에 며칠 동안이나 말을 꺼내지 못하고 초조했다. 박영철이 제의를 수락한 뒤에도 동혁은 피해망상을 떨쳐 내기 힘들었다. 동혁은 자신의 어머니를 저버린 사람이다. 박영철이라고 동혁을 저버리지 못한다는 법이 있겠는가?

그러나 그리 대단하지 않았던 탈출 계획이 서서히 진행되면서 기대가 두려움을 넘어섰다. 동혁은 밤새 구운 고기에 대한 꿈을 꾸고 기분 좋게 일어났다. 재봉틀을 들고 공장 계단을 오르내리는 일에 더 이상 녹초가 되지도 않았다. 태어나서 처음으로 기대하는 무엇이 생겼다.

박영철에게는 동혁을 따라다니라는 명령이 내려 있었기 때문에, 작업 시간은 늘 탈출 준비와 중국에서 맞이할 훌륭한 식사 같은, 의욕을 북돋는 이야기를 속삭이며 보냈다. 담장을 넘다가 간수에게 발각되면 박영철이 태권도로 간수를 때려눕히기로 했다. 간수들이 자동 화기(automatic weapon, 자동으로 장전·발사되는 총포)를 소지하고 있었지만 신동혁과 박영철은 총에 맞아 죽지 않을 가능성이 크다고 서로를 안심시켰다.

아무리 따져 보아도 참으로 터무니없는 생각이었다. 14호 수용소에서 탈출한 사람은 그때까지 아무도 없었다. 실제로 북한 전역의 정치범 수용소 수감자 중 탈출해서 서방으로 건너간 사람은, 지금까지 알려진 바로는 신동혁을 제외하고 딱 두 명에 불과하다. 그중 한 사람은 북한 도처에 고위직 친구를 둔 전직 인민군 중령 김용이다. 그러나 그는 담장을 넘지는 않았다. 그는 스스로 '완전히 기적적인 기회'였다고 표현하는 기회에 탈출했다. 1999년 북한의 기근이 최고조에 달해 정부 조직이 와해되고 보안이 허술했던 시절, 그는 석탄을 싣고 있던 낡아 빠진 기차 바닥의 금속 패널 밑에 숨었다. 기차가 18호 수용소 밖으로 이동할 때 그도 기차와 함께 빠져나왔는데, 시골 지역은 이미 잘 알고 있었고 국경에서는 알고 지내던 인맥을 활용해 안전하게 중국으로 건너갔다.

수용소를 탈출한 또 다른 한 명, 김혜숙 역시 18호 수용소에서 탈출했다. 김혜숙은 1975년 14세의 나이로 가족과 함께 수용소에 수감되었다. 당국은 2001년에 그녀를 석방했으나 나중에 다시 18호 수용소로 되돌려 보냈다. 김혜숙은 그 뒤에 수용소를 탈출해 2009년 중국, 라오스, 타이를 거쳐 한국으로 건너갔다.

김용이 탈출한 18호 수용소는 신동혁과 박영철이 탈출을 계획하던 14호 수용소만큼 경비가 삼엄하지 않았다. 김용이 자신의 회고록 《집으로 가는 먼 길 Long Road Home》에서 밝혔듯, 14호 수용소였다면 "간수들이 최전방 전선에서처럼 근무하기 때문에" 절대 탈출하지 못했을 것이다.[1] 김용은 18호 수용소로 옮겨지기 전에 14호 수용소에서 2년을 보냈다. 그는 14호 수용소 상황을 "지독하게 엄격해서 탈출이 가능할지 감히 생각도 해 보지 못할 정도"라고 묘사했다.

신동혁과 박영철은 김용의 탈출에 대해 알지 못했으며, 14호 수용소에서 빠져나갈 가능성이나 중국까지 안전하게 갈 수 있는지 여부를 판단할 길이 없었다. 그러나 박영철은 중국에서 지내는 동안 들었던 한국 라디오 방송의 내용을 믿고 싶었다. 방송은 북한 정부의 실정과 나약함에 초점을 맞추어 보도했다. 박영철은 유엔이 북한의 정치범 수용소의 인권 유린을 비판하기 시작했다고 동혁에게 말했다. 또 그리 멀지 않은 미래에 수용소들이 사라질 것이라고 들었다고 했다.[2]

박영철은 북한과 중국을 많이 여행하기는 했지만 수용소 밖의 험준하고, 눈 덮이고, 인적이 드문 산지는 잘 알지 못한다고 털어놓았다. 안전하게 중국까지 건너갈 길도 역시 잘 모른다고 말했다.

신동혁은 허구한 날 나무를 하고 도토리를 주우러 다녀서 수용소 내의 지리는 훤히 꿰고 있지만 수용소를 둘러싸고 있는 고압 전류가 흐르는 철책을 어떻게 뛰어넘거나 비집고 나갈지는 알지 못했다. 물론 염려가 되기는 했지만 철책을 건드리면 정말로 목숨이 위험한지 여부도 정확히는 몰랐다.

탈출 몇 주에서 며칠 전까지는, 어머니와 형에게 벌어졌던 일에 대한 생각이 좀처럼 떨쳐지지 않았다. 죄책감은 아니었다. 두려움이었다. 동혁은 어머니와 형처럼 죽게 될까 두려웠다. 공개 처형 장면이 아른거렸다. 사형대 앞에 서거나 목에 올가미가 드리운 채 나무 상자에 올라선 자신의 모습을 상상했다.

부족한 정보에 큰 염원을 담아 계산해 보며, 수용소 담장을 넘을 가능성은 90퍼센트, 총살당할 가능성은 10퍼센트라고 마음을 다졌다.

신동혁의 기본적인 탈출 전 준비 사항은 따뜻한 옷과 새 신발을 동료 수감자에게서 훔쳐 두는 일이었다.

재단사로 일하는 같은 방의 한 수감자는 일하다 몰래 모은 천 조각을 음식이나 다른 물건과 거래했다. 자신이 입을 옷을 꼼꼼히 챙겼던 이

재단사는 다른 수감자들과 다르게 여벌의 겨울옷과 신발을 완벽히 갖추고 있었다.

신동혁은 다른 수감자의 옷을 훔친 적이 없었다. 그러나 밀고를 그만둔 다음부터는 주위 사람들을 밀고하는 수감자들이 가면 갈수록 눈꼴사납게 느껴졌다. 신동혁은 특히 이 재단사를 싫어했는데, 그는 공장 밭에서 식량을 훔친 사람은 누구든 신고해 버렸다. 그래서 그 재단사는 도둑질을 당해도 싸다고 생각했다.

수감자들은 물품 보관함도 없고 개인 용품을 보관할 별다른 방법이 없었다. 동혁은 그저 재단사가 기숙사 방에서 나갈 때까지 기다렸다가 그의 옷과 신발을 챙겨서 탈출 때까지 잘 숨겨 두기만 하면 되었다. 재단사는 옷이 없어진 후에 동혁을 의심하지 않았다. 훔친 신발은 (수용소에 있는 신발 대부분이 그랬듯) 동혁의 발에 안 맞았지만 비교적 새 신발이었다.

수용소에서는 6개월에 한 번씩만 옷을 지급한다. 신동혁과 박영철이 탈출을 계획하던 12월 말 즈음, 동혁의 겨울 바지는 무릎과 엉덩이에 구멍이 나 있었다. 탈출할 때는 보온을 위해 원래 입던 옷 위에 훔친 옷을 껴입기로 했다. 매서운 추위를 막을 외투나 모자, 장갑은 없었다.

이제 남은 탈출 계획은 신동혁과 박영철이 수용소 담장 근처로 갈 구실을 만들어 줄 작업을 기다리는 일뿐이었다.

공장의 기계들이 이틀 동안 멈추는 특별한 명절인 설에 기회가 찾아왔다. 12월 말경 신동혁은, 공장이 쉬는 이틀째 날인 1월 2일에 수리공과 재봉공 일부가 수용소 동쪽 끝에 있는 산등성이로 호송될 예정이라는 소식을 들었다. 그들은 거기서 하루 종일 나무를 자르고 쌓는 작업을 하게 될 것이라고 했다.

신동혁은 예전에 그 산에서 일해 본 적이 있었다. 산등성이를 따라 길게 나 있는 수용소 울타리에서 가까웠다. 이 사실을 말해 주자 박영철은 2005년 1월 2일에 탈출하는 것에 동의했다.

1월 1일에 공장이 문을 닫자, 신동혁은 다소 망설이다가 마지막으로 아버지를 만나러 가기로 결심했다.
늘 소원하기만 했던 둘의 관계는 여전히 냉랭했다. 농장이나 공장에서 일이 없어 쉬는 날이면 부모 면회가 가능한 수용소 규칙이 있었지만 동혁은 그 기회를 거의 활용하지 않았다. 아버지와 시간을 보내는 일은 동혁에게 고역이었다.
왜 그토록 아버지에게 화가 났는지는, 적어도 동혁에게는 명확하지 않았다. 그가 열다섯 살이었을 때 탈출을 기도해서 그의 삶에 위협을 불러온 사람은 아버지가 아니라 어머니였다. 체포, 고문, 고등중학교에서의 괴롭힘까지 이어진 모든 사건의 원인이 된 사람은 어머니와 형이었다. 아버지도 동혁과 같은 희생자였다.

살아남은 아버지는 동혁과 애써 화해하려 했다. 소원한 아버지와 분노한 아들 사이의 힘든 관계는 동혁이 꺼리는 이유가 되기에 충분했다.

동혁과 아버지는 아버지 일터의 식당에서 옥수수 죽과 배춧국으로 부루퉁하게 새해 저녁을 함께 먹었다. 탈출 계획에 대해서는 아무런 말도 하지 않았다. 동혁은 자신이 어떤 감정의 징후나 마지막 떠나는 길이라는 낌새를 내비치면 위험하게 될지 모른다고 생각했다. 동혁은 아버지를 완전히 신뢰하지 못했다.

부인과 큰아들을 떠나보낸 후 아버지는 동혁에게 더 관심을 쏟으려 애썼다. 아버지는 그동안 나쁜 아버지가 되어 미안하고 야만적인 수용소에 아들을 내몰아 미안하다며 사과했다. 그리고 기회가 생기면 "세상이 어떤지 경험해 보라고" 아들을 격려하기까지 했다. 그렇게 미온적으로 탈출을 지지하는 언급을 내비친 까닭은 아버지 역시 아들을 온전히 믿지 못했기 때문이었다.

동혁이 음식을 찾거나 훔칠 기회가 거의 없는 피복 공장에 배치된 후, 아버지는 아들을 염려하는 마음에 힘들게 가루밥을 구해서 보낸 적이 있었다. 동혁은 아버지의 선물을 역겹게 생각하고, 배가 고팠으면서도 남에게 줘 버렸다.

식당에 함께 앉아 있을 때 둘 다 새해 선물 같은 이야기는 꺼내지도 않았으며 저녁이 되어 헤어질 때는 특별한 작별 인사도 하지 않았다.

동혁은 간수들이 자신의 탈출에 대해 알아차리면 아버지를 지하 감옥으로 끌고 갈 것이라고 예측했다. 아버지는 앞으로 어떤 일이 벌어질지 모르고 있음이 거의 확실했다.

15
전기 철책을 넘어

　아버지에게 다녀온 다음 날 아침 일찍, 피복 공장 작업반장은 신동혁과 박영철, 그 외 스물다섯 명 정도를 산으로 보냈다. 수감자 무리는 365미터가량 되는 산비탈 꼭대기 근처에서 작업에 착수했다. 날씨는 청명했고 햇살이 두텁게 쌓인 눈 위를 밝게 비추었지만, 춥고 바람이 불었다. 몇 명은 벌채한 나무에서 작은 도끼로 가지를 베어 내고 나머지는 나무를 쌓았다.

　장작 모으기 작업은 뜻밖의 행운이었다. 작업을 하러 나온 신동혁과 박영철은 수용소 철책에 돌을 던지면 닿을 만한 거리에 있었다. 수용소 담장 저 너머로 비스듬한 지형이 가파르게 내리뻗어 있었지만 걸어서 가기 어려울 정도로 급격하지는 않았다. 담장 너머 멀지 않은 곳에는 나무가 우거져 있었다.

　경비 초소는 수감자들이 나무를 하는 곳에서 북쪽으로 400미터 떨어진 곳 담장 위에 올라서 있었다. 경비는 둘씩 나란히 걸어 다니며 담장 안쪽을 순찰했다. 동혁은 순찰을 도는 간격이 꽤 길다는 점을 알아냈다.

작업을 책임지는 작업반장은 같은 수감자 신분이어서 무기가 없었다. 경비들의 순찰 사이에는 신동혁과 박영철에게 총을 쏠 만한 사람이 가까이에 없었다. 간수들이 눈에 남은 발자국을 추적하기 더 어렵도록 해질 무렵까지 때를 기다리기로 미리 정해 두었다.

동혁은 일을 하면서 수용소 담장과 그 뒤에 놓인 기회를 의식하지 못하는 다른 수감자들에 대해 곱씹어 보았다. 탈출구 없는 삶을 체념하고 받아들인 채 수동적으로 되새김질하는 소와 같다는 생각이 들었다. 신동혁도 박영철을 만나기 전에는 그들과 같았다.

4시경이 되어 해가 저물어 가자 신동혁과 박영철은 나무를 베며 담장 쪽으로 슬며시 다가갔다. 아무도 눈치채지 못한 것 같았다.

동혁은 곧 3미터 높이의 담장을 눈앞에 마주했다. 앞에는 무릎 높이로 눈이 쌓여 있고, 경비대가 밟고 지나다녀 잘 다져진 길이 있었다. 그 뒤로는 잘 정돈된 모래가 깔린 좁고 긴 길이 있었다. 그 위로 누구든 지나가면 발자국이 남게 된다. 그리고 그 뒤가 바로 철책인데, 고압 전류가 흐르는 전선 일고여덟 가닥이 높은 기둥 사이에 꽂혀 있으며, 고압 전선 위아래 간격은 약 30센티미터였다.

북한의 강제 노동 수용소 중에는 탈출하는 사람이 찔리도록 못을 넣은 해자를 담장 주위에 파 놓은 곳도 있다고, 22호 수용소 간수로 일하다 탈북한 권혁이 말했다. 그러나 신동혁은 못이나 해자는 보지 못했다.

신동혁과 박영철은, 전선을 건드리지만 않고 넘어가면 문제없을 것이라고 서로 이야기했었다. 그러나 어떻게 그렇게 할 수 있을지는 그들도 잘 몰랐다. 그러나 탈출의 시간이 점점 다가오자 놀랍게도 동혁은 두렵지 않았다.

그러나 박영철은 불안해했다.

경비대가 오후 순찰을 돌며 수용소 울타리를 지나가자, 박영철의 목소리에는 두려움이 잔뜩 담겼다.

"이거 무서워서 하간. 다음에 다시 하믄 안 되갔서?" 박영철이 속삭였다.

"무슨 말이야요. 지금 안 하믄 다신 기회가 없시요." 신동혁이 말했다.

신동혁은 해질 녘에 공장 밖 수용소 담장 근처, 그것도 경비 초소에서 잘 안 보이는 구역으로 나올 기회가 앞으로 몇 달, 몇 년 동안 다시는 안 올지 모른다는 생각에 두려웠다.

그는 더 이상 기다릴 수가 없었다. 아니 기다리지 않을 작정이었다.

"빨리 뛰자요!"

신동혁은 박영철의 손을 잡고 울타리 쪽으로 잡아끌었다. 그 고통스런 일이 초간 동혁은 탈출의 동기를 부여했던 박영철을 질질 끌고 가야 했다. 그러나 곧 박영철도 달리기 시작했다.

그들의 계획으로는 수용소 철책을 완전히 넘을 때까지는 동혁이 앞서 가기로 했지만 동혁이 길 위 얼음에 미끄러져 넘어지고 말았다.

박영철이 철책을 먼저 넘었다. 무릎을 꿇고 맨 밑에 있는 두 전선 사이로 양손을 밀어 넣은 다음 머리와 어깨를 집어넣었다.

잠시 후 불빛이 번쩍이더니 살이 타는 냄새가 났다.

보안 목적으로 설치된 전기 철책 대부분은 고통을 주면서도 극히 짧은 시간 동안 전류를 흘려 침입자를 쫓아 버린다. 죽이기 위해서가 아니라 동물이나 사람을 겁주기 위해 고안된 것이다. 그러나 치명적인 전기 철책은 지속적으로 전류가 흐르도록 해서 사람이 전선에 꽉 붙게 되고, 높은 전압으로 인해 근육 수축, 마비, 죽음에까지 이르게 만든다.

동혁이 넘어진 자리에서 일어서기도 전에 박영철은 이미 움직이지 않았다. 그때 이미 죽었는지도 모른다. 박영철의 몸이 아래쪽 전선을 눌러 고정시키면서 전선 사이에 조그만 공간이 생겼다.

동혁은 망설이지 않고 박영철의 몸 위로 기어 나갔다. 전선 사이로 꿈틀거리며 빠져나갈 때 전기가 통하는 것이 느껴졌다. 발바닥을 바늘로 찌르는 듯한 느낌이었다.

동혁이 철책을 거의 다 넘어갔을 때, 박영철의 몸통에서 내리면서 입고 있던 바지가 그만 아래쪽 전선에 직접 닿았다. 전선에 흐르는 전압으로 발목과 무릎에 심한 화상이 생겼다. 상처에서는 몇 주 동안 피가 계속 흘렀다.

그러나 당시 몇 시간 동안은 상처가 얼마나 심했는지 전혀 알지 못했다.

전선 사이를 기어서 빠져나오면서 가장 분명하게 기억하는 점은 박영철의 몸에서 타는 냄새가 났다는 사실이었다.

전도체로서의 인체는 예측이 불가능하다. 우리가 잘 알지 못하는 어떤 이유로, 고압 전류 감전을 견디고 생존하는 능력은 사람에 따라 큰 차이가 있다. 신체가 얼마나 단련되고 건강한가 하는 것과는 관련이 없다. 통통한 사람이 마른 사람보다 저항력이 더 크지는 않다.

물기 없이 말라 있을 때는 피부가 비교적 효과적인 절연체가 된다. 추운 날씨에는 피부에 있는 구멍이 막혀 전기 전도율을 낮춘다. 옷을 여러 겹 껴입는 것도 도움이 된다. 그러나 손에 땀이 나거나 젖은 옷을 입으면 전류에 대한 피부의 자연적인 저항력이 쉽게 없어진다. 일단 고압 전류가 (젖은 신발이나 눈 덮인 땅바닥처럼) 조건이 맞아 몸을 관통하면 혈액, 근육, 뼈에 있는 액체와 염류가 전도체 역할을 한다. 젖은 몸으로 서로의 손을 잡고 있던 사람들이 함께 감전사한 경우도 있다.

사람을 죽이려는 목적으로 만든 전기 철책을 기어서 통과한 신동혁은 놀랍도록 운이 좋았다. 반대로 박영철은 끔찍하게 운이 나빴다. 동혁이 얼음에 미끄러지지만 않았어도 동혁이 먼저 철책에 닿았을 테고 아마도 죽었을 것이다.

신동혁은 몰랐지만 전선 사이를 안전하게 통과하려면 전선에 흐르는 전류를 바닥으로 흘려 보낼 장비가 필요했다. 맨 아래 전선에 걸쳐진 채 축축한 바닥에 누워 있던 박영철의 몸이 그 장비 역할을 했다.

박영철이 전류를 흡수해 바닥으로 흘려 보냈기 때문에 동혁이 박영철의 몸을 타고 기어가면서 닿았던 전압은 치명적인 수준과는 거리가 멀었을 것이다. 그가 걸쳤던 여러 겹의 옷도 도움이 되었을지 모른다.

일단 수용소 담장을 넘자 어디로 가야 할지 막막했다. 산 정상이었기 때문에 생각할 수 있는 진로는 아래쪽으로 내려가는 길밖에는 없었다. 처음에는 나무들 사이를 뚫고 갔다. 그러나 몇 분이 지나자 탁 트인 지역이 나왔고, 동혁은 구름 사이로 반달이 간간이 빛을 비추는 밭과 초원 사이를 휘청거리며 지나갔다.

신동혁은 내리막 쪽을 향해 약 두 시간쯤 달려서 산 계곡에 닿았다. 드문드문 헛간과 집이 있었다. 경보나 총성, 고함 소리 같은 것은 들리지 않았다. 그가 아는 한 자신을 쫓는 사람은 아무도 없었다.

탈출의 흥분이 가시자 바지 안쪽으로 끈적끈적한 느낌이 들었다. 바지를 걷어 올리고 다리에 흥건히 묻은 피를 보고서야 화상이 얼마나 심한지 알아차렸다. 두 발에서도 피가 흘렀다. 수용소 담장 근처에서 못을 밟은 것이 분명했다. 날이 상당히 추워서 영하 12도는 족히 되었다. 그는 코트도 걸치고 있지 않았다.

수용소 담장에서 죽은 박영철은 중국으로 가는 길이 어느 쪽인지 말해 준 적이 없었다.

16
도둑질

초저녁 어둠 속에 그루터기만 남은 옥수수밭 사이를 달려 내려가던 신동혁은 언덕 아래 반쯤 묻힌 헛간을 발견했다. 문이 잠겨 있었다. 근처에 집이라고는 전혀 보이지 않아서 동혁은 바닥에 있는 도끼 손잡이로 헛간 문을 부쉈다.

헛간 안으로 들어가니 말린 옥수수 세 개가 눈에 들어와 정신없이 먹어 치웠다. 옥수수를 보고서야 얼마나 배가 고팠는지를 자각했다. 달빛의 도움으로 먹을거리를 찾아 헛간을 뒤졌다. 먹을 것은 없었고 솜을 넣은 오래된 신발과 낡아 빠진 군복을 발견했다.

세계에서 가장 군사화한 사회인 북한에서는 군복이 도처에 널려 있다. 거의 모든 사람이 징집 대상이다. 남자는 10년을, 여자는 7년을 군에 복무한다. 미국에서는 인구의 0.5퍼센트가 군대에 가는 데 비해, 현역 부대원이 100만 명 이상인 북한은 전 국민의 5퍼센트가 군복 차림이다. 추가로 500만 명의 예비군이 성인 생활의 상당 기간을 군 복무로 보낸다. 더 이상 스스로를 공산주의 국가라고 칭하지 않는 북한 정부는, 군대는 "인민이자, 국가이자, 당"이라고 말한다. 헌법에 따른 지도 원칙은 '선군(先軍)'이다. 군복을 입은 군인이 조개를 캐면서 미사일을 쏘며, 사과를 따면서 관개 수로를 건설하고, 버섯을 내다 팔면서 닌텐도 게임 모조품의 수출을 감독한다.

필연적으로, 헛간이나 외양간에서도 군복을 마주하게 된다.

동혁이 찾은 군복은 너무 컸고 솜 신발도 마찬가지였다. 그러나 수용소를 탈출한 지 세 시간도 지나지 않았는데 누군가의 눈에 띄기 전에 옷을 갈아입을 기회를 찾았으니 운이 엄청나게 좋았다.

그는 젖은 신발을 벗고 껴입은 수용소 바지 두 벌도 벗었다. 무릎 아래 양 정강이는 피와 차가운 눈 때문에 딱딱하게 경직되었다. 헛간에서 찾은 뜯어진 책장으로 다리의 덴 상처를 감싸 보았다. 종이가 만신창이가 된 정강이에 들러붙었다. 지저분하고 헐렁헐렁한 군복을 입고 솜 신발을 신었다.

이제는 한눈에 알아볼 수 있는 수용소 탈주자가 아니라 못 입고, 못 신고, 못 먹는 평범한 북한 주민의 모습이 되었다. 인구의 3분의 1이 만성적인 영양실조에 시달리고, 시장과 기차역에 께저분한 떠돌이 장사꾼이 가득하고, 거의 모든 사람이 군대에 복무하는 국가에 동혁은 쉽게 섞여 들었다.

헛간을 나온 동혁은 길을 찾아냈고, 그 길을 따라 계곡 밑에 있는 마을까지 갔다. 그곳에서 놀랍게도 대동강을 보았다.

그렇게 힘껏 달음박질쳤지만 신동혁은 14호 수용소에서 상류 쪽으로 고작 3킬로미터 남짓밖에 가지 못했다.

그의 탈출 소식이 아직 마을까지 전해지지는 않았다. 길은 어둡고 휑했다. 대동강 위 다리를 건너서 강과 평행하게 난 길 동쪽으로 향했다. 차 한 대가 지나가서 헤드라이트 빛이 닿지 않는 곳에 몸을 숨겼다. 그러고는 버려진 것으로 보이는 기차선로 위로 올라가 계속해서 걸었다.

늦은 저녁까지 신동혁은 10여 킬로미터를 걸어서 인구가 만 명 정도 되는, 대동강 남쪽 탄광 마을 북창의 외곽 지역으로 들어갔다. 길거리를 다니는 사람 몇이 있었지만 자신의 행색이 특별히 눈에 띄지는 않는 듯했다. 알루미늄 공장, 탄광, 큰 발전소가 있는 마을인 만큼 밤 근무를 하는 노동자가 늦은 시간 언제든 길거리를 지나다니는 데 익숙해 있을 터였다.

비둘기 한 마리가 보이자, 동혁은 익숙한 광경에 마음이 편해졌다. 동혁은 어느 집 담장을 기어 넘어가 볏짚을 발견하고는 그 속에서 밤을 보냈다.

이후 이틀 동안 동혁은 북창 변두리를 헤집고 다니며, 땅바닥이나 쓰레기 더미에서 발견한 먹을 것은 무엇이든 먹었다. 그는 무엇을 해야 할지, 어디로 가야 할지 몰랐다. 길을 지나는 사람들은 그에게 관심을 두지 않았다. 다리가 아프고, 배가 고프고, 추웠다. 하지만 기분은 들떠 있었다. 마치 지구에 떨어진 외계인 같은 기분이었다.

그로부터 몇 달, 몇 년이 지나면서 신동혁은 스트리밍 비디오, 블로그, 국제 항공 여행 등 모든 현대적인 문화를 접했다. 심리 상담사와 직업 상담가가 그를 돕고, 목사들은 예수에게 기도하는 법을 알려 주었다. 친구들이 양치질하는 법, 현금 카드 사용법, 스마트폰으로 노닥거리는 법을 가르쳐 주었다. 인터넷 정보 찾아 읽기에 빠져들어 남한과 북한, 동남아시아, 유럽, 미국의 정치, 역사, 지리를 익혔다.

그러나 그렇게 얻은, 세상이 어떻게 돌아가고 사람이 어떻게 서로 관계를 맺고 지내는지에 대한 그 어떤 지식도, 수용소를 나온 후 처음 며칠 동안 깨달은 것보다 더 많은 충격을 주지는 못했다.

신동혁은 간수의 명령 없이도 스스로의 일상을 꾸려 가는 북한 주민의 모습에 충격을 받았다. 사람들이 길에 모여 웃거나, 밝은 색깔 옷을 입거나, 야외 장터에서 가격을 흥정하는 무모한 행동을 보이면, 동혁은 무장한 남자들이 나타나 혼쭐을 내며 그 말도 안 되는 행동을 중지시키리라 생각했다.

처음 며칠 동안의 느낌을 표현할 때 동혁이 되풀이해서 쓰는 말은 '충격'이라는 단어다.

엄동설한의 북한이 험악하고, 더럽고, 어둡고, 수십 년 내전을 겪은 수단(Sudan)보다도 더 가난하다거나, 전체적으로 봤을 때 인권 단체에서 북한을 세계에서 가장 큰 감옥으로 여긴다는 사실은 신동혁에게 별 의미가 없었다.

그가 살아온 배경은, 자기 어머니의 목을 매달고 형을 총 쏴 죽이고 아버지를 불구로 만들었으며, 임신한 여자를 살해하고, 아이를 때려서 죽이고, 부모를 배신하라고 가르치며, 자신을 불 위에 올려놓고 고문한 사람들이 관리하는, 노천의 동물 우리에서 지낸 24년의 세월이다.

그는 엄청나게 자유로운 기분이었다. 그리고 무엇보다 아무도 자신을 찾지 않는다는 사실이 가장 좋았다.

그러나 동시에 배가 너무 고파 힘이 없었기 때문에 길거리를 배회하며 먹고 쉴 수 있는 빈집을 찾기 시작했다. 작은 길 끝에서 빈집을 하나 발견했다. 동혁은 비닐로 만든 뒤쪽 창문을 뜯고 안으로 들어갔다.

부엌에서 그는 밥 세 공기를 찾았다. 밥을 지어 놓은 사람이 곧 돌아올 것이라 생각했다. 집 안에서 먹거나 잠을 자다가 들킬까 두려워 밥을 비닐봉지에 담고 선반에서 간장을 찾아 몇 숟가락 넣었다.

집 안을 마저 뒤지다가 옷걸이에 걸린 두툼한 바지와 신발 한 켤레를 찾았다. 또 군복과 비슷한 디자인에 그때까지 입어 본 외투 중 가장 따뜻한 진밤색 겨울 코트와 배낭도 발견했다. 부엌 서랍에서는 쌀이 4킬로그램쯤이 든 자루를 발견했다. 배낭에 넣어 짊어지고 집을 떠났다.

북창 시내 근처에서 시장의 한 아주머니가 동혁을 큰 소리로 불렀다.

아주머니는 배낭 안에 무엇이 들었냐며 팔 물건이 혹시 없느냐고 물었다. 흥분하지 않으려고 애쓰면서 동혁은 쌀이 있다고 말했다. 아주머니는 북한 돈 4,000원에 쌀을 사겠다고 제의했다.

신동혁은 화폐의 존재에 대해 박영철에게 처음 들었다. 시장 아주머니가 소리쳐 부르기 전에 동혁은 사람들이 식량과 물건을 사는 데 작은 종이를 쓰는 모습을 보고 화폐이겠거니 짐작하며 신기하게 쳐다보았다.

4,000원이면 훔친 쌀의 값어치로 충분한지 잘 알지 못했지만 동혁은 흔쾌히 쌀을 팔고 과자를 샀다. 남은 돈을 주머니에 넣고는 걸어서 마을을 떠났다. 그의 목적지는 중국이었지만 중국이 어디쯤인지는 아직 잘 몰랐다.

신동혁은 길에서 마주친 지쳐 보이는 남자들 몇이 하는 이야기를 엿들었다. 그들은 일거리를 찾고, 식량을 구하고, 노천 시장을 떠돌고, 가급적 경찰을 피해 다녔다. 무리 중 한두 명이 동혁에게 어디서 왔느냐고 물었다. 동혁은 북창에서 자랐다고 말했는데, 그건 분명한 사실이기도 했거니와 그 남자들의 호기심을 충족시켜 줄 만한 답변이 된 것 같았다.

신동혁은 이들 무리가 서로 잘 모르는 사이임을 금세 알아챘다. 그렇지만 질문을 너무 많이 하지는 않았다. 부득이하게 자신에 대한 이야기를 하고 싶지는 않았기 때문이다.

2004년 말에서 2005년 사이 중국에 있는 1,300명의 탈북 난민을 설문 조사한 결과, 당시 북한을 떠돌아다니던 사람들은 대부분 실직한 노동자와 파산한 농부였다. 학생, 군인, 기술자, 전직 정부 관료도 일부 섞여 있었다.[1]

조사에 따르면 그들은 주로 경제적인 이유로 거리를 전전하며, 중국에서 일자리를 구하거나 장사를 하고 싶어 한다. 상당히 힘든 삶을 살아왔으며, 정부와의 관계도 껄끄럽다. 설문에 응한 남자의 25퍼센트, 여자의 37퍼센트가 가족 구성원이 굶주림으로 목숨을 잃었다고 답했다. 25퍼센트 이상은 북한에서 체포된 경험이 있으며, 10퍼센트는 강제적인 굶주림, 고문, 처형이 흔히 벌어지는 감옥에 갇혔던 적이 있다고 대답했다. 그리고 절반 이상이 북한에서 탈출하기 위해 관료에게 현금으로 뇌물을 주거나 돈을 내고 전문 브로커의 도움을 받았다고 응답했다.

혼자 다니는 것보다는 함께 다니는 편이 더 안전할 것이라는 생각에 신동혁은 방랑자 무리에 합류했다. 그는 길에서 만난 사람들의 행동을 모방하려 애썼다. 그다지 어렵지는 않았다. 방랑자 무리는 동혁과 마찬가지로 너덜너덜한 옷을 걸치고, 꾀죄죄하고, 고약한 냄새를 풍기며, 먹을 것에 필사적으로 매달렸다.

경찰국가인 북한은 도시 내의 부랑자를 가만히 두지 않았다. 적법한 승인 없이는 다른 도시에 가지 못하도록 법으로 엄격히 규제했다. 그러나 기근의 여파로 국영 경제가 몰락하고, 사설 시장이 증가하고, 중국에서 밀수해 온 물건을 들고 어디든 설치고 다니는 장사꾼들이 판치면서 법이 무시되는 경우가 자주 발생했다. 경찰은 뇌물에 매수되었다. 실제로 뇌물에 의존해 사는 경찰이 많았다. 현금이 조금 있는 부랑자는 주위 시선을 끌지 않고도 중국까지 갈 수 있었다.

중국으로 탈출한 사람의 수나, 북한 내를 떠돌아다니는 사람들의 움직임을 집계한 믿을 만한 통계는 없다. 체포를 면하고 성공적으로 중국으로 건너갈 가능성은 철철이 바뀌는 듯하다. 성공 가능성은 북한 정부가 보안 단속을 명령한 시기가 최근에 언제인지, 중국 당국이 탈북자 본국 송환에 얼마나 적극적으로 나서는지, 국경 경비대가 얼마나 뇌물을 잘 받는지, 국경을 넘으려는 북한 사람들의 의지가 얼마나 절실한지에 따라 다르다. 북한 정부는 사람을 매수하다 운이 나빠서 붙잡힌 장사꾼과 여행자들을 수용할 강제 노동 수용소를 새로 만들었다.

그렇지만 한 가지 추세만은 뚜렷하다. 한국으로 망명하는 북한 주민 수는 1995년 이래로 매년 증가하고 있다. 2009년에는 연간 망명자 수가 3,000여 명으로 늘었다. 2005년에서 2011년 사이 한국으로 건너온 사람의 수가 한국전쟁이 끝난 뒤 1953년부터 2005년까지 건너온 사람 수보다도 많다. 2012년까지 한국에 정착한 탈북자 수는 2만 4,000여 명에 이른다.

신동혁이 국경을 향해 가기 시작한 2005년 1월 무렵은 탈출 조건이 비교적 좋았던 듯하다. 탈북자들이 중국을 거쳐 한국으로 가는 데는 보통 1년에서 2년이 걸리는데, 2006년과 2007년에 한국에 도착한 북한 주민의 수가 약 4,500명 정도로 많았다.

북한 국경 침투율은 상관의 가혹한 처벌이 없어서 국경 경비대와 지역 관리가 뇌물을 수락할 만한 환경일 때 보통 높아진다.

"그 어느 때보다도 돈이 힘을 씁니다."

2000년에서 2008년 사이에 북한 주민이 중국을 통해 한국으로 건너올 수 있도록 600명 이상을 도운 서울의 천기원 목사가 말했다.

신동혁이 전기 철책을 넘었을 즈음에는, 이미 북한 내부 깊은 곳까지 영향력을 미치는 확실한 밀입국 브로커 조직이 있었다. 천기원 목사와 서울의 여러 정보원은, 돈만 충분하다면 사실상 그 누구라도 북한 밖으로 빼낼 수 있다고 내게 말했다.

세간의 말에 따르면 서울에 있는 브로커는 '계획 탈출'을 제공한다. 저렴하게는 미화 2,000달러 이하로도 이용 가능하다. 몇 달 혹은 몇 년이 걸려 중국을 떠돌아다니다 타이나 베트남을 거쳐 서울까지 오는데, 위험하기 그지없는 강을 건너거나, 아주 힘들게 걸어서 이동하고, 비위생적인 타이 난민 수용소에서 수 주간 기다리는 과정을 거치기도 한다.

일등급 계획 탈출은 가짜 중국 여권을 만들어 베이징에서 비행기로 서울에 오는 과정으로 1만 달러 이상이 든다. 브로커와 탈북자들 말로는 일등급 계획 탈출은 착수에서 완료까지 짧게는 3주면 가능하다고 한다.

한국 교회의 북한 인권 운동가 목사들은 1990년대 후반과 2000년대 초반에 교인들의 헌금으로 북한 경비대에 뇌물을 쥐어 주는 국경 공작원을 고용하여 탈출 거래를 시작했다. 신동혁이 거리로 나왔을 무렵에는, 탈북자들이나 전직 북한 인민군과 경찰관들이 이 거래를 맡아 영리 목적으로 조용히 활동하고 있었다.

이 신종 브로커는 친족을 데려오려는 부유층이나 중산층 한국 가족에게 현금으로 선금을 받는 경우가 많다. 수중에 돈이 전혀 없거나 거의 없는 탈북자나 그 가족에게는 수고비를 할부로 받기도 한다. 할부로 계약을 한 탈북자가 일단 서울에 도착해서 한국 정부가 지원하는 정착금 4,000만여 원을 받으면, 브로커는 대개 기본 수고비보다 훨씬 더 높은 금액을 요구한다.

"제 상관은 누군가를 빼낼 때 뇌물로 돈이 얼마가 들든 기꺼이 씁니다. …… 그러나 일단 그 탈북자가 서울에 도착하면 수고비로 두 배를 받아 냅니다."

서울을 근거지로 한 브로커로 활동하고 있으며 중국에서 밀입국을 돕는 일을 했던 한 전직 인민군 장교가 말했다.

2008년 즈음 북한 탈북자 상당수가 밀입국 브로커에게 심각할 정도의 빚을 떠안게 되자 한국 정부는 지원금 지급 방식을 바꿨다. 한꺼번에 지급하지 않고 시간을 두고 분할 지급하며, 일자리를 찾고 지속적으로 근무하는 사람에게 인센티브를 제공하는 식이다. 브로커에게 상납되는 일이 없도록 아예 정착금의 4분의 1가량은 주거 비용으로 직접 지불하는 식으로 지급한다.

브로커들은 북한에서의 개인적, 조직적 인맥을 활용해 안내인을 고용하여 당사자를 북한의 집에서 중국 국경까지 인도하고, 그러면 이번에는 중국어를 할 줄 아는 안내인이 넘겨받아 베이징 공항까지 차로 데려다 준다.

나는 2002년에 브로커에게 1만 2,000달러를 지급하고 열두 살짜리 아들을 북한에서 빼낸 탈북자와 서울 외곽에서 이야기를 나눈 적이 있다.

"일이 그렇게 빠르게 진행되는지는 몰랐어요. 아들을 데리고 강을 넘어 중국까지 오는 데 5일밖에 걸리지 않았지요. 아들이 서울에 도착했다는 전화를 받았을 때는 놀라서 말문이 막혔습니다."

아이의 엄마가 말했다. 당시 형제 중 하나가 다른 브로커를 통해 어머니를 빼내 오려고 하던 상황이라 그녀는 이름 밝히기를 꺼렸다.

북한 정부는 국경과 나라 안에서 이 같은 탈북 지원 행위를 진압하려고 애써 왔다. 그리고 이따금 성공하기도 했다.

"사람들이 많이 잡혔지요." 전직 국경 경비대원 이정연이 내게 말했다.

"방침에 따르면 탈북을 도운 사람이 잡히면 100퍼센트 처형됩니다.

저도 처형하는 장면을 여러 번 봤습니다. 성공한 브로커들은 군에 인맥이 넓은 경험 많은 사람들인데, 경비대를 매수합니다. 경비대는 자주 교체되기 때문에 새로 들어온 사람에게는 뇌물을 꼭 바쳐야 합니다."

이정연은 중국과 북한의 국경에서 3년간 근무했는데, 그의 신원은 한국 국정원이 확인했다. 그는 밀입국 거래를 중단시키려는 목적으로 브로커나 안내인으로 가장한 비밀 요원들을 지휘하는 일을 했다. 이정연은 북한을 탈출해 한국에 정착한 이후, 북쪽 지역의 인맥을 이용해 지금까지 34명에게 자유를 찾아 주었다고 내게 말했다.

신동혁은 그런 지식도, 돈도, 밀입국 지원 조직을 쓸 연줄도 없었으며, 나라 밖에서 그를 대신해 전문가를 고용해 줄 사람도 당연히 없었다.

그러나 입을 굳게 다물고 눈은 바짝 뜬 채로, 기근 이후 북한 경제를 주름잡은 밀입국, 거래, 소소한 뇌물 수수의 흐름에 들어섰다.

장사꾼들은 잠을 잘 만한 건초 더미가 어디에 있는지, 몰래 침입할 만한 집들이 있는 동네가 어디인지, 훔친 물건을 음식으로 바꿀 시장은 어디인지 등을 알려 주었다. 동혁은 저녁이면 길 한쪽 불가에 옹기종기 모여 그들과 음식을 나누어 먹었다.

새로 훔친 외투를 입고 주머니에 과자를 오롯이 챙겨 북창을 떠나던 날, 동혁은 북쪽으로 가는 상인 무리를 우연히 만나 그들과 합류했다.

17
북쪽으로

신동혁은 더 멀리 그리고 서둘러 벗어나지 않으면 이내 잡히지 않을까 두려웠다.

동혁은 약 15킬로미터를 걸어 맹산이라고 불리는 작은 산골 마을에 닿았는데, 상인들이 중앙 시장 근처로 트럭이 한 대 도착할 것이라고 그에게 말했다. 운임을 조금만 내면 북한에서 두 번째로 큰 도시인 함흥에 있는 기차역까지 실어다 준다고도 했다.

그때까지 신동혁은 함흥이 어디인지 짐작조차 할 수 없었지만 개의치 않았다. 아픈 다리를 쓰지 않고 멀리 이동할 수단을 간절히 바라던 참이었다. 전기 철책 사이를 기어서 나온 지 3일이 지났지만 14호 수용소에서 약 25킬로미터밖에 떨어지지 못했다.

트럭을 기다리는 상인들과 함께 줄을 섰다가 사람들 틈에 끼어서 가까스로 올라탔다. 길은 험했고, 함흥까지 100킬로미터를 오후 내내 달려 어느덧 밤이 되었다. 트럭을 타고 가는 동안 남자들 몇 명이 동혁에게 어디서 왔으며 어디로 가느냐고 물었다. 그들이 누구인지, 그리고 왜 그런 것을 묻는지 잘 몰라서 동혁은 못 알아들은 척하고 아무런 말도 하지 않았다. 그 남자들은 관심을 잃었는지 동혁에게 더 이상 신경 쓰지 않았다.

신동혁은 몰랐지만 그가 여행하던 때는 아주 절묘한 시기였다.

북한에서는 구소련의 신원 증명 카드를 본뜬, 여권 크기의 문서 '공민증'에 도장을 찍거나 첨부해 넣은 여행 허가증 없이 다른 도시로 여행하는 것이 한때는 불가능했다.

신동혁처럼 수용소에서 태어나 자란 죄수에게는 공민증이 발행되지 않는다. 공민증이 없는 사람은 여행 허가를 받기 어렵다. 여행 허가증은 통상 직업과 관련한 용무이거나 결혼식, 장례식과 같이 관청이 허가하는 가족 행사에만 발행된다. 그러나 여행 허가증을 경찰이 체계적으로 점검하던 관행은 평양이나 몇몇 제한된 지역을 여행할 경우를 제외하고는 1997년 대부분 사라졌다.[1] 기근으로 사람들이 식량을 찾아 길거리로 쏟아져 나오면서 그 규정이 완화된 것이다. 그 이후로는 여행자들이 경찰이나 보안 요원에게 뇌물을 바치면서 단속이 없어졌다. 직설적으로 말하자면 현금에 굶주린 북한 핵심 지도자 집단의 탐욕이 동혁의 횡단 여행을 가능하게 만들었다.

동혁이 탔던 트럭은 여객 수송으로 돈을 벌 목적으로 불법적으로 개

조된 군용 트럭이었을 가능성이 아주 높다. '설비차'로 알려진 이 수송 체계는 1990년대 말에 물품을 들고 전국을 이동하는 상인들에게서 현금을 받아 내기 위해 정부와 군 간부가 개발했다. 북한에 정보원을 둔 한국의 인터넷 신문 〈데일리엔케이〉가 북한의 '핵심 수송 수단'이며 아마도 "사설 시장의 성장에 가장 결정적인 영향을 주었다."라고 설명하는, 혜성같이 등장한 수송 체계의 일부이다.[2]

북한에서 차량은 개인 소유가 아니라 정부와 정당, 군 소유이다. 이들 조직에서 물정에 밝은 일부 수완가들이 트럭의 용도를 바꾸고, 밀수업자와 공모하여 중국에서 중고 승용차, 승합차, 버스를 떼로 들여왔다. 차량을 모두 국가 소유로 등록하고 월급 운전사들을 고용하여 동혁과 같은 방랑자들이 북한 내의 여러 지역을 까다로운 조건 없이 낮은 가격으로 움직일 교통수단을 제공했다.

반정부적인 자본주의가 북한 정부를 겁먹게 만들면서 북한 정부가 정권 교체와 격변의 미끄러운 비탈길에서 애태우고 있음이 공개적으로 드러났다. 그러나 뇌물 받은 사람을 징계하고, 시장 활동을 제한하고, 설비차 차량의 운행을 막고, 현금을 몰수하려는 주기적인 시도는 광범위한 저항에 부딪혔다. 저항은 대부분 졸부가 된 자본가에게 경찰 권력이나 행정 권력을 이용해 돈을 빼앗아 생계를 지탱하는 저임금 공무원에서 비롯되었다.

상인들이 돈을 내도록 하기 위해 북한 보위부는 동혁이 태어난 곳과 같은 강제 노동 수용소를 이용해 획기적인 방법을 마련했다. 수용소에 정치범을 평생토록 수감하는 대신 보위부에 뇌물을 바치지 않은 상인들을 단기간 구금하고 때에 따라 고문했다. 보위부원이 간간이 시장으로 나와, 판매와 구매 행위를 처벌하는 모호한 법으로 상인을 체포했다. 상인들은 오직 국제 통화로 뇌물을 상납해야만 수용소로 가는 소름끼치는 경험을 모면한다.

신동혁이 탈출하기 전부터 정부가 건설하기 시작한 이 같은 수용소의 존재는 2004년에서 2008년 사이에 중국과 한국에 있는 탈북자 1,600명 이상을 설문 조사한 결과를 담은 〈북한의 경제 범죄와 처벌〉이라는 보고서에서 처음 폭로되었다.

이 보고서를 공동 저술한 미국 워싱턴의 경제학자 마커스 놀랜드(Marcus Noland)는 보위부원들이 이런 수용소를 "수사를 빙자해 주민들에게서 금품을 갈취하는 수단"으로 활용하고 있다고 말했다. "북한은 마피아의 이야기를 담은 텔레비전 드라마 '소프라노'의 갱단과 같은 '소프라노 국가'이다."

탈북자 설문 조사에 의하면 그런 수용소에 억류된 사람들 중 약 3분의 2는 한 달 안에 집에 돌아간다. 이들 수용소는 작고, 간수도 거의 없고, 철책도 별로 없지만 그곳에 머무는 잠시 동안 처형이나 고문, 굶주림으로 인한 죽음을 목격했다고 응답한 사람이 많았다. 경제 사범에 대한 회전문식 투옥은 장사로 생계를 꾸리는 사람들 사이에 두려움을 확산시켰다.

"(북한 정부는) 경찰에게 시장을 제한하라고 명령하지만 매우 많은 경찰이나 공무원이 시장을 통해 돈을 벌어들이기 때문에 명령에 늘 따르지는 않습니다. …… 외부 사람들은 인식하지 못하지만 북한은 현재 급격히 변화하고 있습니다."

익명의 통신원들에게 입수한 목격자 증언, 사진, 동영상 자료를 엮어 만드는 일본의 잡지 〈림진강〉의 편집자 이시마루 지로(Ishimaru Jiro)가 말했다.

신동혁은 인구 75만의 연안 도시 함흥의 역 근처에 밤이 다 되어 도착했다. 함흥 주민 대부분은 현재 공장에서 일하고 있거나 전기와 제조 부품 부족으로 공장이 문을 닫기 전까지 공장에서 일했던 사람들이다.

1990년대에 기근이 찾아왔을 때 함흥에서는 완전히 무너진 배급 제도를 대체할 만한 식량이 전혀 없었다. 난민 분석 자료에 의하면 함흥은 결과적으로 북한의 다른 인구 밀집 지역보다 기근과 기아로 인한 상처가 훨씬 컸다.[3] 1997년에 함흥을 방문했던 서방 기자들은 도시를 둘러싼 산이 새로 생긴 무덤으로 가득한 광경을 목격했다. 어떤 생존자는 도시 인구의 10퍼센트가 죽었다고 말했고, 또 어떤 생존자는 10퍼센트 정도가 먹을 것을 찾아 도시를 떠났다고 추측했다.

신동혁이 함흥에 도착했던 2005년, 공장 대부분은 여전히 문을 닫은 상태였다. 그러나 북한의 남북을 오가는 기차 대부분은 함흥역을 끊임없이 통과해 지나갔다.

짙은 어둠 속에서 동혁은 다른 상인들과 함께 기차에서 화물차를 연결하고 떼어 내는 조차장 한쪽으로 이동했다. 역 근처에 경비병이 몇 있었지만 신분증을 확인하지도 않았으며 상인들이 화물차에 타지 못하게 막지도 않았다.

상인들을 계속 따라가던 동혁은 북부에서 가장 큰 도시이며 중국 국경으로 가는 철길의 관문인 청진으로 가는 유개 화차에 올라탔다. 해가 뜨기 전에 출발해 약 280킬로미터를 달리는 기차였다. 일이 잘 풀린다면 하루나 이틀 정도 걸릴 여행이었다.

신동혁은 곧, 북한 주민들 모두가 벌써 몇 년 전부터 알고 있는 사실, 즉 모든 기차들이 아주 천천히 움직인다는 사실을 알게 되었다.

이후 3일 동안 160킬로미터도 채 움직이지 못했다. 화차에서 동혁은 스무 살 남짓 젊은 청년과 친해졌는데, 그는 길주에 있는 집으로 가는 길이라고 했다. 길주는 주요 기차 노선이 연결되어 있는 인구 6만 5,000명의 도시이다. 그는 일자리를 구하는 데 실패하고 돌아가는 길이었고 식량도, 돈도, 겨울 외투도 없었다. 하지만 그는 가족과 함께 사는 자기 집에 가면 따뜻하고 먹을 것도 있을 테니 동혁에게 함께 가서 며칠 머물다 가라고 권했다.

동혁은 휴식이 필요했다. 피곤하고 배가 몹시 고팠다. 북창에서 산

식량은 모두 떨어졌다. 다리에 난 상처에서는 피가 계속 흘렀다. 동혁은 그 청년의 제의를 감사히 수락했다.

춥고 눈이 내리기 시작하는 이른 저녁, 그들은 길주역에서 내렸다. 기차에서 사귄 청년의 집으로 가는 길에, 값싼 음식을 파는 곳이라고 청년이 추천한 노점상에서 따뜻한 국수를 샀다. 동혁은 훔친 쌀을 팔고 남은 돈을 국수를 사는 데 모두 써 버렸다.

국수를 다 먹고 나서, 그 청년은 모퉁이를 돌면 바로 자기 가족이 사는 아파트인데, 다 낡아 빠진 옷을 입고 부모님을 마주하기가 부끄럽다고 했다. 그는 동혁에게 외투를 몇 분 동안만 빌려 달라고 부탁했다. 가족들에게 인사만 하고 바로 국수집이 있는 곳으로 돌아올 테니, 그러고 나서 함께 아파트로 들어가서 따뜻하게 쉬자고 했다.

수용소에서 탈출한 이후 신동혁은 북한 사람들의 평범한 행동이 무엇인지 익히려고 애썼다. 그러나 고작 일주일만이라 아직은 잘 알지 못했다. 어머니와 아버지에게 예의를 갖추려는 친구에게 외투를 빌려 주는 행동은 통상적이려니 생각했다. 동혁은 외투를 건네고 기다리겠다고 했다.

몇 시간이 흘렀다. 눈은 쉼 없이 내렸다. 청년은 돌아오지 않았다. 동혁은 그가 어떤 아파트로 들어서는지 확인해 볼 생각은 못했다. 그를 찾아 근처 거리를 헤매 다니기 시작했다. 아무런 흔적도 찾지 못했다. 혼란스런 마음으로 몇 시간을 떨고 서 있다가, 길바닥에 떨어진 지저분한 플라스틱 방수포로 몸을 감싸고 아침이 오기를 기다렸다.

이후 20일 동안 신동혁은 길주를 배회하고 다녔다. 코트도 없고, 돈도 없고, 아는 사람도 없고, 어디로 가야 할지도 모르는 상황에서는, 죽음을 면하고 살아 있기도 만만치 않은 일이었다. 이곳 1월 평균 기온은 얼음이 얼고도 남을 영하 8도였다.

한 가지가 그를 구했다. 바로 대부분 10대인 집 없는 아이들 집단과 그 아이들이 가르쳐 준 절도 기술이었다. 동혁은 기차역 근처에서 구걸하고, 잡담하고, 간간이 먹을 것을 찾아 우르르 몰려다니는 이 아이들을 만났다.

신동혁이 합류한 무리는 주로 무를 훔치는 데 능통했다. 가을에 수확한 무가 겨울 동안 얼지 않도록 구덩이를 파고 묻어 둔 것을 훔쳤다.

낮 동안 신동혁은 10대 절도범 무리를 따라 도시 변두리로 가서 뜰에 두둑한 흙더미가 드러난 외딴 집을 찾으러 다녔다. 낮 내내 땅을 파고 날 무를 먹은 다음, 손에 들리는 만큼 들고 시내로 돌아와 시장에 내다 팔고 간식거리를 샀다. 무를 찾지 못할 때는 쓰레기 더미를 뒤졌다.

밤에는 노숙자들을 따라 중앙난방 건물 근처에서 추위가 덜한 잠자리를 찾았다. 가끔은 건초 더미나 노숙자들이 길에 피워 놓은 불가에서 잠을 자기도 했다.

친구를 만들지는 않았으며 여전히 자신에 대한 이야기를 하지 않으려고 주의했다.

북한 그 어느 곳과 마찬가지로 길주에는 기차역, 마을 광장, 훔치러 들어간 집 안, 그 어디에든 김일성과 김정일의 사진이 있었다. 동혁이 만난 그 누구도, 심지어 부랑자들이나 10대 노숙자들까지도 지도자를 감히 비판하거나 조롱하지 못했다. 최근에 북한을 탈출해 중국에 있는 사람들을 조사한 결과에서도 김씨 일가에 대한 두려움은 여전하며 거의 절대적이라는 것을 알 수 있다.

신동혁에게 가장 큰 어려움은 여전히 식량을 구하는 문제였다. 그러나 음식을 약탈할 대상을 찾으러 다니는 행위는 북한에서 이례적인 일이 아니었다.

"절도는 늘 문제였다. …… 자기 물건을 잘 살피지 않으면 누군가가 늘 잽싸게 거두어 간다."

북한에서 40여 년을 살았던 찰스 로버트 젠킨스(Charles Robert Jenkins)가 2008년 회고록에 이렇게 적었다.[4]

교육을 제대로 못 받았으며 깊은 불만에 빠져서 지내던 주한 미군 병사 젠킨스는 1965년 남한에서 복무할 당시 북한이 더 살기 좋을 것이라고 생각했다. 그는 맥주를 10병이나 마시고 세계에서 가장 철저하게 무장된 군사 분계선을 휘청거리며 건너가, 깜짝 놀란 북한 병사들에게 M14 소총을 건네주며 투항했다.

"저는 참 무지했습니다."

젠킨스는 군대를 탈영해 "거대한, 미친 감옥에" 자진해서 투옥해 들어갔다고 말했다.

그러나 미군 탈영병인 젠킨스는 단순한 죄수 이상의 그 무엇이었다. 북한 정부는 그를 배우로 만들어 미국을 악마로 묘사하는 선전 영화에 백인 악역으로 늘 등장시켰다.

보위부에서 한 젊은 일본인 여인을 데려와서 그에게 강간하라고 시켰다. 이 여인은 북한이 오랫동안 은밀히 추진해 온 납치 작전의 일환으로 1978년 8월 12일 일본 고향에서 납치되어 북한에 끌려왔다. 북한 요원 세 명은 해질 무렵 해변에서 그녀를 잡아 검은 시체 운반용 가방에 넣어 배에 태워 데려갔다.

그 여성의 이름은 소가 히토미(Soga Hitomi)로 결국 젠킨스와 사랑하는 사이가 되었다. 둘은 결혼하여 딸을 두 명 낳아 키웠는데, 두 딸은 평양에 있는 학교에 다니며 다국어를 구사하는 스파이 훈련을 받았다.

젠킨스의 특이한 모험의 끝은 일본 수상 고이즈미 준이치로(Koizumi Junichiro)가 김정일과의 회담을 위해 평양을 방문하면서 시작되었다. 2002년 회담 중 김정일은, 1970년대와 1980년대에 북한 요원들이 젠킨스의 아내 히토미를 비롯한 일본 민간인 열세 명을 납치했다고 고이즈미 수상에게 시인했다. 히토미는 고이즈미 수상의 전용기로 즉시 북한을 떠나도 된다는 허가를 받았다. 2004년에 일본 수상이 북한을 두 번째로 방문했을 때 젠킨스와 두 딸에게도 북한을 떠나도 된다는 허가가 내려졌다.

내가 젠킨스와 인터뷰를 했을 때 그와 그의 가족은 부인 히토미가 태어나고 북한 요원들에게 납치되었던 일본 외곽의 사도섬에 살고 있었다.

북한에서 지내는 수십 년 동안 젠킨스는 시골에 집이 있었고 넓은 텃밭을 일구어서 식량을 충당했다. 또 정부에서 매달 현금을 지급받아서 기근 중에도 굶주리지 않고 먹고살았다. 그러나 그와 가족은 생존을 위해 도둑질하는 이웃과 배회하는 군인을 물리쳐 내야 했다.

"지키지 않으면 군대에서 깨끗이 뽑아 가기 때문에, 옥수수가 익어 갈 때면 밤새 경비하는 것이 가족의 일상이 되었다."

도둑질은 1990년대 기근 시기에 최고조에 올랐는데, 대개 고아인 집 없는 젊은이 패거리가 길주, 함흥, 청진 같은 큰 도시의 기차역에 모여들기 시작했다.

그들의 행동이나 절실함은, 평범한 북한 사람들이 기근의 시절을 어떻게 견뎠는지를 그린 바버라 데믹(Barbara Demick)의 《우리가 가장 행복해Nothing to Envy》에 묘사된다.

이 책에 따르면 청진역에서 아이들은 여행자 손에 들린 과자를 낚아채 갔다고 한다. 팀을 이루어 나이가 많은 아이들은 음식 좌판을 발로 차서 넘어뜨려 주인이 쫓아오게 유인한다. 그다음 어린아이들이 쏟아진 음식을 줍는다. 아이들은 또 느린 속도로 이동하는 기차나 트럭에

실린 곡식 포대에 날카로운 막대기로 구멍을 뚫기도 했다.[5]

기근이 계속되는 동안 기차역의 청소부들은 나무로 된 손수레를 끌고 역을 한 바퀴 돌면서 바닥에 있는 시체를 모아 갔다고 데믹이 책에 밝혔다. 기차역 주위를 배회하는 일부 아이들이 약을 먹고 도살되었다는 주장과 인육을 먹는 사람들이 있다는 소문이 널리 퍼지기도 했다.

그런 일이 널리 퍼지지는 않았지만 실제로 일어난 적은 있었다고 데믹은 결론짓는다.

"탈북자들과의 인터뷰에서, 적어도 두 건에서는 …… 인육으로 먹기 위해 실제로 사람들을 체포하여 처형한 것으로 보인다."

신동혁이 2005년 1월 길주에서 꼼짝하지 못하고 머물러 있을 때는 그나마 식량 상황이 훨씬 덜 심각했다.

북한 전역의 2004년 작황은 비교적 좋았다. 남한에서는 원조 식량과 비료를 보냈다. 중국과 세계식량계획에서도 북한의 정부 창고에 식량 원조를 쏟아부었는데, 그중 일부는 결국 노천 시장으로 흘러들기도 했다.

기차역 주변의 노숙자들이 굶주리긴 했지만 신동혁이 길주 거리에서 지낼 때에는 추위나 배고픔 때문에 죽는 사람이 눈에 띄지는 않았다.

도시 시장은 쌀, 두부, 크래커, 케이크, 고기를 비롯해 다양한 건조식품, 신선 식품, 가공식품으로 호황을 누렸다. 옷, 부엌 식기, 가전제품

등도 판매했다. 동혁이 훔친 무를 들고 시장에 나타나자 시장 여인들이 현금을 내면서 적극적으로 사려고 나섰다.

훔치고 어슬렁거리며 길주에서 머무는 동안, 중국으로 탈출하려는 의지는 점점 신동혁의 마음속에서 멀어졌다. 동혁이 합세했던 부랑자 무리는 다른 계획을 세웠다. 그들은 3월에 국영 농장으로 가서 감자 심는 일을 하기로 했는데, 그 일자리에는 규칙적인 식사가 제공된다고 했다. 따로 할 일도 없고 달리 아는 사람도 없었던 터라 동혁도 그 무리에 따라붙기로 결심했다. 그러나 대단히 결실 있는 도둑질을 하게 되면서 계획을 다시 바꾸었다.

도시 변두리 지역에서 무리 아이들이 채소밭을 파헤치는 동안 신동혁은 무리에서 떨어져 나와 배회했다. 동혁은 혼자서 빈집 뒤로 돌아가 창문을 통해 들어갔다.

안에는 겨울 외투와 군 스타일 털모자와 쌀이 7킬로그램쯤 들어 있는 자루가 있었다. 신동혁은 따뜻한 옷으로 갈아입고 가방에 쌀을 넣어 가져다가 길주의 한 상인에게 팔고 6,000원을 받았다.

음식을 사고 뇌물로 쓸 돈 뭉치를 새로 손에 넣자 중국으로 건너가는 일이 다시금 가능해 보였다. 동혁은 길주역 화차 조차장으로 가서 북쪽으로 향하는 유개 화차에 올랐다.

18
월경(越境)

북한과 중국 간 국경의 3분의 1을 차지하는 두만강은 좁고 얕다. 겨울에는 대체로 강물이 얼어 있기 때문에 걸어서 건너도 몇 분이 채 걸리지 않는다. 국경 지역 대부분에서 중국 쪽 강둑에는 빽빽이 나무가 들어서 있다. 중국 국경 수비대는 드문드문 있다.

신동혁은 기차에 탄 상인들에게서 두만강에 대해 들었다. 그러나 어느 지점에서 건너야 하는지, 강둑 남쪽을 순찰하는 북한 경비대에게 뇌물을 얼마나 주어야 좋을지에 관한 자세한 정보는 없었다.

청진에 도착한 동혁은 다시 국경에서 약 40킬로미터 거리에 있는 철도 교차점 고무산으로 가서, 그 지역 사람들에게 질문을 하기 시작했다.

"안녕하십니까? 날이 춥디요?" 동혁은 고무산역 계단에 쪼그리고 앉은 노인에게 말을 붙였다.

동혁은 과자를 건넸다.

"아, 이거 고맙습니다. 아, 긴데 어디서 왔시요?"

신동혁은 있는 그대로의 사실이면서도 두루뭉술한 대답을 생각해 냈다. 배가 고프고 살기가 힘들어서 평안남도의 집에서 가출했다고.

노인은 중국에 살 때가 식량과 일을 구하기가 쉬워서 훨씬 살기 편했다고 말했다. 그는 8개월 전에 중국 공안에 체포되어 북한으로 돌려보내진 뒤 강제 노동 수용소에서 몇 달 갇혀 있다가 나왔다고 했다. 그는 동혁에게 중국에 갈 생각을 해 봤느냐고 물었다.

"중국에 아무나 넘어갈 수 있시요?" 동혁이 호기심과 흥분을 감추려 애쓰며 말했다.

굳이 묻지 않아도 그는 술술 이야기를 풀어 냈다. 두만강의 어느 지점을 건너야 하는지, 국경 근처 검문소에서는 어떻게 행동해야 하는지 설명하며 그 남자는 반나절이 넘도록 중국에 대해 이야기했다. 국경 경비대 대부분은 뇌물에 사족을 못 쓴다고 했다. 경비대원이 신분증을 보여 달라고 하면 현금 약간과 담배 몇 대, 과자 몇 봉지를 쥐여 주라는 요령도 알려 주었다. 또 경비대원에게 자신이 군인이며, 중국에 있는 친척을 만나러 가는 길이라고 말하라고 일러 주었다.

다음 날 아침 일찍 신동혁은 국경 근처 광산촌인 무산 근처로 가는 석탄 화차에 올라탔다. 무산에는 군인들이 우글우글하다는 말을 일찍이 들었던 터라, 기차가 무산역에 다가가며 속도를 줄일 때 기차에서 뛰어내려 남서쪽 방향으로 걸었다. 쉽게 건널 만한 수심이 얕은 두만강

줄기를 찾아 온종일 거의 30킬로미터를 걸었다.

공민증이 없는 동혁은 국경 경비대에 검문당하면 체포될 것임을 알았다. 첫 번째 검문소에서 경비대가 공민증을 요구했다. 두려움을 숨기려 애쓰며, 자기는 집으로 돌아가는 군인이라고 말했다. 길주에서 훔친 군복 같은 국방색 외투와 털모자가 도움이 됐다.

"여기 이거 피우라요." 동혁은 경비대원에게 담배 두 갑을 건넸다.

그는 담배를 받아 넣고 신동혁에게 지나가라고 몸짓했다.

두 번째 검문소에서 다른 경비대원이 공민증을 달라고 했다. 이번에도 동혁은 담배와 과자 한 봉지를 내밀었다. 계속해서 걸어가면서 세 번째, 네 번째 국경 경비대원을 만났다. 모두 어리고, 깡마르고, 굶주려 있었다. 동혁이 무어라 말을 하기도 전에, 공민증 이야기는 꺼내지도 않은 채 담배와 먹을 것을 달라고 했다.

국경에서 운이 따르지 않았으면 북한을 탈출하지 못했을 것이다. 2005년 1월 말 동혁이 뇌물을 건네며 중국 쪽으로 다가설 무렵은 기회가 열려 있었던 시기여서 불법 월경(越境) 적발의 위험이 상대적으로 적었다.

북한 정부는 1990년대 중반 최악의 기근을 겪으며 국민을 먹여 살리는 데 중국의 식량이 중요해짐에 따라, 중국과의 국경 통행을 어느 정도는 용인할 수밖에 없었다. 그렇게 받아들이던 관행이 2000년, 식량을 찾아 나라를 버리고 떠났던 사람들에게 북한 정부가 관용을 약속하면서 반(半)공식적인 정책으로 자리 잡았다. 기아에 시달리던 수천수만 명이 이미 중국으로 떠났으며, 갈수록 그들이 송금하는 돈에 국가가 의지하게 된 마당에 나온 뒤늦은 허가였다. 또한 이미 2000년에는 수천 명이나 되는 상인이 중국을 오가며 정부의 배급제를 대신하는 시장에 식량과 물품을 공급하고 있던 터였다.

김정일의 칙령에 따라 국경을 넘다 체포된 사람들은, 중국에서 남한 사람이나 선교사들과 접촉했다고 조사관이 판명하지 않는 한, 며칠 동안 심문을 받거나 길게는 몇 달간 강제 노동 수용소에 수감된 뒤에 풀려났다.[1] 북한 정부는 국민을 먹여 살리는 데 상인들이 해 온 역할을 인정하고 허용하기 시작했다. 6개월 동안 서류 심사와 뒷조사를 거친 뒤에 정부 관료들은 (특히 뇌물을 받은 경우) 상인들에게 중국을 합법적으로 드나들 수 있는 허가증을 내 주기도 했다.[2]

경비가 허술한 국경은 생활을 바꾸어 놓았다. 시골에 가도 따뜻한 겨울 외투를 입은 사람들이 훨씬 많아졌으며, 사설 시장에서 중국산 중고 텔레비전, 비디오 플레이어, 비디오테이프, 비디오 CD(비디오 CD는 DVD보다 해상도가 훨씬 떨어지지만 북한 사람들은 DVD보다 값이 싼 비디오 CD를 더 많이 이용한다)를 파는 사람도 늘었다고 시골 지역을 정기적으로 다니는 사람들이 이야기한다.

서울에 도착한 탈북자들은 중국산 트랜지스터 라디오로 중국 방송과 한국 방송은 물론 〈자유아시아방송RFA, Radio Free Asia〉과 〈미국의소리VOA, Voice of America〉 같은 미국 방송까지 들었다고 말했다. 할리우드 영화나 한국 드라마에 중독되었다고 이야기하는 사람들도 많다.

"제임스 본드 비디오를 볼 때마다 커튼을 내리고 볼륨을 낮추었지요. 그런 영화 덕분에 저는 세상이 어떻게 돌아가는지 깨닫기 시작했고, 다른 사람들도 김정일 정부가 우리 북한 사람들을 위한 정부가 아님을 알게 되었지요."

북한에서 온 41세 주부가 내게 말했다. 그녀는 남편, 아들과 함께 배를 타고 살던 곳을 떠나왔다.

그 아들은 화질이 나빠 흐릿하게 나오는 '미녀 삼총사' 비디오를 보면서 미국을 사랑하게 되었다며, 언젠가는 미국에서 살아 보고 싶다고 내게 말했다.

조금씩 흘러드는 외국 비디오가 홍수를 이루자 불안감을 느낀 북한 경찰은 외국 비디오를 보는 사람을 체포하는 새 전략을 내놓았다. 특정 구역의 아파트에 전원 공급을 차단한 뒤 각 집을 급습해 비디오 플레이어에 어떤 테이프나 디스크가 꽂혀 있는지 확인했다.

신동혁과 박영철이 탈출 계획을 세울 무렵 북한 정부는 국경 보안이 지나치게 허술해서 국내 보안에까지 위협을 드리운다고 결론지었다. 북한 정부는 특히 중국으로 건너간 탈북자가 더 멀리, 서구까지 가서 쉽게 정착하도록 만든 한국과 미국의 계획에 발끈했다. 2004년 여름, 남한은 468명의 탈북자를 베트남에서 서울까지 비행기로 수송했다. 단일 규모의 단체 수송으로는 최다 인원이었다. 북한 〈조선중앙통신〉은 이 사건이 "계획적인 유혹, 유괴, 테러 행위"라며 맹렬히 비난했다. 그와 비슷한 시기에 미국 의회는 북한 난민의 미국 정착을 받아들이는 법안을 통과시켰는데, 이에 대해 북한은 민주주의를 선전한다는 평계로 북한 정부를 무너뜨리려는 시도라며 비아냥거렸다.

이러한 이유로 국경에 대한 규정은 2004년 말에 변경되기 시작했다. 북한은 불법 월경자를 최대 5년까지 수감하는 가혹한 처벌을 담은 새 정책을 발표했다. 2006년 국제사면위원회는 새로운 규정이 실제 발효되고 있다고 말한 열여섯 명의 월경자와 면담했으며, 북한 당국은 국경을 넘다가 처음 발각된 사람이라도 적어도 1년 이상 감옥에 수감된다는 경고를 퍼뜨렸다. 이 규칙을 시행하기 위해 북한은 국경에 카메라가 달린 전자식 감지 장비를 상당 규모로 설치하기 시작했다. 또 철조망을 연장하고 새로 콘크리트 장벽을 세웠다.[3] 중국 역시 2008년 베이징 올림픽 준비의 일환으로 북한 주민들의 출입을 막기 위해 국경 보안을 강화했다.

2005년 1월 말, 신동혁이 담배와 과자를 들고 중국을 향해 걸어가고 있던 이때는, 위협이 적은 국경 통로들이 거의 닫혀 가기 시작하던 시기였다. 그러나 운 좋게도 윗선의 명령이 뇌물에 굶주린 후줄근한 군인

네 명의 행동을 아직은 바꾸어 놓지 못했다. 동혁은 두만강에 맞닿은 초소에 다다랐다.

"배가 고파 죽갔는디 뭐 먹을 거 없시요?"

북한을 나오면서 동혁이 마지막으로 만난 국경 경비대원이 말했다. 그는 열일곱 살 정도 되어 보였다.

그가 지키는 초소는 중국으로 건너가는 다리 근처였다. 동혁은 그에게 두부 순대, 담배, 사탕 한 봉지를 주었다. 그러고는 물었다.

"사람들이 중국으로 많이 넘어가디요?"

"기람요. 군대를 끼고 넘어가서 돈벌이를 많이 하고 돌아오디요." 경비대원이 대답했다.

14호 수용소에서 신동혁은 국경을 넘은 다음 무엇을 할까에 대해 박영철과 자주 이야기를 나누었다. 그들은 박영철의 삼촌 집에서 머무르기로 계획했었는데, 동혁은 그 삼촌 이야기가 머릿속에 퍼뜩 떠올랐다.

"강 너머 마을에 사는 삼촌 집에 잠시 건너갔다 오면 안 되갔시오? 내 갔다 오믄 한턱 내갔시요." 박영철의 삼촌이 실제 어디에 사는지는 몰랐지만 이렇게 물었다.

"기래요. 기럼 갔다 오기요. 대신 내래 저녁 7시까지만 근무하고 교대하니 그 전에 넘어오라요. 알갔디요?" 경비대원이 대답했다.

그는 숲을 통해 강을 넘는 길로 안내하며, 그리로 건너면 안전할 것이라고 알려 주었다. 늦은 오후였지만 동혁은 시간 내에 먹을 것을 가지고 돌아오겠다고 그에게 약속했다.

"강이 얼었디요? 괜찮갔디요?" 동혁이 물었다.

경비대원은 강물이 얼었으며, 만에 하나 얼음이 깨지더라도 물이 발목 깊이 밖에 되지 않는다며 동혁을 안심시켰다.

"괜찮을 기요." 그가 말했다.

강폭은 90여 미터 정도 되었다. 동혁은 얼음 위로 천천히 발을 내디뎠다. 반쯤 건넜을 때 얼음이 깨지면서 발이 강물에 빠졌다. 팔짝 뛰어 뒤의 단단한 얼음 쪽으로 올라온 다음 나머지는 엎드려서 건넜다.

신동혁은 건너편 강둑에서 뒤로 돌아서서 북한을 마지막으로 바라보았다.

아버지가 수용소에서 돌아가셨을까 하는 생각이 들었다.

젊은 북한 경비대원은 동혁이 가는 모습을 보고 있었다. 그는 조바심이 난 듯 서둘러 숲으로 들어가라고 손짓했다.

19
중국에서

　신동혁은 종종걸음 쳐서 강둑 위로 올라간 뒤 재빨리 숲에 숨었다. 강을 건널 때 젖은 발이 얼기 시작했다. 날은 어두워지고, 추운 날씨에 긴장된 긴 하루를 보내고 나니 온몸이 기진맥진했다. 국경 경비대에게 줄 담배와 과자를 살 돈을 아껴 두느라 며칠 동안 거의 아무것도 먹지 못했다.
　몸을 덥히고 강에서 멀리 벗어나려고 언덕 위로 올라가서 눈 덮인 들판 사이로 난 길을 따라갔다. 들판을 지나 멀지 않은 곳에 옹기종기 모여 있는 건물이 보였다.
　동혁과 건물들 사이에 있는 길에 남자 두 명이 있었다. 그들은 손전등을 들고 등 뒤에 한자가 적힌 조끼를 입고 있었다. 동혁은 나중에 그들이 중국 국경 경비대였음을 알게 되었다. 2002년 이후 망명을 원하는 북한 주민 수백 명이 외국 공관으로 달려 들어가 중국을 당혹스럽게 만들면서 경비병들이 불법 월경자를 찾아 모았으며, 북한 주민 수천수만 명을 본국에 강제 송환했다.[1] 동혁이 보았던 경비병들은 하늘을 올려다보고 있었다. 동혁은 그들이 별을 세고 있었으리라 추측했다. 어찌 되었든 그들은 동혁의 존재에 별 신경을 쓰지 않았다. 그들은 서둘러 본거지를 향해 돌아갔다.

중국에서의 생존 계획은 북한에서의 탈출 계획만큼이나 미숙했다. 어디로 갈지, 누구에게 연락해야 할지 몰랐다. 그저 힘이 닿는 한 국경에서 멀리 가고자 했을 뿐이다. 신동혁은 중국 지린성(吉林省)의 가난하고, 산이 많으며, 인구가 희박한 지역으로 걸어 들어갔다. 근처에서 가장 가까운 도시라고는 강을 건넌 지점에서 북쪽으로 50킬로미터 떨어진 허룽(和龍)뿐이었다. 단 하나의 희망은 북한에서 떠돌이 장사꾼들이 나누는 잡담에서 주워들은 이야기였다. 국경 지역에 사는 중국 조선족들이 지낼 곳과 음식, 그리고 운이 좋으면 일자리까지 기꺼이 내주기도 한다는 것이었다.

어느 집 마당에 들어서니 개들이 동혁을 보고 미친 듯 짖어 댔다. 개가 일곱 마리나 보였다. 북한에서는 기근이 계속되는 동안 대부분 고아였던 거리 부랑자들이 개를 훔쳐다가 구워 먹어 반려 동물 수가 급감했기 때문에, 북한 기준으로는 놀라서 눈이 번쩍 뜨일 숫자였다.[2]

현관문이 열리자 신동혁은 먹을 것과 잠잘 곳을 구할 수 없겠느냐고 간청했다. 조선족 남자는 어서 가라며 동혁을 쫓았다. 그러면서 아침에 공안이 찾아와 북한 사람들을 도와주지 말라고 경고하고 갔다고 했다. 동혁은 근방의 벽돌집으로 가서 또 다른 조선족 남자에게 도움을 청했다. 역시 어서 가라는 말만 들었다. 게다가 태도도 무례했다.

마당을 나서던 신동혁은 추위에 몸서리쳐졌다. 바깥 아궁이에 타다 남은 불씨가 눈에 띄었다. 불씨가 붙은 장작 세 개를 꺼냈다. 근처에 있는 낙엽송 숲으로 가 땅에 있는 눈을 긁어내고 불쏘시개를 찾아서 가까스로 모닥불을 지폈다. 젖은 신발과 양말을 벗어서 불에 말렸다. 그리고 자기도 모르게 잠에 빠져들었다.

새벽녘에 모닥불이 꺼졌다. 얼굴에는 서리가 잔뜩 덮였다. 뼛속까지 파고드는 추위에 덜 마른 신발과 양말을 주섬주섬 신었다. 국경에서 멀어지는 방향이기를 바라며 시골길을 따라 아침 내내 걸었다. 정오쯤 멀리 공안 초소가 보이자, 길에서 빠져나와 눈에 띄는 한 집에 찾아가 문을 두드렸다.

"제발 저 좀 도와주시라요."

신동혁이 애원했다.

조선족 남자는 동혁을 집에 들이지 않았다. 부인이 정신병을 앓고 있다고 했다. 그러나 그는 동혁에게 사과 두 개를 주었다.

초소를 피하면서 국경에서 더 멀리 떨어진 곳으로 가기 위해 동혁은 산으로 난 구불구불한 오솔길을 따라 거의 온종일 걸었다. (동혁은 중국에서의 첫날 어디로 걸어갔는지 정확히는 알지 못한다. 구글 어스 사진으로 국경 근방 지역을 살펴보면 수풀이 우거진 산과 드문드문 있는 집이 보인다) 해질 무렵 신동혁은 또 다른 집을 찾아갔는데, 돼지우리가 에워싸고 있는, 콘크리트 블록으로 지은 새 집이었다. 마당에 들어서자 개 다섯 마리가 컹컹 짖어 댔다.

중년의 남자가 현관문 밖으로 통통한 얼굴을 드러냈다.

"조선에서 왔소?" 그가 물었다.

신동혁은 지쳐서 고개를 끄덕였다.

한국어를 조금 할 줄 아는 이 중국 농부는 동혁을 안으로 맞아들이고 젊은 여자에게 밥을 내오라고 시켰다. 그는 일전에 북한 사람 두 명을 일꾼으로 데리고 있었는데 일을 훌륭히 잘했다고 말했다. 그러더니 동혁에게 끼니와 숙소를 제공하고 하루에 5위안을 줄 테니 돼지 키우는 일을 하지 않겠느냐고 물었다.

중국에서 첫 끼인 따뜻한 밥을 다 먹기도 전에 신동혁에게 일자리와 잠잘 곳이 생겼다. 그는 지금까지 죄수, 밀고자, 탈주자, 도둑으로 지냈고, 노동자가 되어 본 적이 없었다. 그 일자리는 시의적절한 시작이자 엄청난 구원이었다. 그 덕분에 두렵고 죽을 만큼 추웠던 지난 한 달간의 도주가 끝났다. 노예로서의 일평생 삶이 순식간에 과거형으로 바뀌었다.

이후 그 돼지 농장의 부엌에서 동혁은 마침내 먹을 것을 잔뜩 찾았다. 신동혁과 박영철이 14호 수용소에서 꿈에 젖어 이야기 나누던 구운 고기로 하루 세끼 배를 채웠다. 따뜻한 물과 비누로 목욕을 했다. 태어날 때부터 몸에 달고 살던 이를 없앴다.

농부는 다리에 난 화상에 바를 항생제 연고를 사다 주었으며, 따뜻한 겨울 외투와 장화도 마련해 주었다. 동혁은 자신을 북한 사람처럼 보이게 하는, 몸에 맞지 않는 훔친 옷을 벗어 버렸다.

혼자 쓰는 방도 있어서 담요를 여러 장 깔고 바닥에서 잤다. 그리고 길게는 열 시간까지 잠을 자는, 상상하지도 못했던 호사를 누렸다. 집에 사는 젊은 여자는 나중에 알고 보니 농부의 아내였는데, 밥을 지어 주었으며, 동혁에게 기초적인 중국어를 가르쳐 주었다.

신동혁은 하루에 5위안을 받으며 동틀 무렵부터 저녁 일고여덟 시까지 일을 했다. 돼지 돌보는 일 외에 농부와 함께 인근 산으로 가 멧돼지를 잡기도 했다. 농부가 멧돼지에게 총을 쏘면 동혁이 죽은 멧돼지를 숲에서 끌고 오고, 그렇게 잡은 멧돼지는 도축하거나 장에 내다 팔았다.

일이 고된 적도 많았지만 그래도 뺨을 때리고, 발로 차고, 주먹으로 치는 사람은 없었으며, 아무도 동혁을 위협하지 않았다. 충분히 먹고 잠을 잔 덕에 체력을 다시 회복했고, 두려움이 사그라지기 시작했다. 중국 공안이 농장을 찾아왔을 때는 농부가 동혁에게 벙어리인 척하라고 시켰다. 농부가 좋은 사람이라고 보증하자 공안들은 자리를 떴다.

그렇지만 동혁은 자기가 값싼 노동자이기 때문에 농부 집에 들어와 있게 되었다는 사실은 잘 알고 있었다.

북한 사람들은 중국의 다른 곳에서는 제대로 평가받지 못하지만 중국 국경 근처 동북 지역에는 상당히 잘 편입된다. 한국어를 하는 이주자에게는 동북 지역이 아주 외국 같거나 환영받지 못할 분위기는 아니다.

탈북자들이 중국으로 들어가서 처음 만나는 '외국인'은 주로 같은 말을 하고, 비슷한 음식을 먹고, 같은 문화 가치를 공유하는 조선족이다. 신동혁처럼 운만 조금 따른다면 일과 머무를 곳, 안전히 지낼 방도를 찾을 수 있다.

이런 분위기는, 현 북한 지역에 기근이 닥치면 굶주린 농부들이 두만강과 압록강을 넘어 중국 동북 지역으로 이주하던 1860년대 후반 이후 형성되었다. 후에 청나라 황실은 러시아의 팽창에 대항해 완충 지대를 조성하도록 조선인 농부를 모집했으며, 조선 왕실은 합법적으로 농부들을 떠나보냈다. 또 제2차 세계 대전 전에 한반도와 중국 동북 지역을 점령한 일본인들은, 그 지역에 대한 중국의 지배를 약화시키기 위해 수천수만 명의 한국인 농부를 국경 너머로 올려 보냈다. (1905년 을사늑약 이후 일제의 수탈과 탄압을 피해 이주한 농민과 항일 운동 세력의 수가 급증해 1930년대 초반에는 64만여 명의 조선인이 이곳에 거주하고 있었다_편집자)

거의 200만 명에 이르는 조선족이 중국의 동북 3성(랴오닝성, 지린성, 헤이룽장성)에 거주하고 있으며, 그중에서도 신동혁이 두만강을 건너서 들어갔던 지린성에 집중적으로 거주하고 있다. 중국은 지린성 내에 옌벤(延邊) 조선족 자치주를 만들었는데, 옌벤은 인구의 40퍼센트가 조선족이며 한국어 학교와 출판물에 정부 보조금이 지원된다.

중국 동북 지역에 사는 조선족들은 북한 내부의 문화적 변화에 끼친 영향에 대해 제대로 인정받지 못해 왔다. 북한에 정보원을 둔 일본 오사카의 잡지 〈림진강〉에 따르면, 중국 조선족들이 남한의 드라마를 위성 방송으로 보고, 저화질 비디오 CD에 녹화하고, 이를 북한 국경 너머로 수천 수백 개를 밀반입시켜 적게는 15센트 정도의 싼값에 파는 과정에서 북한에 문화적 변화를 가져왔다.

빠른 자동차, 호화로운 주택, 한국의 높아지는 위상 등을 보여 주는 한국 드라마는 북한에서 '불순한 녹화 영상 자료'로 분류되어 시청을 법으로 금한다. 그러나 평양과 그 밖의 도시에서 한국 드라마를 열렬히 시청하는 사람들이 엄청나게 늘었으며, 비디오 몰수 임무를 맡은 경찰들까지도 드라마를 보고, 10대 청소년들은 남한 배우들이 말하는 한국어의 부드러운 어조를 따라 말하기도 한다.[3]

이런 텔레비전 프로그램들이, 남한은 가난하고 억눌리고 불행한 국가이며, 남한 사람들은 자애로운 김씨 가문의 지배하에서 통일되기를 갈망한다는, 수십 년 동안 이어졌던 북한의 허위 선전을 무너뜨렸다.

지난 반세기동안 중국 정부와 북한은 국경을 오고가는 북한 주민들의 수가 넘쳐나는 일이 없도록 양국의 치안 부대를 협조적으로 활용해 왔다. 한국 정부에 따르면 국경 보안에 관한 북한과 중국의 비밀 협약이 1960년대 초반에 체결되었다. 1986년의 두 번째 협약에서는 중국이 탈북자를 북한으로 돌려보내도록 약속했는데, 북송된 탈북자들은 체포되어 고문받고, 몇 달 혹은 몇 년 동안 강제 노동에 처해지는 일이 흔했다.

국민을 자국에 가두어 둠으로써, 북한은 지키기로 서약했던 국제자유권 협약을 공공연히 위반한다. 1966년 국제자유권협약은, "모든 사람은 자국을 포함해 그 어떤 나라에서든 자유롭게 떠날 수 있다."라고 명시하였다.[4]

모든 탈북자를 '경제 난민'으로 규정하고 본국으로 돌려보내 박해받도록 놓아둠으로써, 중국 역시 1951년 국제난민조약 협정국으로서의 의무를 저버리고 있다. 중국은 탈북자들의 망명 신청을 수락하지 않고, 유엔 난민 고등 판무관 사무소가 북한과 중국의 국경에 관여하지 못하도록 저지한다.

국제법은 북한과 중국의 전략적인 이해관계로 사실상 뒤로 물러났다. 북한에서 대규모 탈출이 발생하면 북한 인구가 상당히 줄어들 것이고, 이미 불충분한 식량 경작 능력이 더욱 약화되어 현 정부의 기반이 약해지고 어쩌면 붕괴될 가능성까지 있다. 중국 경제가 솟구쳐 오르고 북한 경제는 가라앉으면서 중국이 훨씬 살기 편하다는 소문이 퍼짐에 따라 이 같은 대탈출의 위협이 증가하고 있다.

중국 정부로서는 빈곤한 북한 난민이 통제 불가능할 정도로 증가하는 현상이 여러 가지 이유에서 달갑지 않다. 우선 중국 동북 3성의 가난이 극적으로 심화될 텐데, 그렇게 되면 국가 경제 활황으로 발생된 부가 크게 줄어들게 된다. 더 중요하게는, 북한 정권의 몰락을 촉발하여 결과적으로 미국과 동맹을 맺은 남한 정부의 주도로 한반도가 통일될 가능성이 있다. 그렇게 되면 중국은, 중국의 가장 가난한 지역과 부유하며 친서방적인 한국 사이에 있는 핵심 완충 지대를 잃게 된다. 그렇게 되면 중국 국경 지대의 조선족들에게 민족주의적 정서가 꽃피게 될지 모른다.

공안과 국경 경비대의 단속에서도 드러나는 탈북자에 대한 중국 정부의 혐오감에 대해서는 농부, 공장 작업반장, 그 밖의 중국 동북 3성에 거주하는 기업가들이 모두 잘 알고 있다.

그러나 신동혁이 알게 된 사실처럼, 그들은 하루에 5위안만 받고 입을 굳게 다물고 열심히 일하는 근면한 북한 사람 앞에서는 국가의 지시를 스스럼없이 무시한다. 중국인 고용주 입장에서는 북한 사람들이라면 마음대로 속이거나 학대하고 언제든지 내칠 수 있다.

한 달이 채 지나지 않아 동혁이 농부와 한 합의가 틀어졌다.

동혁은 농장 근처 개천에 물을 길러 갔다가 탈북자 두 명을 만났다. 그들은 돼지 농장에서 멀지 않은 숲의 버려진 판잣집에서 추위와 배고픔에 허덕이며 지내고 있었다. 동혁은 중국인 농부에게 그들을 도와 달라고 부탁했고, 농부는 마지못해 부탁에 응해 주기는 했지만 조금 분개했는데, 동혁은 그 사실을 즉시 눈치채지 못했다.

탈북자 두 명 중 한 명은 40대 여성으로 전에 국경을 넘었던 적이 있었다. 그녀는 헤어진 중국인 남편과 아이가 있었다. 그 중국인 남편은 근처에 살고 있었는데, 그녀는 가족과 전화 통화를 하고 싶어 했다. 농부는 그녀에게 집 전화를 빌려 주었다. 며칠 후 그녀와 다른 탈북자는 종적을 감추었다.

그러나 탈북자 세 명에게 은신처를 제공하게 된 점이 농부를 언짢게 만들었다. 농부는 동혁에게 떠나 주어야겠다고 말했다.

농부는 자신이 아는 다른 일자리를 소개해 주었다. 산에서 가축을 돌보는 일이었다. 농부는 산길을 두 시간쯤 차로 달려 친구의 소 목장에 동혁을 내려 주었다. 목장은 8만 5,000명이 거주하는 도시인 허룽에서 그리 멀지 않은 곳이었다. 농부는 동혁이 열심히 일하면 후하게 보상받을 것이라고 말했다.

농부가 차를 몰고 되돌아 간 뒤에야 신동혁은 그 목장에는 한국어를 할 줄 아는 사람이 아무도 없다는 사실을 알게 되었다.

20
망명

 이후 10개월 동안 신동혁은 돼지 농장 주인이 데려다 준 산지 목장에서 무례한 중국인 일꾼 두 명과 함께 소를 돌보고, 목장에 딸린 가옥 바닥에서 잠을 자며 지냈다. 언제든 원하는 때에 그만두고 떠날 수 있었다. 그러나 어디로 갈지, 무엇을 할지 잘 몰랐다.

 탈출 계획에서 앞날의 일은 박영철의 몫이었다. 14호 수용소에서 박영철은 일단 중국에 도착하면 한국으로 가는 길은 자기가 책임지겠다고 장담했다. 박영철이 있었다면 중국에 있는 삼촌의 도움을 구했을 것이다. 돈, 필요한 서류, 아는 사람을 소개받았을 터였다. 그러나 박영철은 죽었고 한국으로 가는 길은 아득하기만 했다.

 그렇지만 가만히 머물며 생기는 이득도 있었다. 감전으로 덴 상처가 마침내 아물었다. 동료 일꾼과 목장 관리자에게 간단한 중국어 회화를 배웠다. 그리고 생애 처음으로 전자 기계를 접했다.

라디오였다.

신동혁은 거의 아침마다 다이얼을 만지작거리며 북한과 중국 동북 지역에 매일 방송되는 한국어 방송 채널 10여 개를 돌려 들었다. 한국, 미국, 일본에서 운영 자금을 대는 이 라디오 방송들은 북한과 김씨 정권에 대한 날카로운 비판과 아시아, 세계 뉴스를 섞어 내보낸다. 특히 북한의 만성적인 식량 부족, 인권 침해, 군의 도발, 핵 문제, 중국 의존 문제를 중점적으로 다룬다. 방송 시간의 상당 부분은 북한 사람 기준에서 볼 때 편안한 삶을 누리는, 한국 정부에서 주거와 보조금을 제공받고 한국에서 사는 탈북자들의 이야기를 다룬다.

일부 방송은 (미국 등의 재정적인 도움을 받아) 탈북자들이 운영하기도 하는데, 그들은 북한 내부 통신원을 고용한다. 통신원들은 휴대폰을 이용하고 작은 USB 기억 장치에 음성과 영상을 몰래 저장해 보냄으로써 북한 관련 뉴스에 획기적인 변화를 가져왔다. 북한 사설 시장의 제한을 완화한 2002년 경제 개혁이 외부 세계에 알려지기까지는 수개월이 걸렸다. 그로부터 7년 뒤, 북한 정부가 수천수만 명의 상인을 빈곤에 빠뜨려 격분하게 만들었던 엄청난 파장의 화폐 개혁을 단행했을 때, 그 소식은 〈자유북한방송Free North Korea Radio〉을 통해 몇 시간 만에 알려졌다.

북한에서 이들 방송을 듣다 걸리면 강제 노동 수용소에서 10년을 복역해야 한다. 그러나 최근 북한에는 중국에서 밀수해 들어온 3달러짜리

리 라디오가 넘쳐 난다. 중국에서 탈북자, 상인, 그 밖의 월경자들을 대상으로 조사한 바에 의하면 북한 주민의 5퍼센트에서 20퍼센트는 라디오 방송을 날마다 듣고 있다고 한다.[1] 조사에 응한 사람 중 다수는 청취했던 외국 라디오 방송이 북한을 떠나는 중요한 동기가 되었다고 답했다.[2]

중국의 목장에서 라디오를 듣는 신동혁에게는, 알아들을 수 있는 언어로 말하는 목소리가 위안이 되었다. 동혁은 비록 몇 년 전의 일이기는 하지만 탈북자 수백 명이 베트남에서 서울로 비행기를 타고 건너갔다는 가슴 떨리는 소식을 들었다. 동혁은 월경과 관련한 분위기나 탈북자들이 중국에서 한국으로 가는 경로, 한국에 도착한 후의 삶에 대한 보도에 특히 귀를 기울였다.

하지만 동혁은 라디오에서 들은 내용 대부분을 이해하기 힘들었다.

라디오 방송은, 김일성 부자의 신과 같은 능력과 지혜를 찬양하고 미국, 한국, 일본이 한반도 전체를 차지하려 한다고 경고하는 국영 통신을 접한 일반 북한 주민을 주요 청취 대상으로 삼는다. 그러나 14호 수용소에서 자란 신동혁은 그런 정치 선전을 들을 기회가 차단되었기 때문에 호기심 어리고 어리둥절하고 때로는 따분해하면서, 전후 상황에 대한 지식이 부족한 어린아이의 귀로 서구의 반대 선전을 들었다.

4주 동안 세상이 어떻게 돌아가는지 동혁에게 강의하던 박영철 역시 북한 정권을 신랄히 비판했다. 그러나 동혁은 박영철이 음식 이야기를 할 때를 빼고는 그저 관심이 있는 척했을 뿐이었다.

신동혁은 라디오에서 나오는 북한 관련 뉴스 대부분에 어리둥절했다. 그는 김일성과 김정일, 그 아들 김정은에 대해 아는 것이 거의 없었으며, 세계가 북한을 바라보는 시선에 대해서는 더욱 더 몰랐다. 중국이나 한국에 사는 탈북자에 대한 흥미로운 이야기가 나올 때도 있었지만 함께 이야기를 나눌 사람이 없었다.

말이 통하는 사람이 아무도 없었기 때문에 목장에서 느껴지는 외로움은 수용소에서보다도 깊었다.

2005년 말, 산에 겨울이 내려앉을 무렵 신동혁은 떠나기로 결심했다. 그는 중국에 있는 한국 교회들이 간혹 탈북자를 돕기도 한다는 말을 라디오에서 들었다. 그래서 대략적인 계획을 세웠다. 서쪽이나 남쪽으로 이동해서 북한과 국경 경비대에서 가능한 멀리 떨어진다. 그다음 친절한 한국인을 찾는다. 그들의 도움을 받아 중국 남부에서 안정적인 일자리를 찾아 눈에 띄지 않게 조용히 살아간다. 동혁은 한국에 가려는 희망은 완전히 버렸다.

그 무렵 신동혁은 떠나려는 이유를 목장 관리인에게 전달할 정도의 중국어는 할 수 있었다. 동혁은 국경 근처에 계속 머무르다가는 공안에 붙잡혀 북한으로 강제 송환될지 모른다고 목장 관리인에게 설명했다.

목장 관리인은 별말 없이 동혁에게 600위안 정도를 주었다. 목장에서 일한 10개월 동안, 고작 하루에 2위안 정도 되는 급여를 받은 꼴이다. 동혁은 돼지 농장에서 하루에 5위안을 받았음에 미루어, 적어도 그 두 배는 되지 않을까 기대했다.

신동혁이 속은 셈이지만 중국에서 일하는 다른 북한 주민들처럼 그는 이의를 제기할 입장이 아니었다. 목장 관리자는 작별 선물로 동혁에게 지도를 한 장 주고 허룽에 있는 버스 정류장까지 데려다 주었다.

북한에 비해 중국에서는 여행하기가 쉽고 안전했다. 돼지 농장 주인이 사 준 중국인 분위기의 옷 덕분에 사람들 눈에 거의 띄지 않았다. 혼자 움직이고 입을 굳게 다물고 있던 터라 그의 얼굴이나 몸가짐에서는 탈북자인 그의 신원이 거의 드러나지 않았다.

조선족들에게 음식, 돈, 일자리를 부탁하며 이야기를 나눌 때 자신이 북한에서 왔다고 말해도 사람들이 그다지 특별하게 생각하지 않는다는 사실을 알게 되었다. 이미 수없이 많은 탈북자들이 와서 구걸했기 때문이었다. 동혁이 만나는 사람들 대부분은 탈북자라고 해도 놀라거나 특별히 관심을 갖지 않았다. 다들 탈북자라면 진절머리를 냈다.

허룽에서 지린성 성도인 창춘(長春)까지 약 170킬로미터를 이동하려고 버스표를 살 때, 베이징(北京)까지 800킬로미터를 가는 기차에 탈 때, 1,600킬로미터 이상 버스로 달려 인구 500만의 중국 남서부 도시 청두(成都)에 갈 때도 신분증을 요구하는 사람은 아무도 없었다.

신동혁은 베이징의 버스 정류장에서 무작정 고른 목적지인 청두에 도착해서 일자리를 알아보기 시작했다.

한 한국 음식점에서 신동혁은 작은 한국 교회들 이름과 주소록이 나온 잡지를 발견했다. 신동혁은 교회를 일일이 찾아가 도움이 필요한 탈북자라고 설명하며 목사님을 만나게 해 달라고 부탁했다. 한인 목사들은 많게는 한국 돈으로 1만 6,000원 정도 되는 중국 돈을 쥐어 주었다. 그러나 아무도 일자리나 묵을 곳을 제공해 주지는 않았다. 그러면서 어서 가라고 말했다. 탈북자를 도와주는 일은 불법이라고 했다.

중국에서 도움을 구할 때 동혁은 말을 많이 하지 않으려고 조심했다. 혹시라도 공안에 신고하려는 사람이 있을까 봐 정치범 수용소에서 탈출했다는 사실은 아무에게도 말하지 않았다. 대화를 오래 나누지 않으려고 조심했다. 또 신분증을 요구할지 몰라 호텔이나 여행자용 하숙집은 멀리했다.

그 대신 대체로 미혼인 젊은 남자들이 컴퓨터 게임이나 인터넷을 하느라 밤낮으로 드나드는, 어디가든 흔히 널린 PC방에서 밤을 보내는 날이 많았다.

동혁은 PC방에서 갈 길을 찾고, 완벽한 수면은 아니지만 휴식을 취했다. PC방을 전전하는 목적 없고 일자리 없는 백수들 틈에 섞여 있어, 동혁에게 신분증을 요구하는 사람은 없었다.

청두에 있는 교회 여덟 곳에서 쫓겨난 뒤 동혁은 다시 버스로 먼 길을 고생스럽게 달려 베이징으로 되돌아갔다. 그리고 열흘 동안 한국 음식점을 찾아다니며 일자리를 구했다. 음식점 주인이 밥을 주거나 돈을 조금씩 줄 때도 있었다. 그러나 아무도 일자리를 주지는 않았다.

일을 구하지 못했지만 동혁은 겁먹거나 의기소침하지 않았다. 동혁에게 음식이 주는 의미는 대다수 사람들이 느끼는 것보다 훨씬 컸는데, 중국은 그가 가는 곳 어디에나 먹을 것이 많았다. 놀랍게도 중국은 개들도 배불리 먹는 나라였으며, 동혁은 돈이 떨어져 가면 구걸을 했다. 중국인들은 대개 그에게 무언가를 주었다.

동혁은 굶주릴 일은 없겠다고 생각했다. 그 생각만으로도 불안이 진정되고 희망이 생겼다. 음식, 돈, 옷을 훔치러 남의 집 담장을 넘을 필요가 없었다.

베이징을 떠나 버스를 타고 110여 킬로미터를 이동해 1,000만 명이 거주하는 도시 톈진(天津)에 도착해 다시 한국 교회를 찾아다녔다. 목사들은 이번에도 돈을 몇 푼씩 주었지만 일자리나 숙소는 제공하지 않았다. 동혁은 버스를 타고 남쪽으로 350여 킬로미터를 내려가 500만 인구가 사는 도시 지난(濟南)에 도착해 한국 교회를 더 찾아다녔다. 여전히 일자리는 없었다.

다시 또 남쪽으로 이동했다. 꽁꽁 언 두만강을 건너 중국에 도착한 지 딱 1년하고 일주일이 되는 2006년 2월 6일 신동혁은 창강(長江) 삼각주에 있는 인구 600만의 도시 항저우(杭州)에 도착했다. 세 번째로 들른 한국 음식점에서 주인이 일자리를 내주었다.

해당화라는 이름의 한국 음식점은 정신없이 바빴고, 동혁은 접시를 닦고 손님상을 정리하며 온종일 일했다. 11일간 일을 한 후 더 이상은 버티기 힘들었다. 동혁은 주인에게 그만두겠다고 말하고, 급료를 챙겨서 남쪽으로 약 150킬로미터 떨어진 상하이(上海)로 떠나는 버스에 몸을 실었다.

상하이 버스 정류장에서 신동혁은 한국어 잡지를 훑어보다가 한국 음식점 목록을 발견하고 다시 일자리를 찾아 나섰다.

"사장님을 좀 만날 수 있습네까?" 신동혁은 목록에 있는 첫 번째 음식점에 찾아가 여자 직원에게 물었다.

"무슨 일로 그러세요?" 직원이 물었다.

"저, 북한에서 왔습니다. 지금 금방 버스에서 내려서 오는 길인데 갈 데도 없구…… . 기래서 혹시 이 식당에서 일할 수 없을까 해서…… ."

직원은 사장이 지금 없다고 대답했다.

"여기 혹시 남은 일자리가 좀 없시요? 좀 도와주시라요." 동혁이 말했다.

"우리 식당에는 일감이 없는데, 저기 안에 계시는 손님이 한국에서 오셨다니까 가서 한번 말씀드려 보세요."

직원은 늦은 점심을 먹고 있는 한 손님을 가리켰다.

"저기요, 나는 이북에서 왔는디 일자리를 찾아다니고 있시요. 저 좀 도와주시라요."

신동혁의 얼굴을 한동안 찬찬히 살피던 남자는 동혁에게 어디서 왔느냐고 물었다. 동혁은 14호 수용소 근처인, 그가 맨 처음 쌀자루를 훔쳤던 마을, 북창에서 왔다고 말했다.

"정말로 북한에서 왔습니까?" 그 남자는 기자 수첩을 꺼내 들고 빠르게 적기 시작했다.

동혁이 우연히 만나게 된 이 사람은 한국의 한 주요 언론사에서 상하이 주재원으로 파견된 기자였다.

"상하이에는 무슨 일로 왔습니까?" 그가 물었다.

동혁은 방금 했던 말을 되풀이했다. 일자리를 찾고 있었다. 배가 고팠다. 기자는 동혁이 하는 말을 모두 받아 적었다. 동혁에게는 익숙하지 않은 대화였다. 그때까지 한 번도 기자를 만나 본 적이 없었다. 동혁은 잔뜩 긴장했다.

한동안 정적이 흐른 후 그 남자는 동혁에게 한국으로 가고 싶지 않느냐고 물었다. 그 질문에 동혁은 한층 더 긴장했다. 동혁이 상하이에 도착했을 무렵에는 한국에 가고 싶다는 희망을 버린 지 오래였다. 동혁은 돈이 없어서 갈 수 없다고 그에게 말했다.

그 남자는 함께 나가자고 말했다. 음식점 밖으로 나온 그는 택시를 잡고 동혁에게 타라고 말하면서 함께 올라탔다. 몇 분 뒤 그는 지금 한국 영사관으로 가는 중이라고 말했다.

기자가 택시에서 내리는 순간부터는 위험해질 수 있다고 설명하자, 갈수록 커지던 불안감이 공포로 바뀌었다. 그는 신동혁에게 혹시라도 누가 붙잡으면 잡은 손을 뿌리치고 달려야 한다고 말했다.

영사관 근처에 다다르자 공안 차량 여러 대와 제복을 입은 공안들이 입구를 에워싸고 있는 모습이 보였다. 2002년 이후 중국 정부는 망명을 위해 외국 대사관이나 영사관에 뛰어드는 북한 사람들을 저지하기 위해 노력해 왔으며, 실제로 상당한 성과가 있었다.

신동혁은 중국 공안을 피해 왔다. 체포되어 추방당할까 두려워 남의 집에 몰래 들어가 옷과 음식을 훔칠 생각은 행여나 꿈도 안 꿨다. 남의 눈에 드러나지 않으려 애썼고, 지금껏 그렇게 하는 데 성공했다.

그런데 낯선 남자가 그를 경비가 삼엄한 건물로 데리고 들어가면서, 공안이 체포하려고 하면 달리라고 말했다.

태극기가 펄럭이는 건물 앞에 택시가 멈추어 서자 신동혁은 마음이 무거워졌다. 바깥에 내린 다음 걷지 못할까 봐 두려웠다. 기자는 동혁에게 미소를 지으라고 말했다. 그는 동혁과 어깨동무를 하고 몸을 바싹 붙였다. 둘은 함께 영사관 정문을 향해 걸어갔다. 기자는 공안에게 중국어로 친구와 함께 볼일이 있다고 말했다.

공안이 문을 열고 들어가라고 손짓했다.

일단 안으로 들어가자 기자는 동혁에게 안심하라고 말했다. 그러나 동혁은 안전하다는 말을 이해하지 못했다. 영사관 직원들이 아무리 괜찮다고 설명해도 동혁은 진정으로 자신이 한국 정부의 보호하에 있다는 사실을 믿을 수가 없었다. 외교관의 면책 특권이 이해되지 않았다.

영사관은 편했고, 한국 외교관들이 도움을 많이 주었으며, 영사관 내에는 서로 대화를 나눌 또 다른 탈북자가 있었다.

동혁은 태어나서 처음으로 매일 샤워를 했다. 새 옷과 깨끗한 속옷을 입었다. 푹 쉬고, 말쑥하게 씻어 내고, 갈수록 안정이 되는 마음으로, 한국으로 들어가는 데 필요한 서류가 준비되기만을 기다렸다.

신동혁이 영사관 직원에게 전해 듣기로는, 동혁을 도왔던 기자(그는 자기 이름이나 소속된 언론사 이름이 공개되기를 여전히 원하지 않는다)는 중국 당국과 곤란한 지경에 이르렀다고 한다.

동혁은 영사관 안에서 6개월을 보낸 뒤에 서울에 도착했는데, 국정원에서는 그에게 특별히 관심을 보였다. 2주 동안의 심문 과정에서 동혁은 국정원 직원에게 자기가 살아온 이야기를 했다. 어머니와 형을 밀고한 부분을 빼고는 가능한 진실하게 이야기하려고 노력했다.

한국 국정원 요원들이 조사를 마치자 다음에는 미군 정보부에서 조사를 시작했다. 이는 탈북자가 북한에 관해 아는 바를 미국 정보 요원이 직접 조사할 기회를 부여하는, 한국전쟁의 유산인 수십 년 묵은 협약에 따른 조치이다.

버지니아 출신이며 한국어를 구사하는 매튜 E. 맥마흔(Matthew E. McMahon) 병장이 군 병원에서 한 시간 반 동안 신동혁에게 질문을 했다. 맥마흔 병장은 신동혁이 정신적으로 상당히 큰 충격을 받았으며, 상처받기 쉽고, 혼란스러워한다는 사실을 알았다.

"신동혁은 논리적으로 일관되게 진술하려고 애썼습니다. …… 얼굴 표정에 변화가 전혀 없이 자기 이야기를 했습니다. 제가 보기에 그는 무슨 일이 벌어지고 있으며 지금 있는 곳이 어디인지 정확히 알지 못하는 것 같았습니다. 백인과는 전혀 이야기를 나누어 본 적이 없는 듯했습니다."

그간 맥마흔 병장이 심문했던 탈북자들과는 다르게 신동혁은 북한 주민의 일상에 대해 무지했다. 동혁은 김정일에 대해 전혀 몰랐다. 그 대신 동혁은 사실로 판단되는 경악스러운 이야기를 했다. (신동혁은 조사관에게 어머니를 고발한 사실은 말하지 않았다) 맥마흔 병장은 서둘러 장문의 보고서를 작성했는데, 그 보고서는 그동안 수용소에 대해 별달리 관심을 두지 않았던 미국 정보공동체의 강한 관심을 불러 모았다.

21
한국에서

정보 요원과의 조사가 끝난 뒤 신동혁은 '하나가 되는 집'이라는 의미의 '하나원'에 들어갔다. 하나원은 2,000만 명 이상이 사는 복잡한 거대 도시 서울에서 남쪽으로 65킬로미터 정도 떨어진 신록의 구릉지에 자리 잡은, 정부가 운영하는 탈북자 정착 센터이다. 건물 외관은 돈을 많이 들이고 보안에 상당히 신경을 쓴 정신 병원처럼 생겼다. 3층으로 된 빨간 벽돌의 이 건물은 비디오카메라가 설치된 높은 담장으로 둘러싸여 있으며, 무장한 경비들이 순찰을 돈다.

하나원은 탈북자들에게 한국의 초경쟁적인 자본주의 문화에 적응하고 살아갈 방법을 가르치고 훈련시킬 목적으로 1999년에 통일부에서 건립했다.

그 같은 목적을 달성하기 위해 하나원 직원은 심리학자, 직업 상담가, 세계사에서 자동차 운전까지 모든 분야의 강사들로 구성되어 있다.

의사, 간호사, 치과 의사도 있다. 3개월 동안 지내면서 탈북자들은 한국에서의 법적 권리에 대해 배우고, 쇼핑센터, 은행, 지하철역 등지로 현장 학습을 나간다.

"망명한 사람은 누구든 적응 과정에 문제를 겪습니다."

하나원을 방문했을 때 고경빈 원장이 내게 말했다.

처음에는 신동혁이 다른 사람들보다 훨씬 더 잘 적응하는 듯했다.

현장 학습에서도 그는 놀라거나 겁을 먹지 않았다. 혼자서 중국의 가장 크고 번화한 도시들을 여러 군데 돌아다녔던 그는 밀려드는 인파, 고층 빌딩, 호화로운 자동차, 전자 기기 등에 익숙했다.

하나원에 머무르는 첫 달에 동혁은 한국 국민임을 증명하는 서류와 사진이 들어 있는 신분증을 받았다. 한국 국적은 북한을 탈출해 입국한 모든 사람들에게 자동적으로 부여된다. 동혁은 정부의 이런저런 혜택과 주거 임대료 지원, 탈북자들의 초기 정착을 돕기 위해 지급되는 정착금에 관해 설명하는 수업에 참석했다.

다른 탈북자들과 함께하는 수업에서 신동혁은 1950년 6월 25일, 북한이 정당한 이유 없이 기습 공격을 시작하면서 한국전쟁이 촉발되었다는 사실을 배웠다. 탈북자들을 어리둥절하게 만드는 시간은 바로 이 역사 수업 시간이다. 북한 정부는 아주 어릴 때부터 남한이 미국의 권유와 군사 원조를 받아 전쟁을 일으켰다고 가르친다. 하나원에 온 많은 탈북자들은 북한 역사의 근본이 왜곡되었다는 사실을 단호히 거부하고 받아들이지 않는다. 그리고 화를 낸다. 이는 미국이 도쿄 항구를 기습 공격한 이후 태평양에서 제2차 세계 대전이 촉발되었다고 누군가가 이야기했을 때 미국인들이 보일 반응에 상응한다.

신동혁은 14호 수용소에서 거의 아무것도 배우지 않은 것과 다름없기 때문에 한반도 역사를 근본적으로 재정립하는 일은 그에게 그다지 큰 의미가 없었다. 동혁은 그보다는 컴퓨터 사용법과 인터넷으로 정보를 찾는 방법을 가르치는 수업에 훨씬 더 관심이 갔다.

하나원에서 거의 한 달 가까이를 보냈을 무렵, 그곳에 적응하고 점점 편안해지기 시작하던 중에 동혁은 심란한 꿈을 꾸기 시작했다. 교수형 당한 어머니, 수용소 철책에 걸쳐진 박영철, 그리고 동혁이 탈출한 이후 아버지가 받았을 고문이 머릿속에 그려졌다. 악몽이 거듭되자 동혁은 자동차 정비 수업 수강을 그만두었다. 운전 강습도 받지 않았다. 음식을 먹지 못했다. 잠도 이루지 못했다. 동혁은 죄의식으로 마비되다시피 했다.

하나원에 도착하는 탈북자 대부분은 편집증 증세를 보인다. 소곤거리거나 주먹질을 하기도 한다. 이름, 나이, 출생지를 말하기 두려워한다. 그들의 태도가 남한 사람들을 불쾌하게 만들기도 한다. 탈북자들은 "고맙습니다." 혹은 "미안합니다."라는 말을 잘 하지 않는다.

은행 계좌를 개설하는 현장 학습에서 은행원들이 묻는 질문에 겁을 먹기도 한다. 권위 있는 자리에 있는 사람들에게는 그 누가 되었든 동기를 의심한다. 남겨 두고 온 사람들에게 죄의식을 느낀다. 남한 사람들에 비해 교육이나 재정적인 수준이 열등하다는 생각에 조바심을 느끼며, 심할 경우 공황 상태에 빠지기도 한다. 옷 입기, 말투, 심지어는 머리 모양에서까지 수치심을 느낀다.

"북한에 있을 때 느낀 피해망상은 현 실태에 대한 이성적인 반응이었고, 실제로 이들이 생존하는 데 도움이 되었습니다. …… 그러나 그 때문에 남한에서 벌어지는 상황을 이해하기 힘듭니다. 남한에 흡수되고 동화하는 데 있어 가장 큰 장애물이지요."

하나원에 있는 진료실에서 나와 면담한 임상 심리학자 김희경이 말했다.

북한에서 온 10대 청소년들은 하나원과 연계된 정부 지원 보충 기숙학교 '한겨레 중고등학교'에서 2개월에서 2년을 보낸다. 이 학교는 한국의 공립 학교에 바로 입학하기 어려운, 북한에서 새로 들어온 청소년들을 돕기 위해 2006년에 세워졌다.

거의 모든 학생이 기초적인 읽기와 수학에 어려움을 느낀다. 영유아기에 심각한 영양실조를 겪어 인지 능력에 문제가 생긴 아이들도 있다. 가장 총명한 학생들이라 할지라도 세계사에 대한 지식은 위대한 영도자 김일성과 그의 아들 김정일에 관한 신화적인 일대기가 전부이다.

"북한에서 받은 교육은 남한에서의 삶에서 쓸모가 없습니다. …… 너무 배가 고프면 배우러 가지 않고 선생님들도 가르치러 가지 않습니다. 학생들 다수는 중국에서 몇 년 동안 숨어 지내느라 학교를 다니지 못했습니다. 학생들은 북한에서 어린 시절에 나무껍질을 뜯어 먹었으며, 그런 행동을 정상으로 생각하고 자랐습니다."

한겨레 중고등학교 곽종문 교장이 말했다.

현장 학습으로 영화관에 가서 조명이 꺼지면 아이들은 누군가가 납치해 가지 않을까 두려워하며 종종 겁에 질리기도 한다. 또 '쇼핑'이나 '칵테일'과 같이 미국식 영어에 전염된, 남한 특유의 한국어에 어리둥절해한다.

그리고 돈이 플라스틱 신용 카드에 저장된다는 사실을 굉장하게 생각한다.

아이들은 한국 10대들이 주로 먹는 피자, 핫도그, 햄버거를 먹으면 소화 불량에 걸린다. 한때 북한에서도 주식이었으나 기근 이후로 부자들의 음식이 된 쌀밥 역시 너무 많이 먹으면 소화를 시키지 못한다.

한겨레 중고등학교의 한 10대 여학생은 액체 섬유 유연제를 구강 세정제로 착각하고 입안을 헹구었다. 또 어떤 학생은 세탁 세제를 밀가루로 착각하고 사용했다. 세탁기 소리를 처음 듣고 소스라치게 놀라는 아이들도 많다.

편집증, 혼란, 간간이 겪는 기술 공포증 외에도 탈북자들은 남한에 거의 존재하지 않는 예방 가능한 질병이나 질환을 겪는다. 지난 10년간 하나원 수간호사로 근무한 천정희 간호사는 북한에서 온 여성 상당수가 만성적인 부인과 감염과 낭종이 있다고 말했다. 결핵에 걸린 채 항생제 치료를 전혀 받지 못하고 입국하는 탈북자도 많다. 또 만성 소화 불량과 B형 간염이 있는 사람도 흔하다. 천정희 간호사에 따르면, 탈북자들은 사적인 사항을 묻고 약을 처방하는 의사에 익숙하지 않고 의료진을 미심쩍게 생각하기 때문에, 통상적인 질병도 진단하기 어려운 경우가 많다고 한다. 또 남자, 여자, 아이 할 것 없이 영양실조와 칼슘 부족으로 치아 상태가 심각하다. 하나원에서 연간 지출되는 의료 비용의 절반은 치과 보철 치료에 소요된다.

하나원에 도착하는 탈북자 대다수는 한국에 근거지를 둔 브로커의 도움으로 북한을 탈출한 사람들이다. 브로커들은 탈북자들이 정착 센터를 수료하고 정부 보조금을 받게 되기를 목이 빠지게 기다린다. 그러고는 돈을 요구한다. 갚아야 할 빚에 대한 부담감이 하나원 안에 있는 탈북자들을 옥죈다고 수간호사가 말했다.

신동혁은 브로커 때문에 걱정할 필요도 없었고, 상하이에 있는 영사관에서 반년 동안 잘 쉬면서 규칙적으로 식사를 한 덕분에 건강 상태도 좋았다.

그러나 악몽이 끊이지 않았다.

악몽은 갈수록 빈번하고 심해졌다. 편안하고 영양을 잘 섭취하는 삶

속에서 머릿속을 맴도는 14호 수용소의 소름끼치는 이미지를 받아들이기가 불가능했다.

정신 건강이 점점 나빠지면서 하나원 의료진도 동혁에게 특별한 치료가 필요함을 인식하고 그를 근처 병원의 정신 병동으로 보냈는데, 그는 거기서 두 달 반을 보내면서 가끔은 독방에도 머물렀고, 대부분은 수면을 취하고 음식을 먹을 수 있도록 하는 약을 먹으며 지냈다.

동혁은 상하이 한국 영사관에서부터 일기를 쓰기 시작했는데, 정신과 의사도 동혁이 겪는 외상 후 스트레스 장애에 대한 치료 과정으로 일기를 계속 쓰라고 권유했다.

동혁은 악몽이 조금씩 줄어들었다는 사실 말고는 병원에 입원했을 당시의 기억이 거의 없다.

퇴원 이후 신동혁은 통일부에서 제공한 작은 아파트로 이사했다. 동혁의 아파트는 서울에서 남쪽으로 약 50킬로미터 떨어져 있는 화성에 있었다.

이사한 첫 달에는 거의 바깥에 나가지 않았다. 동혁은 아파트 창문 너머로 펼쳐진 한국에서의 삶을 바라보았다. 그러다 결국에는 바깥으로 과감히 나섰다. 동혁은 자신이 바깥에 나서게 된 과정을 천천히 자라는 손톱에 비유한다. 어떻게 왜 밖으로 나서게 되었는지는 모른다. 그냥 그렇게 되었다.

바깥에 나와 돌아다니기 시작하면서 신동혁은 운전 강습을 받았다.

어휘력이 딸리는 탓에 운전면허 필기시험에서 두 번이나 떨어졌다. 관심이 가는 일자리를 찾거나 혹은 제의받은 일을 계속하기가 어려웠다. 그는 고철을 모으고, 항아리를 만들고, 편의점에서 일했다.

하나원의 직업 상담사는 북한 사람 대부분이 망명에 따른 비슷한 경험을 한다고 전한다. 한국 정부가 나서 문제를 해결해 주기를 바라는 경우가 많고, 좋지 못한 작업 습관을 보이거나 일터에 늦게 나타나는 등 개인적인 책임을 다하지 못한다. 탈북자들은 정부가 주선해 준 일자리를 그만두고 사업을 시작했다가 실패하는 일이 비일비재하다. 남한 사람들의 타락하고 불평등한 삶을 보고 염증을 느끼는 사람도 있다. 상대하기 힘든 탈북자들을 참고 받아들일 고용주를 찾기 위해 통일부에서는 회사가 탈북자 한 명을 고용하면 1년에 최고 200만원까지 보상해 준다.

신동혁은 원룸 아파트에서 지독한 외로움을 느끼며 긴 시간을 홀로 보냈다. 한국전쟁 때 월남했다는 큰아버지 신태섭을 찾으려고 시도하기도 했다.

그러나 동혁이 아는 것은 이름뿐이었는데, 한국 정부는 그 이름으로는 아무런 정보도 찾지 못했다고 알려 왔다. 통일부는 이산가족 찾기 서비스에 등록이 된 사람들만 검색할 수 있었다고 밝혔다. 동혁은 큰아버지를 찾는 것을 포기했다.

병원에서 동혁을 치료했던 정신과 의사가 북한에서의 학대에 대한 정보를 모아 분석하고 책을 출판하는, 서울에 있는 비정부 기구(NGO)인 북한인권정보센터의 연구원 한 명과 동혁을 연결해 주었다.

그 연구원은 신동혁에게 치료를 위해 써 왔던 일기를 회고록으로 내보자고 제의했으며, 이 회고록은 2007년에 북한인권정보센터 출판부에서 한국어로 출간되었다. 책을 만드는 동안 동혁은 서울에 있는 북한인권정보센터 사무실에서 잠을 자며 지냈으며, 편집자와 여러 직원들과 친구가 되었다.

철저히 봉쇄된 강제 노동 수용소에서 태어나고 탈출한 신동혁에 관한 이야기가 한국에 알려지면서 동혁은 한국의 주요 인권 운동가와 탈북자 단체 대표들을 만나기 시작했다. 인권 변호사, 한국 언론인, 수용소에 대해 깊이 알고 있는 전문가들은 물론 수용소에 수감되었던 사람들과 전직 간수들이 그의 이야기를 면밀히 검토했다. 수용소 운영에 대한 신동혁의 지식, 몸의 흉터, 겁에 질린 눈빛 등이 설득력 있게 받아들여졌으며, 그는 정치범 수용소를 탈출해 남한에 온 첫 북한 주민으로 널리 인정되었다.

북한 수용소 네 곳에서 간수와 운전수로 일했던 안명철은 〈인터내셔널헤럴드트리뷴 International Herald Tribune〉과의 인터뷰에서 신동혁이 완전 통제 구역에서 살았다는 사실을 의심하지 않는다고 말했다. 상대의 눈을 피하고, 어린 시절 노동으로 팔이 굽어 있는 등 숨겨지지 않는 등 수감자의 징후가 동혁에게 있다고 했다.[1]

"탈출에 성공한 사람이 아무도 없기 때문에 처음에는 신동혁의 증언을 믿지 못했습니다."

2008년에 김태진이 말했다.[2] 그는 15호 수용소에서 10년을 복역한 경험이 있는 탈북자이며 현재 북한민주화운동본부 대표이다.

그러나 수용소에 대한 직접적인 정보가 있는 다른 사람들과 마찬가지로 김태진 대표 역시 동혁을 만난 이후 그의 놀라운 이야기가 사실임을 인정했다.

한국 이외의 지역에서도 인권 전문가들이 신동혁에게 주목하기 시작했다. 동혁은 2008년 봄 일본과 미국에 초청받았다. UC버클리와 컬럼비아대학교에 들렀으며, 구글 직원들 앞에서 강연했다.

그가 이겨 낸 시련을 이해하고 알아주는 사람들과 친구가 되면서 동혁은 자신감을 얻고 자신의 모국에 대해 잘 몰랐던 부분을 채워 나가려고 노력했다. 인터넷과 한국 신문을 보며 북한 관련 뉴스에 파고들었다. 한반도의 역사, 김일성과 김정일의 독재, 국제적으로 따돌림받는 북한의 지위에 관한 글도 읽었다.

북한 사람들과 몇 년째 작업해 온 북한인권정보센터 직원들은 신동혁을 일종의 다듬어지지 않은 영재처럼 생각했다.

"다른 탈북자들에 비해서 신동혁은 배움이 빠르고 문화적 충격에 쉽게 적응합니다."

팀장인 이용구 씨가 동혁에 대해 말했다.

새로 사귄 지인들을 따라서 동혁은 일요일 아침마다 교회에 출석하기 시작했지만 신에 대한 사랑이나 용서의 개념은 이해하지 못했다.

본능적으로 신동혁은 그 어떤 것이 되었든 묻기를 주저했다. 강제 수용소 선생님들은 질문을 하는 아이에게 벌을 주었다. 서울에서 배려 깊고 박식한 친구들에 둘러싸여 있을 때도 동혁은 도움을 청하지 못했다. 글을 탐독했지만 사전을 사용해 모르는 단어를 찾지 않았다. 이해하지 못하는 것을 설명해 달라고 친구에게 부탁해 본 적도 없다. 즉각적으로 이해하지 못하는 상황에 처하면 그냥 못 본 척 넘어갔기 때문에 도쿄, 뉴욕, 캘리포니아 등 새로운 곳을 여행해도 황홀하거나 흥분되는 감정은 거의 느끼지 못했다. 신동혁은 새로운 삶에 적응할 능력을 스스로 약화시키고 있음을 사실을 알았지만 억지로 노력한다고 바뀌지는 않는다는 사실도 잘 알았다.

22
한국인의 무관심

14호 수용소에서 중요한 생일이라고는 김정일과 김일성 생일밖에 없었다. 그들 생일은 북한의 국경일이고, 출구가 없는 강제 수용소에서조차 이날에는 하루 휴가를 얻는다.

동혁의 생일은, 자랄 때는 자신을 포함해 그 누구도 신경 쓰지 않았다.

그러나 한국에서 스물여섯 번째 생일을 맞이하면서 변화가 생겼다. 친구들 네 명이 서울 중심가에 있는 패밀리 레스토랑 티지아이 프라이데이스*TGI Friday's*에서 깜짝 생일 파티를 준비했다.

"굉장히 감동받았습니다." 생일 며칠 뒤인 2008년 12월, 우리가 처음 만났을 때 신동혁이 말했다.

그러나 그런 기쁜 일은 드물었고, 감동적인 생일 파티에도 신동혁은 한국에서 행복하지 않았다. 호프집 종업원으로 근무했던 아르바이트도 그만두었다. 동혁은 한 달에 35만원인 좁은 단칸방 월세를 어떻게 감당해야 할지 막막했다. 매달 지원되던 통일부 보조금은 지급 기간이 만료되었다. 은행 잔고는 바닥이 났다. 서울역에 있는 노숙자 행렬에 합류해야 할지 모른다고 걱정하는 말을 늘어놓고 다녔다.

사회생활이 원만하지도 못했다. 공동 아파트에 함께 사는 룸메이트와 간혹 함께 식사를 하기는 했지만 절친한 친구나 여자 친구는 없었다. 신동혁은 다른 북한 사람이나 강제 수용소에 수감되었다 풀려난 사람들과는 어울리지 않으려고 했다. 그것은 대부분의 탈북자들과 마찬가지이다. 연구에서 밝혀진 것에 따르면 탈북 이주민들은 사회관계 형성이 더디고 남한에 도착한 직후 2년에서 3년 동안은 다른 사람과의 접촉을 꺼린다.[1]

신동혁의 회고록은 인쇄된 3,000부 중 500부 정도만 팔리면서 실패로 끝났다. 동혁은 회고록 판매로 수익을 전혀 내지 못했다.

"사람들은 관심이 별로 없습니다. …… 북한 인권 문제에 대한 한국 사회의 무관심은 끔찍할 지경이지요."[2]

북한인권정보센터 김상헌 소장이 책이 출판된 이후 미국 신문 〈크리스천 사이언스 모니터 Christian Science Monitor〉와의 인터뷰에서 밝혔다.

그러나 한국 대중이 시큰둥한 반응을 보인 북한 강제 수용소 생존자는 신동혁이 처음은 아니다.

강철환과 그의 가족은 15호 수용소에서 10년을 복역한 후 '교화되었다.'는 판정을 받고 1987년에 풀려났다. 그러나 피에르 리굴로(Pierre Rigoulot) 기자가 기사로 쓰고, 2000년에 불어로 처음 출판되었던 그의 비통한 이야기는, 《The Aquariums of Pyongyang》(한국어 판 제목은 수용소의 노래)이라는 제목으로 영어로 번역되어 조지 W. 부시(George W. Bush) 대통령 책상 위에 올라갈 때까지 한국에서는 거의 주목받지 못했다. 부시 대통령은 강철환을 백악관으로 불러 북한에 관해 이야기를 나누고, 나중에 그 책을 두고 "대통령 재임 중에 읽은 가장 영향력 있는 책"이라고 표현했다.[3]

"저는 이 나라를 비판적인 눈으로 보려는 것은 아닙니다. 하지만 제가 보기에 북한에 진정 관심이 있는 남한 사람은 전체 인구의 0.001퍼센트 밖에 안 됩니다. 남한 사람들의 삶의 방식에서는 국경 너머에 대해 생각할 겨를이 없습니다. 생각해 보았자 아무런 이득도 없지요."

우리가 처음 만난 날 신동혁이 내게 말했다.

북한에 대한 한국의 관심 부족을 약간 과장해 표현하기는 했지만 그의 말도 일리가 있다. 한국은 국내와 해외 인권 단체들 모두 당혹스러워하는 사각지대이다. 북한 강제 수용소 내부에 잔혹 행위가 지속되고 있다는 압도적 증거는 한국 대중을 거의 자극하지 못했다. 대한변호사협회는 다음과 같이 언급했다. "형제애의 덕을 공공연하게 드러내는 한국 사람들은 이해할 수 없게도 무관심의 깊은 수렁에 빠져 있다."[4]

한국에서 이명박 대통령이 당선되었던 2007년 대통령 선거 당시, 북한 문제를 주요 쟁점으로 규정한 사람은 전체 유권자의 3퍼센트밖에 안 된다. 여론 조사에서 유권자들은 돈을 더 많이 버는 것이 주된 관심사라고 답했다.

돈 버는 일과 관련해서 북한은 순전히 시간을 낭비하고 있다. 남한 경제 규모는 북한 경제보다 38배 크다. 남한과 북한의 국제 무역량은 224배나 차이 난다.[5]

그렇다고는 해도 북한의 주기적인 무력 도발은 남한 국민의 분노를 분출시킨다. 특히 2010년에 북한의 기습 공격으로 천안함이 침몰하고 한국 해군 46명이 숨졌을 때에는 한국 국민의 분노가 극에 달했다. 또한 북한은 남한의 작은 섬 연평도에 포탄을 쏟아 부어 네 명의 목숨을 앗아 갔다. 그러나 북한을 응징하겠다는 한국인들의 마음은 금세 시들해지는 경향이 있다.

국제 조사단이 북한의 어뢰가 천안함을 침몰시켰음을 확인한 후 한국의 유권자들은 "그 대가를 치러야 할 것"이라고 말한 이명박 대통령에 대한 지지를 거부했다. 미국을 아프가니스탄, 이라크 등과의 전쟁으로 몰아간 '9·11 효과'의 한국판은 없었다. 대신 여당이 지방 선거에서 받은 영향은, 한국 국민은 북한을 훈계하는 것보다 평화를 보전하고 생활 수준을 지키는 데 더 관심을 둔다는 사실을 보여 주었다.

"열전이든 냉전이든 일단 전쟁이 일어나면 승자는 없습니다. 우리나라는 북한보다 부유하고 강합니다. 대립을 넘어서는 이성을 활용해야 합니다."

27세 의류 유통 업자 임승렬이 말했다.

한국인들은 양국을 갈라놓은 비무장지대에서 100킬로미터 이내에 군 화력의 80퍼센트를 배치했으며, 휴전선에서 고작 50여 킬로미터 떨어진 서울을 "불바다"로 만들어 버리겠다고 지속적으로 위협하는 북한에 대해 이성적으로 대처법을 바꿔 가면서 수십 년을 보내 왔다. 1968년 남한 대통령의 암살을 시도한 무장 공비의 급습을 비롯해 1987년 대한 항공 여객기 폭파, 1996년 실패한 잠수함 특수 부대 침투, 2010년 천안함 침몰과 연평도 포격까지, 유혈이 낭자한 북한의 기습 공격은 10년에서 15년마다 되풀이되는 식이었다.

그런 공격이 남한 국민 수백 명의 목숨을 빼앗았지만 유권자들을 정부에 대규모 반격을 촉구하고 나서도록 만들지는 않았다. 아시아에서 네 번째, 전 세계에서는 열한 번째로 경제 규모가 커진 국가에서 평균적인 남한 국민이 더 부유하고, 더 많이 교육받고, 더 좋은 집에서 살게 된 결과를 저지하지도 못했다.

한국인들은 독일의 통일 비용에 주목했다. 일부 연구에 따르면 남한이 지게 될 부담의 비율은 서독이 동독을 흡수 통일했을 때보다 2.5배 높다. 연구 결과는 30년 동안 2조 달러 이상이 들며, 향후 60년 동안 세금 부담이 늘어나고, 가까운 미래에 남한 국내 총생산의 10퍼센트가 북한에 쓰일 것이라고 밝혔다.

 남한 사람들은 북한과의 통일을 원하지만 지금 당장 통일되기를 바라지는 않는다. 자신의 일생 동안에는 통일이 되지 않으면 좋겠다고 생각하는 사람도 상당수다. 그 주된 이유는 통일 비용이 받아들이기 어려울 정도로 높기 때문이다.

 신동혁을 비롯한 많은 탈북자들은 한국 사람들이 자신들을 좋은 가치는 별로 없고 문제가 더 많은 나라에서 온, 못 배우고, 평판 나쁘며, 차림이 남루한 시골뜨기로 생각한다며 일리 있는 불평을 늘어놓는다.

 한국 사회가 탈북자들이 적응하기 어려운 곳이라는 증거는 충분하다. 한국에서 탈북자의 실업률은 전체 평균 실업률보다 4배나 높다. 탈북자의 자살률은 평균 자살률의 2.5배 이상이다.

 그러나 한국인들 스스로도 성공에 집착하며, 지위를 의식하고, 교육에 목매는 문화에 맞춰 살기 위해 발버둥 친다. 동혁은 업무량이 과도하고, 불안정하며, 스트레스가 많은 한국 사회에서 자리를 잡고 살아보려 시도했다. 부유한 34개 회원국의 지속적인 경제 성장을 도모하는 경제협력개발기구(OECD, Organization for Economic Cooperation and Development)에 따르면, 한국인들은 다른 나라 사람들에 비해 더 많이 일하고, 조금 자며, 한국인의 자살률이 OECD 국가 중에서 가장 높다.

 또한 상대의 기를 죽이는 비판적인 눈으로 서로를 주시한다. 대개는,

들어가기 힘든 몇몇 대학에 들어가거나 삼성, 현대, 엘지 같은 보수가 많은 일류 대기업에 취직했을 때에나 자부심을 갖는다.

"우리 사회는 용서받기 어렵고, 가차 없으며, 경쟁이 끊이지 않습니다. …… 젊은이들은 '스펙'이라고 부르는 적당한 자격 조건을 갖추지 못하면 비관적인 생각에 빠집니다. 세상에 첫 걸음을 내딛기 힘들다고 믿는 것이죠. 초등학교 4학년 즈음이면 공부를 잘해야 한다는 압박감이 들기 시작해서, 믿기실지 모르겠지만 중학교 1학년에 이르면 학생들에게는 공부가 전부가 됩니다."

고려대학교 국제학부 김은기 교수가 말했다.

이렇게 '좋은 스펙' 쌓기 경쟁으로 교육에 소요되는 비용이 지나치게 높아졌다. 한국은 개인 과외, 입시 준비, 국내와 해외에서의 영어 학습 등 사교육에 들이는 1인당 비용이 부유한 국가들 중에서 가장 높다. 초등학교에서 고등학교 학생까지 5명 중 4명이 방과 후에 학원 수업을 듣는다. 국내 총생산의 약 6퍼센트가 교육에 쓰이는데, 이 비율은 미국, 일본, 영국의 두 배 이상이다.

한국의 업적 달성에 대한 집착은 깜짝 놀랄 만한 결과를 안겨 주었다. 국제 경제학자들은 자유 시장과 민주주의 정부, 그리고 피땀 흘린 노동이 작고 후미진 농업 후진국을 세계적인 실세로 바꾸어 놓은 가장 인상적인 예로 한국을 드는 경우가 많다.

그러나 갑작스럽게 증가한 인적 손실은 믿기 힘들 정도이다.

대부분의 부유한 나라들에서는 자살률이 1980년대 초에 최고를 기록했지만 한국에서는 2000년 이후 자살률이 두 배로 늘면서 계속해서 높아지고 있다. 한국의 2008년 자살률은 미국보다 2.5배나 높고, 자살이 문화 속에 깊이 배어 있는 일본보다도 상당히 높다. 야망, 부유함, 가족 붕괴, 외로움 등으로 더욱 악화되어 일종의 전염병처럼 널리 퍼지는 듯하다.

"사람들은 우울감에 빠져도 도움을 구하려 하지 않습니다. 미친 사람처럼 보이지 않을까 상당히 두려워하지요. …… 이는 빠른 성장의 어두운 측면입니다."

서울대학교 의과대학 정신과 의사이자 한국자살예방협회장인 하규섭이 말했다.

풍족함의 스트레스가 신동혁과 같은 탈북자에 대한 한국 사람들의 무관심을 설명하는 데 많은 도움이 되기는 하지만 그 외에도 중요한 요소가 있다. 바로 북한 옆에서 사는 위험을 대비하는 방법에 대한 국민 의견 대립이다.

정치 바람이 부는 방향에 따라 한국의 국민들과 정부는 대북 관계에서 회유하거나 대치하는 양극 사이를 왔다 갔다 했다.

2008년에 취임한 이명박 대통령과 집권당은 거의 모든 원조를 중단하고, 핵 폐기와 인권 문제에 진전을 보여야만 협력하겠다는 조건을 내걸면서 북한에 대해 경직된 태도를 보였다. 이 정책으로 미사일 발사, 남북 경협 동결, 국경 지역의 총격, 북한의 주기적인 '전면전' 위협 등으로 이후 몇 년이 조마조마하게 지나갔다.

    한국은 이명박 대통령 이전에는 거의 정반대의 접근법을 취했다. '햇볕정책'의 일환으로 김대중 대통령과 노무현 대통령은 김정일과 평양에서 정상 회담을 열었으며 엄청난 양의 식량과 비료 지원을 승인했고 관대한 경제 거래에 합의했다. 이 정책은 강제 수용소의 존재에 대해 거의 무시했으며, 북한이 원조 물자를 유용하는지 확인하려고 시도하지도 않았다. 그러나 이 정책으로 김대중 대통령은 노벨 평화상을 받았다.

    북한을 어떻게 대할 것인가에 관한 남한의 분열은 가끔 남북한 군사 분계선 근방에서 행동으로 표출된다. 그곳에서 탈북자들은 김정일의 심기를 건드리는 메시지를 담은 풍선을 고향으로 띄워 보낸다. 전단지에는 김정일이 값비싼 수입 포도주를 마시며, 남의 여자를 꾀어내는 바람둥이이며, 살인자, 노예 소유자, 그리고 '악마'로 묘사된다.

    대북 전단 살포 현장에는 김정일 정부에 위험을 주지 않는 관계만이 허가받은 유일한 정책이라고 주장하며 화를 내는 통일주의자와 대학 지식인들도 있었다. 현장에 있었던 나는 경찰이 탈북자 단체인 '자유북한운동연합'의 박상학 대표를 보호하려고 애쓰는 모습을 지켜보았다.

    실랑이가 채 끝나기 전에, 박상학은 시위에 반대하던 사람의 머리를 정확히 발로 찼는데, 마치 야구 방망이로 야구공을 내려치는 듯한 강타였다. 박상학은 다른 여러 사람들에게 침을 뱉었다. 또 외투에서 가스총을 꺼내서 경찰에게 뺏기기 전에 공중에 발사했다. 그는 북한에 대항하는 전단지를 담은 가방 대부분을 반대자들이 찢어 버리는 것을 막지는 못했다.

결국 박상학의 단체는 풍선 열 개중 하나만 가까스로 띄웠고, 수천수만 장의 전단지는 바닥에 쏟아졌다.

신동혁과 나는 대북 전단 살포가 실패로 끝난 바로 다음 날에 처음 만났다. 동혁은 그 현장에 참석하지 않았다. 거리에서의 대립은 그와는 어울리지 않았다. 동혁은 아돌프 히틀러의 '제3제국'이 무너지기 전에 숨기려 했던 땅속 시체들을 불도저가 발굴하는 장면이 나오는, 나치 강제 수용소 해방에 관한 오래된 영화를 보았다.

"북한이 수용소를 없애기로 결정하는 건 앞으로 시간문제입니다. 북한 정부가 수용소에 있는 사람들을 죽이지 않도록 미국이 북한 정부를 압박하고 설득할 수 있기를 바랍니다." 신동혁이 말했다.

동혁은 한국에서 어떻게 공과금을 내고, 생계를 유지하고, 여자 친구를 사귈지는 알지 못했다. 그러나 그는 남은 생애 동안 하고 싶은 일을 결정했다. 인권 운동가가 되어 강제 수용소의 존재에 대한 국제적 인식을 높이기로 결심했다.

그런 목적에서 신동혁은 한국을 떠나 미국으로 갔다. 그는 자신의 첫 미국 여행을 후원했던 비영리 단체 링크의 제의를 받아들였다. 동혁은 캘리포니아 남부로 이주했다.

23
미국에서

시원한 늦여름 저녁, 로스앤젤레스 교외 해안에서 신동혁은 재미 한인 10대들로 구성된 몇몇 관객들 앞에 섰다. 붉은 티셔츠와 청바지를 입고 샌들을 신은 그는 편안해 보였고, 접이식 의자에 앉아 자신을 주목하고 있는 아이들을 향해 다정하게 웃었다. 이날 그는 토런스 제일교회에 특별 연사로 참석했다. 이야기 주제는 대중 앞에서 늘 해 왔듯, 14호 수용소에서의 생활이었다.

후원 단체 링크는 적당한 강연 내용을 준비해 두라고 내내 조언하면서 1년이 넘도록 신동혁을 이런 종류의 행사에 파견했다. 그들은 동혁이 생동감 있게 구성된, 강력하게 감정이 전달되는 강연을 가능하면 영어로 전달하기를 바랐다. 그래서 유일무이한 그의 이야기가 미국 청중의 마음을 흔들고, 자원봉사자를 이끌어 내고, 나아가 북한 인권 운동을 위한 기금을 모금하게 되기를 기대했다.

링크의 한 운영진이 내게 이렇게 말했다.

"신동혁은 우리와 우리가 벌이는 운동에 엄청나게 소중한 재산입니다. 우리는 그에게 '당신이 북한의 얼굴이 될 수 있다.'고 말합니다."

그러나 동혁은 확신하지 못했다.

그날 저녁 토런스에서 동혁은 아무 준비도 없이 나왔다. 링크 직원이 동혁을 소개하고, 동혁이 한국어로 인사한 다음, 통역을 통해서 궁금한 점이 없는지 물었다. 한 여자아이가 어떻게 탈출했는지 설명해 달라고 묻자, 동혁은 괴로운 표정을 지었다.

"아주 사적이고 민감한 문제입니다. 가능하면 그에 대해 이야기하지 않으려고 합니다."

동혁은 주저하며 탈출에 대해 짧게, 개략적으로, 말하기 싫은 부분은 전부 생략한 채, 게다가 그의 삶의 세부적인 부분에 대한 지식이 전혀 없는 사람은 거의 이해할 수 없는 이야기를 했다.

"아주 가슴 아픈 이야기입니다. 여러분을 우울하게 만들고 싶지 않습니다." 15분 만에 강연을 마무리하며 동혁이 말했다.

그는 청중을 지루하고 당황하게 만들었다. (신동혁이 누구이고 북한에서 어떤 일을 했는지 착각한 것이 분명한) 한 남자아이가 마지막 질문을 던졌다. 북한 군인의 생활은 어떠한가를 묻는 질문이었다. 동혁은 자기는 인민군에 들어간 적이 없다며 아이의 실수를 바로잡았다. 그리고 말했다. "저는 그럴 만한 가치가 없었습니다."

교회에서 그의 강연 모습을 본 후에 나는, 수용소에서 있었던 일을 대중 앞에서 이야기하기가 그렇게 어려우면 도대체 왜 인권 탄압의 증인이 되고 싶은 것인지, 또 청중을 화나게 만들 수 있는 부분은 왜 빼고 이야기하는지, 동혁에게 다그쳐 물었다.

"내가 겪은 일은 나 혼자만의 일입니다. 사람들 대부분은 내가 무슨 이야기를 하는지 거의 알지 못할 겁니다." 눈을 마주치지 않으면서 그가 대답했다.

어머니가 교수형당하는 모습이 나오는 악몽이 끊이지 않았다. 링크 자원봉사자들과 함께 지내는 토런스의 공동 주택에서 동혁은 비명을 지르며 잠에서 깼다. 그는 로스앤젤레스에서 한국어를 하는 정신과 의사에게 무료 진료를 받을 수 있었으나 거부했다. 고등학교 졸업에 해당하는 학위 취득이 가능한 수업에 등록하지 않겠다고 사양했다. 대학 입학도 고려하지 않겠다고 했다.

나와 주중 내내 면담을 하는 동안 몇 번이나 신동혁은 자신 안에 '죽은 공간'이 있어서 어떤 감정도 잘 느낄 수가 없다고 말했다. 그는 가끔은 다른 사람이 어떻게 반응하는지 보려고 때로는 행복한 척한다고 말했다. 그보다는 아무런 노력도 하지 않는 때가 더 많았다.

미국에서의 삶에 적응하기는 쉽지 않았다.

2009년 봄 캘리포니아에 도착한 직후 신동혁은 심각한 두통을 반복적으로 앓기 시작했다. 링크의 동료는 외상 후 스트레스 장애가 아닌지 걱정했다. 그러나 치아가 걷잡을 수 없이 썩으면서 생긴 두통으로 밝혀졌다. 치과 의사에게 치아 근관 수술을 받았다. 두통이 사라졌다.

그런 빠른 회복은 이례적인 일이었다.

미국에서든 한국에서든 신동혁이 수용소 밖의 삶에 적응하는 데 빠르고 쉬운 방법이란 없다. 그리고 앞으로도 없을 것이다. 그의 친구들이 내게 충분히 알려 주었고, 동혁도 같은 말을 했다.

"신동혁은 여전히 죄수입니다. …… 수용소에서 사람들이 고생하고 있는데 그가 자신의 삶을 즐길 수는 없습니다. 그는 행복이 이기적인 마음이라고 생각합니다."

링크의 운영을 도왔으며 한동안 동혁의 가장 가까운 친구로 지낸 재미 한인 앤디 김이 말했다.

앤디와 동혁은 비슷한 또래였고 토런스 인더스트리얼 파크의 링크 사무실에서 멀지 않은 스트립 몰(번화가에 상점과 식당들이 일렬로 늘어서 있는 곳_옮긴이)에 있는 값싼 멕시코 음식점에서 종종 함께 점심을 먹었다. 동혁은 음식에 열정을 보였으며 한국 음식점이나 멕시코 음식점에서 가장 말을 많이 했다. 몇 달 동안 앤디는 일주일에 한 번씩 동혁을 만나 미국에서 어떻게 적응하고 생활해 나가는지 약 한 시간동안 이야기를 나누었다.

여러 가지 긍정적인 조짐이 보였다. 동혁은 사무실에서 수다스럽고 장난스러워졌다. 링크 사무실에 난데없이 나타나 직원들에게 "사랑합니다."라고 말해서 앤디를 비롯한 직원들에게 큰 감동을 주었다. 그러나 동혁은 대개 충고를 잘 받아들이지 않았으며, 건설적인 비판과 개인적인 배신을 구별하는 데 어려움을 겪었다. 돈 관리에는 발전이 거의 없어서, 저녁 식사나 친구들 비행기 표 값으로 자신이 감당하지 못할 만큼 돈을 써 버리기도 했다. 앤디 앞에서 눈물을 펑펑 쏟으며 자신은 쓸모없는 쓰레기라고 말하기도 했다.

"신동혁은 때로는 새롭게 바뀐 자신의 눈으로 자기를 바라보고, 또 때로는 수용소 간수의 눈으로 자신을 바라봅니다. 이랬다가 또 저랬다가 하지요."

앤디가 말했다.

내가 동혁에게 정말 그런지 묻자 동혁은 고개를 끄덕이며 수긍했다.

"저는 동물 같은 존재에서 발전하고 있습니다. 그러나 아주아주, 천천히 변해 갑니다. 가끔은, 어떤 느낌이 들까 싶어서, 다른 사람들처럼 울고 웃어 보려고 애씁니다. 하지만 눈물이 나오지 않습니다. 웃음이 나오지 않습니다."

동혁의 행동은 전 세계에 걸친 강제 수용소에서 살아남은 생존자를 연구한 결과와 일치한다. 수용소 생존자들은, 하버드 정신의학과 교수 주디스 루이스 허먼(Judith Lewis Herman)이 '오염된 주체성'이라고 부르는 증상을 경험한다.

"전통적인 외상후 증후군 외에도 신, 다른 사람들, 그리고 자신과의 관계에서 엄청난 변화를 겪는다."

허먼이 정치적인 테러의 심리적 영향을 조사한 책《정신적 외상과 회복Trauma and Recovery》에서 이렇게 밝혔다. 책에 따르면 생존자 대부분은 '수치심, 자기 경멸, 실패감'에 사로잡혔다.[1]

신동혁이 캘리포니아에 도착하고 얼마 후 한국 출신 김정근 목사의 부인 정경순이 동혁에게 밥을 해 먹이고 보살피며 미국 생활 적응 과정을 가까이에서 살폈다. 동혁이 처음으로 집에 저녁을 먹으러 왔을 때 그녀는 달려 나가 안아 주려고 했다. 동혁은 안기지 않으려고 했다. 동혁은 다른 사람의 몸이 닿는 것을 거북해했다.

정경순 사모의 음식이 맛있기 때문이기도 했지만 어쨌든 동혁은 계속해서 저녁을 먹으러 왔다. 동혁은 사모의 20대 자녀와 친해졌다. 큰딸 유니스는 동혁과 서울에서도 만난 적 있는 인권 운동가이며, 둘째 아들 데이비드는 예일대학교를 갓 졸업했으며 역시 인권 문제에 관심이 많다. 많은 북한 이민자들과 친하게 지내는 이 가족은 토런스에서 동쪽으로 약 100킬로미터 거리에 있는 도시 리버사이드에 산다. 김정근 목사와 정경순 사모는 '아이비 글로벌 미션(Ivy Global Mission)'이라는 이름의 작은 기독교 단체를 이끌고 있다.

신동혁은 이들의 모습에서 열려 있고, 따뜻하며, 화목한 한국인 가족을 찾았다. 서로를 아끼는 마음이 너무 강해 약간은 당황스러웠지만 한편으로는 부러웠다. 근 2년 동안 동혁은 격주마다 토요일 저녁을 함께하고 일요일에 함께 교회에 갔다.

영어를 그다지 잘하지 못하는 사모는 동혁을 큰아들이라고 부르기 시작했다. 동혁은 포옹을 받아들이고, 함께 안았다. 사모가 냉동 요구르트를 좋아한다는 사실을 알고 저녁을 먹으러 갈 때면 슈퍼마켓에 들러 냉동 요구르트를 사 가지고 갔다. 그녀는 "며느릿감은 언제 데려올 거야?"라며 장난스럽게 말했다. 신동혁은 사모에게 살이 빠진 것 같다거나 젊어 보인다며 듣기 좋은 빈말을 하기도 했다. 둘은 몇 시간이고 이야기를 나누었다.

"왜 저에게 이렇게 잘 대해 주시는 거지요? 제가 한 짓을 잘 아시지 않습니까?" 한번은 동혁이 어두운 표정으로 정경순 사모에게 물었다.

동혁은 사모에게 자기 자신이 역겹고, 어머니의 죽음에 대한 꿈에서 헤어나기 힘들며, 아버지를 수용소에 두고 나온 자신을 용서하기 어렵고, 박영철의 몸 위를 기어 나온 자신을 증오한다고 이야기했다. 북한에서 도망 다니는 동안 가난한 북한 주민의 쌀과 옷을 훔친 자신이 부끄럽다고도 말했다.

정경순 사모는 동혁의 죄책감에는 끝이 없으리라 생각했다. 그러나 그녀는 동혁이 양심이 강하고 마음이 선량한 청년이라고 동혁에게 자주 말해 주었다. 그리고 동혁이 다른 북한 주민들에 비해 유리한 면이 있는데, 동혁은 김씨 정권을 둘러싼 정치 선전이나 우상화에 오염되지 않았다는 점이다.

"신동혁에게는 어떤 순수함이 느껴집니다. 세뇌를 당했던 적이 전혀 없지요."

정경순 사모가 말했다.

목사 자녀들도 신동혁이 캘리포니아에서 몇 년을 지낸 후 자신감과 사회성이 눈에 띄게 좋아졌다고 말한다. 부끄러움을 덜 타고, 웃음을 금세 보이고, 포옹하기를 즐기는 성격이 되었다. 동혁은 캘리포니아에서 나를 만났을 때, 인터뷰 전후에 나에게도 포옹을 해 주었다.

"신동혁은 예전에 제 교회 친구들을 만나는 걸 부끄러워했지요. 하지만 이제는 농담도 할 줄 압니다. 소리 내 웃기도 하고요."

유니스가 말했다.

데이비드도 동의한다.

"신동혁은 남에게 진심으로 공감을 표시합니다. 이런 행동을 사랑이라고 부른다면, 동혁의 마음속에 사랑이 상당히 많이 자리할 겁니다."

자신에 대한 신동혁 스스로의 평가는 그만큼 낙관적이지는 못하다.

"좋은 사람들에 둘러싸여 있기 때문에 좋은 사람들의 행동을 따라하려고 노력합니다. 그렇지만 아주 힘이 듭니다. 제 안에서 자연스럽게 흘러나오지는 않습니다."

캘리포니아에 온 이후 신동혁은 14호 수용소에서 탈출하고 북한과 중국을 빠져나온 행운을 모두 하나님의 은혜로 돌리기 시작했다. 최근 동혁의 마음속에 자라기 시작한 기독교적 신앙은, 인생의 시간 흐름과 일치하지는 않는다. 어머니, 형, 박영철을 잃을 때까지는 하나님에 대해 들어 보지 못했다. 하나님이 간수들의 앙갚음으로부터 아버지를 지켜 주지도 않았으리라 생각한다.

14호 수용소 내에 있을 때 죄의식은 신동혁과 전혀 관계없는 문제였다. 청소년기의 동혁은 어머니가 자기를 때리고, 위험한 탈출을 시도하려 하고, 고문당하도록 만든 것에 몹시 화가 나 있었다. 어머니가 처형되었을 때 동혁은 비통하지 않았다. 그러나 성인이 되어 수용소와의 감정적인 거리가 멀어지면서 분노는 죄의식과 자기혐오로 바뀌었다.

"이런 감정들이 서서히 내 안에서 생겨나기 시작했습니다."

동혁은 다정한 가족이 어떻게 행동하는지 직접 눈으로 보고 나서는, 한때 자기가 어떤 아들이었는지에 대한 기억을 받아들이기 힘들었다.

신동혁은 행사에서 대중 앞에서 강연을 하며 링크의 자원봉사자로 일하기로 하고 토런스에 왔다. 링크는 숙소와 생활비를 제공하지만 월급은 따로 없다. 링크의 도움으로 동혁은 한 번에 최대 6개월까지 미국에 체류할 수 있는 10년짜리 복수 비자를 받았다.

미국 이민법이 북한 난민을 특별히 배려하고 있으며, 정치범 수용소에서 태어나고 자란 희생자로서의 특수한 상황 덕에 신동혁은 미국 영주권을 취득할 기회가 충분했다. 그러나 동혁은 영주권을 신청하지 않았다. 어디에서 살고 싶은지 결정하지 못했다.

무엇에 전념하기도 힘들었다. 동혁은 토런스에서 영어 어학연수 과정에 등록했지만 3개월 뒤 그만두었다. 그는 대부분의 시간을 링크 사무실에서 인터넷으로 북한 뉴스를 읽고, 한국어를 하는 직원과 이야기를 나누며 보냈다. 가끔은 나서서 바닥을 쓸고, 박스를 정리하고, 가구를 정리했다. 그는 링크의 송한나 대표에게 다른 직원과 똑같이 대해 달라고 말했다. 그러나 할당된 업무에 뿌루퉁해하기도 하고, 폭발하는 분노를 참지 못하기도 했다. 비자 때문에 6개월에 한 번씩 한국으로 돌아가 몇 주씩 보내고 와야 해서 업무에도 지장을 받았다.

링크는 미국으로 건너오도록 도움을 준 북한 사람들이 도착하면 곧 '삶의 계획'을 세우도록 독려한다. '삶의 계획'은 새로 온 사람이 안정적이며 결실 있는 삶을 건설해 나가는 데 도움이 되는, 현실적이며 실현 가능한 목표를 적은 목록으로, 주로 유창한 영어 구사, 직업 훈련, 상담, 자산 관리에 관한 수업 등이 포함된다.

신동혁은 '삶의 계획'을 세우는 것을 거부했으며, 송한나 대표와 링크 직원들은 동혁이 계획을 세우지 않고 지나가도록 허용했다. 송한나 대표가 말했다.

"신동혁의 이야기는 아주 영향력이 큽니다. 동혁은 자신이 예외로 인정받을 자격이 된다고 믿었고, 우리는 그렇게 하도록 허용했습니다. 그는 그저 토런스 여기저기를 배회하고 다녔습니다. 그는 자기가 수용소에서 살아남은 이유가 무엇인지 이해하고자 합니다. 제 생각에는 아직도 알아내지 못한 듯합니다."

한반도 이외의 지역 중에서 로스앤젤레스 만큼 다른 나라 말을 배우지 않고도 편히 지낼 수 있는 곳은 없을 것이다. 로스앤젤레스와 그 주위 도시에는 한인 30만 명 이상이 정착해 산다.

토런스와 인근 도시에서 신동혁은 한국어로 식사를 주문하고, 쇼핑하고, 일하고, 예배할 수 있었다. 그는 햄버거나 멕시코 요리를 주문하고, 룸메이트들과 야구나 날씨 이야기를 나눌 정도의 영어를 배웠다.

그는 대학생 연령대의 자원봉사자와 인턴 열여섯 명이 들고 나는, 링크에서 마련한 방 네 개짜리 단층집에서 지내며 2층 침대에서 잠을 잤다. 내가 방문했던 날, 부엌에 있는 식기 세척기에는 "열지 마시오. 고장 났으며 고약한 냄새가 남."이라는 문구가 붙어 있었다. 가구는 낡아 빠졌으며, 카페트는 색이 다 바랬고, 현관 앞 넓은 베란다에는 쓰레기, 운동화, 샌들, 슬리퍼가 어지럽게 널려 있었다. 신동혁은 비좁은 침실을 다른 세 명의 링크 자원봉사자와 함께 썼다.

거의 혼돈 상태의 기숙사 같은 분위기가 그에게 잘 맞았다. 같이 사는 미국 태생 친구들은 가끔은 소란스럽고, 한국어를 거의 하지 못했으며, 집에 잘 붙어 있지 않았지만, 동혁은 혼자 살기보다 잠깐씩이나마 에너지 넘치는 그런 분위기가 좋았다. 14호 수용소에서 단체로 생활했던 영향이 남아서였다. 잘 모르는 사람일지언정 여러 사람에 둘러싸여 있을 때 잠도 더 잘 자고 음식도 더 맛있게 먹었다. 숙소에서 잠이 잘 안 오거나 악몽 때문에 잠에서 깨면 2층 침대에서 나와 수용소에서처럼 맨 바닥에 이불을 깔고 잤다.

동혁은 사무실까지 자전거를 타고 다녔다. 햇볕이 흠뻑 내리쬐고, 산업 시설이 많은 교외 지역이며, 다양한 문화가 뒤죽박죽된 토런스를 관통해 20분 정도면 도착하는 편한 출퇴근길이었다. 로스앤젤레스 시내에서 남서쪽으로 약 30킬로미터 떨어진 토런스에는 멋진 산타모니카 해변이 있는데 동혁은 그곳으로 가끔씩 산책을 다녔다. 토런스의 넓은 도로는, 워싱턴 내셔널 몰의 디자인을 도운 프레드릭 로 옴스테드 주니어(Frederick Law Olmsted Jr.)가 100년 전에 설계하였다. 지중해풍을 부활시킨 토런스 고등학교 건물 정면은 텔레비전 드라마 '비버리힐즈의 아이들'과 '뱀파이어 해결사'의 배경이기도 했다. 또한 토런스에는 캘리포니아 남부에서 소모되는 휘발유의 상당 부분을 생산하는 엑손모빌 정유 공장이 있다. 단체 숙소 주택으로 옮기기 전까지 신동혁은 토런스에서 지내는 첫해 대부분을 링크에서 빌린, '코노코필립스–토런스 석유 탱크 집합지'라는 이름의 석유 저장 창고 근처에 있는, 낡고 사람들로 넘쳐 나는 방 세 개짜리 아파트에서 지냈다.

링크는 임대료가 저렴한 곳을 찾고, 기초적인 활동 중심으로 역량을 집중하기 위해 워싱턴 D.C.에서 토런스로 사무실을 옮겼다. 한곳에 정주하지 않고 여기저기를 이동해 다녀 '노매드'로 분류되는 젊은 자원봉사자들을 채용하고 수용하기에는 캘리포니아 남부가 제격이라고 판단했기 때문이다. 토런스에서 교육받은 자원봉사자들은 미국 전역을 돌아다니며 강연하고 북한에서의 인권 유린에 대한 인식을 높인다.

신동혁이 캘리포니아에서 맞은 두 번째 여름이 끝나 갈 무렵 새로 들어와 교육받고 있던 노매드 중에 이하림이라는 자원봉사자가 있었다. 그녀는 서울에서 태어나 네 살 때 가족과 함께 미국으로 이주한, 날씬하고 눈에 띄게 예쁘장한 여성이었다.

시애틀 교외 지역에서 고등학교를 다닌 이하림은 워싱턴대학교에서 사회학을 전공하던 2학년 때, 유튜브 동영상에서 동혁을 처음 보았다. 동영상에서 동혁은 캘리포니아 마운틴뷰에 있는 한 강당에서 연설을 하고, 그의 삶에 대해 구글 직원들이 묻는 질문에 답하고 있었다. 하림은 또한 여자 친구를 만들고 싶지만 어떻게 찾아야 할지 잘 모르겠다는 동혁의 말을 인용했던, 내가 동혁에 관해 쓴 〈워싱턴포스트〉의 기사를 읽었다.

영어와 한국어를 구사하는 하림은 한국을 방문해 북한에 관한 일을 다루는 비정부 기구의 통역사로 잠시 일했다. 대학 3년을 다닌 뒤에 그녀는 학교를 그만두고, 정식으로 북한 관련 일에 몸담기로 결심했다. 하림은 인터넷을 통해 링크의 노매드 프로그램을 알게 되었다. 그녀는 링크에 일하러 가기 2주 전에야 비로소 신동혁이 토런스에 살고 있다는 사실을 알게 되었다. 로스앤젤레스까지 가는 비행기에서 동혁에 대한 생각이 그녀 머리에서 떠나지 않았다. 그녀는 동혁을 유명 인사로 여기고, 동혁과 가까워졌으면 좋겠다고 비행기 안에서 기도했다. 토런스에서 하림은 동혁이 자전거를 타고 링크 사무실에 드나드는 모습을 보고, 함께 이야기를 나눌 시간이나 장소를 늘 찾아다녔다. 둘은 금세 서로 좋아하는 사이가 되었다. 동혁은 스물여덟, 하림은 스물셋이었다.

링크에서는 인턴들 대다수가 대학생 연령대이고 부모와 멀리 떨어져 살기 때문에, 인턴들이 북한 난민과 연애하지 못하도록 엄격히 규제한다. 이 규정은 인턴과 북한 난민 모두를 보호하고 노매드 프로그램 운영상의 어려움을 덜기 위해 만들었다.

동혁과 하림은 규정을 무시했다. 하림이 인턴 근무를 마칠 때까지 둘이 만나지 말라는 경고를 받자 동혁과 하림은 화를 냈다. 하림은 인턴을 그만두겠다고 으름장을 놓았다.

"우리는 규칙이 잘못되었다는 우리 의견을 알리기 위해 더 유난스럽게 굴었지요." 하림이 내게 말했다.

신동혁은 경고를 개인적인 모욕으로 받아들였다. 그는 동료 앤디 김이 인턴과 사귄다는 사실을 알고, 자신을 열등한 사람으로 만드는 이중잣대에 불만을 표시했다.

"나에 대해 거의 생각하지 않기 때문입니다. 그 사람들은 제 사생활을 통제할 수 있다고 생각하는 겁니다." 동혁이 말했다.

한국에 다녀오고 나서 몇 달 동안 곱씹어 생각한 뒤 동혁은 링크를 그만두었다. 이런 결정을 내린 것은 단지 하림과 연인 관계가 되었기 때문만은 아니다. 링크의 송한나 대표는 동혁이 책임을 회피하고, 특별 대우를 기대하며, 영어를 배우려는 노력도 거의 하지 않아서 동혁을 미국에서 강연자로 활용하는 데 제약이 따른다며 불만스러워했다. 또 주거 문제와 관련해서 의사소통에 혼선이 있었다. 동혁은 이 문제에 대한 이야기를 링크가 더 이상 살 곳을 제공하지 않는다는 말로 받아들였다. 송한나 대표는 언젠가 때가 되면 동혁이 살 곳을 스스로 찾아야 한다고 이야기했다고 한다.

한계에 이른 상황은 아마도 피할 수 없었을 것이다. 드문 결과는 분명 아니었다. 한국에서는 탈북자들이 학대를 받았다고 주장하며 주기적으로 일을 그만둔다. 정착 지원 센터인 하나원의 취업 상담사는 직장에서의 피해망상, 격렬한 언쟁 끝의 사직, 사라지지 않는 배신감이 탈북자들이 새로운 삶에 적응하면서 겪는 만성적인 문제라고 말한다.

미국에서도 양상은 비슷하다. 한국계 미국인으로 버지니아 주 알렉산드리아에 사는 클리프 리는 최근 몇 년 동안 북한 사람들 여러 명에게 주거를 제공했는데, 그들은 적응 문제에 일정한 패턴이 있었다.

"북한에서 들은 모든 내용이 거짓말이라는 사실을 알기 때문에, 단체에서 말하는 내용은 아무것도 믿지 못해 미국에 와서 큰 어려움을 겪습니다."

그만두겠다는 신동혁의 결정에 송한나 대표는 크게 상심했다. 그녀는 이 일을, 동혁이 처음에 캘리포니아에 도착했을 때 스스로에 대한 책임을 지도록 동혁에게 요구하지 못한 자신의 탓으로 돌렸다. 송한나 대표는 동혁이 앞으로 무엇을 하려고 계획하고 있는지 모른다는 점이 제일 걱정스럽다고 말했다.

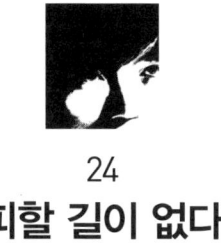

24
피할 길이 없다

    2011년 2월, 링크에 작별을 고한 바로 다음 날, 신동혁은 비행기를 타고 서해안을 따라 올라와 워싱턴 주에 도착했다. 그는 하림과 그녀의 부모가 사는, 시애틀 외곽 캐스케이드 산맥의 서쪽 산자락의 사마미시로 이사했다.

    나는 그의 갑작스런 이주 소식에 놀랐다. 로스앤젤레스에 있는 그의 친구들의 우려처럼, 나 역시 그가 타당한 이유 없이 충동적으로 돌아오지 못할 다리를 건너는 것이 아닌지 걱정되었다. 그러나 체류 장소를 옮김으로써 동혁과의 인터뷰 계획은 확실히 간단해졌다. 마침 내가 워싱턴 주에서 지내고 있었기 때문이다. 도쿄에서 떠나고 〈워싱턴포스트〉를 그만둔 뒤에 나는 이 책을 쓰려고 시애틀로 돌아왔다. 동혁이 나에게 전화를 걸어 엉성한 영어로 자기가 내 이웃이 되었다고 이야기했고, 나는 그를 집으로 불러들여 차를 마셨다.

우리 작업은 거의 끝나 가고 있었고, 동혁은 약속을 지켰다. 그는 과거의 가장 어두운 곳에 나를 들여놓았다. 그러나 나는 무엇인가가 더 필요했다. 그가 앞으로 원하는 것을 조금 더 자세히 알고 싶었다. 동혁이 하림과 나란히 내 거실 소파에 앉자 나는 집에 한번 찾아가도 되겠느냐고 물었다. 하림의 부모님을 만나 보고 싶었다.

동혁과 하림은 예의를 갖추느라 차마 안 된다고는 말하지 못했다. 대신 집이 너무 지저분하다고 했다. 언제가 좋을지 확인해 보아야 하니 나중에 연락을 주겠다고 했다. 동혁은 직접적으로 말은 안했지만 장기간 끌어 온 나와의 인터뷰를 하루 빨리 끝냈으면 한다는 점을 분명히 했다.

동혁과 하림은 '북한 자유 조직망(North Korea Freedom Plexus)'이라는 둘만의 NGO를 설립했다. 자금을 조달하기 위해 기부를 받고 신동혁이 강연을 많이 다닐 생각이었다. 둘이 계획한 야심 찬 임무는 중국으로 넘어가 탈북자를 위한 망명 쉼터를 열고, 반체제 문건을 북한으로 몰래 반입하는 일이다. 목적 달성을 위해 동혁은 중국 국경 지대를 이미 두 번이나 여행했고, 또다시 갈 계획이라고 말했다. 북한 요원들이 중국에서 탈북자를 추적해 데려간다고 알려져 있는데, 납치되거나 체포될 것이 무섭지 않느냐고 묻자 동혁은 한국 여권이라는 보호 수단이 있고, 또 늘 조심한다고 했다. 그러나 중국에는 절대 가지 말라고 경고하는 친구들에게는 만족스러운 답변이 되지 못했다.

2008년 신동혁에 관한 내 첫 글을 읽고 동혁의 미국행 여행 비용을 부담해 주었던 오하이오 주 콜럼버스에 사는 부부 로웰 다이와 린다 다이는 동혁이 링크를 그만두고 시애틀로 거처를 옮겼다는 소식에 낙심하고 걱정했다. 이들 부부와 캘리포니아 리버사이드의 김정근 목사 가족은 새로운 NGO 설립은 위험 부담이 크며, 확실히 자리 잡고 운영 자금도 충분한 조직에서 계속해서 활동하는 편이 훨씬 효율적이라고 동혁에게 조언했다.

동혁은 다이 부부와 가까워졌다. 동혁은 그들을 '부모님'이라고 부르고 그들의 염려를 진지하게 받아들인다. 시애틀로 이사한 뒤에, 동혁은 하림을 시애틀의 집에 놔두고 혼자서 콜럼버스로 가서 부부 집에서 몇 주 동안 머물렀다.

다이 부부는 신동혁이 미래에 대한 계획을 세우는 데 도움을 주고자 했다. 경영 컨설턴트인 로웰은 동혁에게 에이전트, 자금 관리인, 변호사가 필요하다고 생각했다. 그러나 동혁이 시애틀 시간에 맞춰서 아침 늦게까지 잠을 자고, 밤에는 스카이프로 하림과 늦게까지 통화를 하는 등의 이유로, 콜럼버스에 머무르는 동안 로웰과 동혁은 진지한 대화를 나누지 못했다.

"동혁은 진심으로 하림을 사랑한다고 합니다. 동혁은 그 길을 따라가고 있습니다. 하림이 동혁을 행복하게 만들어 준답니다." 로웰이 말했다.

신동혁이 시애틀로 돌아온 뒤 나는 그와 하림을 다시 만났다. 집이 아직 지저분해서 손님을 들이기 어렵다고 해서, 대신 스타벅스에서 커피를 마셨다. 둘이 잘 사귀고 있는지 내가 묻자 하림은 얼굴을 붉히고 미소 지으며 사랑스런 눈으로 동혁을 바라보았다.

동혁은 웃지 않았다.

동혁은 그것에 대해 말하고 싶어 하지 않았다.

나는 결혼은 제쳐 두고라도 자기는 사랑을 하지 못할 것이라고 동혁이 종종 말했던 점을 언급하며, 집요하게 물었다. 마음이 바뀐 것일까?

"다른 무엇보다 우리는 일을 해야 합니다. 그러나 일이 다 끝나면 관계가 진전될 희망이 있지요." 동혁이 말했다.

둘 사이는 오래가지 못했다. 하림의 집으로 옮겨 간 지 6개월 뒤, 둘이 헤어지기로 했다며 동혁이 내게 전화를 걸어 왔다. 이유가 무엇인지는 말하지 않았다. 다음 날 동혁은 오하이오에 있는 다이 부부 집으로 갔다. 그 다음에는 어디로 가야 할지, 한국으로 돌아가야 할지 확실치 않았다.

신동혁이 시애틀에 머물 때, 동혁은 시애틀 북쪽 외곽에 있는 한국계 오순절교회로 나를 초대했다. 그는 교회에서 강연을 하기로 했는데, 내가 와서 듣기로 되어 있어서 특히 더 기대하는 듯했다. 춥고 비 오는 일요일 저녁, 내가 강연 시간 몇 분 전에 교회에 도착하자 동혁이 나를 기다리고 있었다. 그는 두 손을 맞잡고 내게 악수하며 나와 눈을 맞추고는 신도석 앞쪽으로 앉으라고 말했다. 동혁은 이제까지 내가 보아 왔던 중 가장 말쑥한 차림이었다. 회색 정장에 푸른 와이셔츠 맨 위 단추를 풀고, 반짝거리는 검은 구두를 신었다. 교회는 사람들로 가득 찼다.

  찬송가와 목사의 기도가 끝나자 동혁이 앞으로 걸어 나가 모임 시간을 이끌어 갔다. 원고 없이, 긴장하는 기색도 없이, 그는 한 시간 동안 꼬박 앞에 서서 이야기했다. 우선 김정일이 히틀러보다 더하다고 주장하며, 청중으로 온 한국인 이민자와 미국에서 자란 그 자녀들의 마음을 자극하는 말로 강연을 시작했다. 히틀러는 적을 공격했던 데 비해 김정일은 14호 수용소 같은 곳에서 자기 국민을 죽음으로 몰아갔다고 동혁은 말했다.

  그렇게 신도들의 이목을 사로잡은 뒤, 자신은 가족과 친구들을 감시해 고발하고도 회한을 느끼지 않도록 가르치는 수용소에서 자란 포식자라고 소개했다.

  "머릿속에 든 단 하나의 생각은 나의 생존을 위해 다른 사람을 먹잇감으로 삼아야 한다는 점이었습니다."

  수용소에서 여덟 살짜리 동급생이 옥수수 다섯 알을 주머니에 넣어 두었다는 죄로 선생님에게 맞아 죽었을 때도 "그에 대해 별 생각이 없었다."라고 신도들에게 고백했다.

  "저는 동정이나 슬픔에 대해 몰랐습니다. 태어날 때부터 그렇게 가르치기 때문에 정상적인 사람의 감정이 없습니다. 수용소를 나온 지금 저는 감정을 느끼는 법을 배우고 있습니다. 우는 법을 배웠습니다. 조금씩 사람이 되어 가는 기분입니다."

그러나 아직도 갈 길이 멀다는 점을 분명히 밝혔다. "육체적으로는 벗어났지요. 그러나 정신적으로는 아직 벗어나지 못했습니다."

강연이 거의 끝나갈 무렵, 동혁은 검게 그을린 박영철의 몸 위를 어떻게 기어 나왔는지 설명했다. 14호 수용소 탈출의 동기는 고결하지 못했다. 자유나 정치적인 권리를 갈망해서가 아니었다. 그저 고기를 먹고 싶은 마음이 간절했을 뿐이었다.

신동혁의 강연은 놀라웠다. 6개월 전 캘리포니아에서 봤던, 소심하고 말의 앞뒤가 잘 안 맞는 모습과 비교하면 알아보기 힘들 정도였다. 자기 마음을 중독시키고 가족을 죽인 상황을 고발하는 데 자기혐오를 활용했다.

나중에 알게 된 바로는, 그의 고백은 각고의 노력으로 의도한 결과였다. 동혁은 두서없이 진행되는 질문과 답변 시간이 청중을 지루하게 만든다는 사실을 깨달았다. 그래서 몇 년 동안 받아들이지 않았던 충고를 따르기로 결정했다. 강연의 윤곽을 잡고, 청중에 맞게 내용을 조절하고, 발표할 말을 암기했다. 방에서 혼자 연습하며 강연 태도를 다듬었다.

준비한 보람이 있었다. 그날 저녁 청중은 신도석에 앉아 불안, 역겨움, 분노, 충격의 감정을 얼굴에 드러내며 당혹스러워했다. 동혁은 강연을 마치면서, 신도 한 사람 한 사람이 잠자코 있기를 거부하고 일어선다면 북한 강제 수용소에 남아 있는 수천수만 명이 풀려나도록 도울 수 있다고 마무리하자, 교회는 박수와 환호성으로 떠나갈 듯했다.

그 강연에서 신동혁은 삶 전체는 아닐지라도 자신의 과거를 통제할 힘을 거머쥐었다.

후기

신동혁은 미국 생활을 포기하고 2011년에 한국으로 돌아와서 서울에 작은 아파트를 장만했다. 언어, 음식, 소규모 젊은 인권 운동가 단체들과의 친분 덕분에 서울이 더 편했다. 인권 운동가들과 함께 동혁은 최근에 탈북한 사람들을 초대해 북한에서의 삶과 탈출 과정에 관한 이야기를 듣는 주간 인터넷 방송을 시작했다.

테가 멋진 안경을 써서 전위적인 학자 같은 인상이 풍기는 동혁은 유튜브에 영어 자막과 함께 연재되는 동영상 〈인사이드엔케이 InsideNK〉의 공동 진행자가 되었다. 카메라 앞에 앉은 그는 침착하고, 정감 있으며, 호기심을 자아낸다. 프로그램은 동혁에 관한 내용이 아니지만 간간이 내미는 의견에서 정치적 신랄함이 배어 나오는데, 한번은 "북한 독재자들이 목숨을 부지하려면 전 세계 앞에 자신들이 저지른 잔혹함을 인정하고 머리 숙여 사죄해야 한다."라고 말하기도 했다.

《Escape from Camp 14》이 처음 출판되자 많은 기자들이 신동혁을 찾았다. 그들은 동혁의 어머니에 대해 알고 싶어 했다. 왜 어머니를 배신했는가? 왜 그 사실을 감추고 있었나?

동혁은 그런 질문이 나오리라 예상하고 있었다. 그는 최선을 다해 설명했다.

"예전에는 수용소 죄수의 사고방식으로 생각했기 때문에 우정이나 가족 같은 기본적인 것들을 전혀 이해하지 못했습니다."

동혁이 〈월스트리트 저널Wall Street Journal〉의 에번 람스타드(Evan Ramstad)와 신수아에게 답변했다.

"그때를 회상하면 고통스럽지만 그 고통을 진정으로 극복하는 길은 숨겨 두지 않고 있는 그대로를 드러내는 방법뿐입니다. 저는 어머니의 죽음에 대한 책임을 느끼고 제 죄로 받아들이기 시작했습니다. 그리고 어머니는 이미 돌아가셨지만 어머니께 사죄드리고 싶었습니다. 저는 어머니께 용서를 구한다는 생각으로 사실을 고백했습니다."[1]

책이 출간되고 일주일이 지난 뒤 신동혁은 수용소 문제에 관한 국제 컨퍼런스에서 연설하기 위해 워싱턴 D.C.로 갔다.[2] 학자, 언론인, 미국과 한국 정부 관료들이 가득한 세미나실에서 동혁은 어머니를 배반한 인정 없는 자식임을 드러낸 또 다른 이유를 언급했다. 그는 북한이 여전히 14호 수용소 같은 감옥에서 노예 아동을 기르고 세뇌시키고 있으며, 자신과 같은 그런 아이들은 인간의 감정을 전혀 이해하지 못한다는 사실을 전 세계가 알게 되기를 바란다고 말했다. 그 말에 청중은 큰 감동을 받았다.

대중에게 깊이 전달하고자 했던 신동혁의 노력은 그가 욕심껏 바랐던 것보다도 훨씬 성공적이었다. 《Escape from Camp 14》은 국제적인 베스트셀러가 되었으며, 한국어와 중국어를 포함한 21개 언어로 번역되었다. 책을 발췌한 글이 〈가디언 the Guardian〉, 〈월스트리트저널〉, 온라인 〈아틀란틱 Atlantic〉, 〈르몽드 Le Monde〉, 〈슈피겔 Der Spiegel〉에 실렸다. 영국 방송 채널 〈비비시 라디오4 BBC Radio4〉에서는 일주일에 걸쳐 책을 낭독했다. 신동혁은 어떤 때는 일주일에 내내 밀려드는 전 세계의 신문, 라디오, 방송사와의 인터뷰를 감당하며 극도로 힘든 스케줄을 묵묵히 소화했다.

굴욕감도 들고 심신이 지치기도 했지만 신동혁은 이제 북한 강제 노동 수용소의 대표 인물이 되었다. 그의 이름은 주요 인사들에게도 알려졌다. 미국 국무부 장관 힐러리 클린턴(Hillary Clinton)은 미국 홀로코스트 기념박물관 연설에서 신동혁의 이름을 언급하며 "그는 세상의 이목을 북한 상황에 끌어 모음으로써 일생의 업적을 남겼다."라고 말했다.³ 이명박 대통령은 미국 입법자들에게 북한의 인권 유린 문제가 미사일이나 핵무기보다 더 중요하다고 말했다.⁴ 세르비아의 독재자 슬로보단 밀로셰비치 전범 재판에 참여한 검사장은 신동혁의 이야기를 인용하면서 인간성에 반하는 죄를 저지른 북한을 조사하도록 유엔 안전 보장 이사회가 승인해 줄 것을 촉구했다.⁵ 〈이코노미스트*The Economist*〉는 북한 문제를 심각하게 받아들이지 못한 세계와 스스로를 책망했다.

〈이코노미스트〉는 《Escape from Camp 14》이 출간된 직후 사설에 이렇게 썼다.

"아마도 잔혹 행위의 규모가 도덕적 분노를 무감각하게 만드는지 모른다. 외계에서 온 듯한 괴짜가 통치하는 정권이 가하는 고통에 대해 고심하기보다는 그저 글로 풍자하는 편이 확실히 쉽다(우리 이코노미스트도 잘못이 있다). 그렇지만 북한은 살인, 노예화, 주민 강제 이주, 고문, 강간 등 인간다움을 거역하는 거의 모든 범죄를 저지르고 있다."⁶

책이 전 세계 서점에 진열되면서, 신동혁은 이 나라 저 나라를 옮겨 다니며 자기가 수용소에서 무슨 일을 했는지 설명하고, 노예를 기르고 밀고자를 가르치는 수용소가 여전히 운영되고 있다는 사실을 환기시켰다. 거의 매일, 북한이 암살을 시도할까 두렵지 않느냐는 질문을 기자들에게 받았다.

태평스러운 질문은 아니다. 그간 말 많은 탈북자를 암살하기 위해 북한에서 암살 요원을 보낸 사건이 최소 세 건은 있었다. 두 건의 시도는 실패로 끝났지만 이한영은 1997년 서울에서 북한 요원이 쏜 총에 맞아 죽었다고 한국 정부가 발표했다. 그는 김정일 전 부인(두 번째 부인 성혜림. 김정은의 이복형 김정남의 모친_편집자)의 조카였으며, 북한에 대해 솔직하게 직언하는 비평가였다.[7]

《Escape from Camp 14》이 나온 직후 북한은 인권 비평가들을 맹렬하게 비판하고 나섰다. "군과 인민은 미제 앞잡이가 '인권 문제'라는 명목하에 신성한 사회 시스템을 붕괴하려 나서도록 용납할 수 없다."라고 〈조선중앙통신〉이 선언했다.[8] 그리고 탈북자와 인권 운동가에게 앙갚음할 것이라며 위협했다. "감히 북조선 최고 지도자의 권위를 해치는 자는 어디에 있든 안전하지 못할 것이며 무자비한 처벌을 면치 못할 것이다."[9]

안전 문제와 관련해 신동혁은 동요하지 않았다. 그는 겁먹지 않았다.

신동혁은 북한 강제 노동 수용소가 폐쇄되고 모든 죄수들이 풀려날 때까지 14호 수용소에서 있었던 일을 끊임없이 사람들에게 전달하겠다고 말했다.

감
사
의
글

신동혁 군의 용기, 지성, 인내가 없었다면 이 책이 나오지 못했을 것이다. 그는 2년간 두 대륙을 왕래하면서, 시간을 투자해 삶의 아주 세세한 부분까지 털어놓는 고통을 견뎌 냈다.

또한 신동혁에 대해 내게 처음 알려 준 미국의 북한인권위원회 위원 리사 콜라컬시오(Lisa Colacurcio)에게도 감사드린다. 〈이코노미스트〉 기자 케네스 쿠키어(Kenneth Cukier)는 신동혁의 이야기를 영어로 출판해야 한다는 말을 전했고 책을 어떻게 쓸지에 대해 좋은 제안을 해 주었다.

내가 한국어를 하지 못하기 때문에 통역사들에게 많이 의지했다. 서울에 사는 스텔라 김과 제니퍼 조에게 고맙다고 말하고 싶다. 또 서울에서 서윤정과 브라이언 리가 보도를 도왔다. 도쿄에서는 야마모토 아키코(Yamamoto Akiko)가 보도와 세부 계획 짜는 일을 도와주었다. 캘리포니아 남부에서는 데이비드 김이 뛰어난 통역사이자 동혁과 나의 친구로 도움을 주었다. 데이비드는 원고에 조언을 해 주기도 했다.

토런스 링크의 송한나 대표와 앤디 김은 내가 신동혁의 미국 적응 과정을 파악할 수 있도록 도와주었다. 또한 송한나는 신동혁을 위해, 나아가서 나를 위해 여러 문제를 해결하는 데 많은 시간을 할애했다. 이하림도 시애틀에서 내게 도움을 주었다. 오하이오 콜럼버스의 로웰과 린다 다이 부부는 신동혁을 꾸준히 돕고 충고하며 그에게 부모와 같은 존재가 되어 주었다.

북한 내부에서 벌어지는 상황에 대해 조사할 때 도움을 준, 워싱턴 피터슨 국제경제연구소 부소장이자 선임 연구원인 마커스 놀랜드에게 감사드린다. 그는 시간과 전문 지식을 기꺼이 할애해 주었다. 그가 스테판 하거드(Stephan Haggard)와 함께 한 연구가 내게 중요한 자료가 되었다. 또 버지니아 알렉산드리아에 있는 국방분석연구소 연구원 오공단과 나눈 대화는 신동혁과 여러 북한 주민들에게 내가 들은 것을 이해하는 데 도움을 주었다. 그녀가 북한학자인 랄프 하시그(Ralph Hassig)와 함께 쓴 책 역시 매우 유용했다. 서울 국민대학교에서 북한학을 가르치는 안드레이 란코프 역시 뛰어난 의견을 기꺼이 전해 주었다.

지칠 줄 모르는 블로거 조슈아 스탠턴(Joshua Stanton)의 블로그 '하나의 자유 한국(One Free Korea)'과 커티스 멜빈(Curtis Melvin)의 블로그 '북한 경제 동향(North Korean Economy Watch)'은 북한 경제, 지도자, 군대, 정치에 관한 꾸준히 갱신되는 유용한 정보를 제공했다. 또 바버라 데믹의 훌륭한 저서 《부러울 게 없다》를 통해 평범한 북한 주민의 사고방식을 엿볼 수 있었다.

서울에 있는 북한인권정보센터에 특별한 감사의 인사를 전하고 싶다. 이 단체에서는 신동혁의 회고록을 출판했는데, 관대하게도 동혁이 나와 협력하도록 격려해 주었다. 또 대한변호사협회에서 출간한 《2008 북한인권백서》 역시 귀중한 자료가 되었다.

외부인들에게 수용소의 존재와 실태를 알린 가장 중요한 인물인 《감춰진 강제 노동 수용소: 북한의 강제 노동 수용소 고발》의 저자 데이비드 호크는 전문 지식과 연구 내용을 내게 전달해 주었다. 북한 인권에 관한 전 세계적인 운동을 이끈 수잰 숄티에게도 감사를 전한다. 시애틀에서 블레이즈 아궤라 이 아카스(Blaise Aguera y Arcas)는 서술 기법에 대한 예리한 제안을, 샘 하우 베르호벡(Sam Howe Verhovek)은 보도에 관련된 조언을 해 주었다.

출판 에이전트 라파엘 사갈린(Raphael Sagalyn)은 전문가다운 솜씨로

이 책을 탄생시켰다. 바이킹출판사 편집자 캐서린 코트(Kathryn Court) 와 보조 편집자 타라 싱(Tara Singh)은 이 프로젝트를 맡아 조언을 아끼지 않았으며 원고를 상당 부분 개선시켰다.

나를 아시아로 보냈던 〈워싱턴포스트〉의 외신 담당 편집자 데이비드 호프먼(David Hoffman)은 북한을 심도 있게 취재해 보라고 권했다. 내가 주저할 때 강하게 밀어붙였고, 내가 힘겨워할 때는 격려해 주었다. 〈포스트〉의 편집자 더그 젤(Doug Jehl)과 케빈 설리반(Kevin Sullivan)은 많은 것을 요구하는 한편 많이 도와주기도 했다. 〈워싱턴포스트〉 회장인 도널드 E. 그레이엄은 북한을 놀랍도록 면밀히 주시했으며, 내가 북한 관련한 흥미로운 기사를 쓰게 되면 늘 내게 연락해 주었다.

마지막으로 내 아내 제시카 코왈(Jessica Kowal)은 이 책을 쓰는 데 주요한 역할을 했다. 책을 읽고 다듬어 주었으며, 동혁의 이야기를 전하는 일이 내가 할 수 있는 최고의 작업이라는 확신을 심어 주었다. 내 아이들 루신다(Lucinda)와 아르노(Arno)는 동혁의 삶에 관해 많은 질문을 던졌다. 아이들은 북한의 잔혹함을 전부 이해하지는 못했지만 신동혁이 대단한 사람이라는 사실은 인식하고 있다. 나도 같은 생각이다.

부록

14호 수용소 10대 규칙

신동혁은 수용소 학교에서 이 규칙을 외워야 했으며, 간수들은 규칙을 암송할 것을 자주 명령했다

1   **도주해서는 안 된다.**

· 도주를 기도하다 잡히면 즉시 총살한다.

· 도주 기도를 목격하고도 신고하지 않은 자는 즉시 총살한다.

· 도주 목격 시 담당 보위부원 선생님에게 즉시 신고해야 한다.

· 두 명 이상이 모여 모략을 꾸미거나 도주 기도를 할 수 없다.

2   **세 명 이상 모여 있을 수 없다.**

· 담당 보위부원 선생님의 승인 없이 다른 지역으로 이동할 경우 즉시 총살한다.

· 승인 없이 보위부원 마을로 무단 침입하거나 시설물을 파괴한 자는 즉시 총살한다.

· 담당 보위부원 선생님이 정해 준 인원 외에 모일 수 없다.

- 작업 외에는 승인 없이 무리 지어 모일 수 없다.

- 밤에는 담당 보위부원 선생님의 승인 없이 세 명 이상 다닐 수 없다.

- 작업 외에 세 명 이상 모여 대화할 수 없다.

3 도둑질해서는 안 된다.

- 무기류를 도둑질하거나 소지한 자는 즉시 총살한다.

- 무기류를 도둑질하거나 소지한 자를 신고하지 않거나 공모한 자는 즉시 총살한다.

- 관리소 내의 모든 식량을 도둑질하거나 감춘 자는 즉시 총살한다.

- 관리소 내의 모든 기자재를 고의적으로 파손하거나 도둑질한 자는 즉시 총살한다.

4 보위지도원에게 절대 복종해야 한다.

- 담당 보위부원 선생님에게 불만을 품거나 함부로 때릴 경우 즉시 총살한다.

- 담당 보위부원 선생님의 지시에 불복종한 자는 즉시 총살한다.

- 담당 보위부원 선생님에게 말대꾸하거나 대들지 말아야 한다.

- 담당 보위부원 선생님을 만나면 정중히 인사해야 한다.

5. 도망자를 보거나 수상한 자를 보았을 시 즉시 신고한다.

- 도망자를 감추어 주거나 보호한 자는 즉시 총살한다.
- 도망자의 물품을 소지하거나 감추어 둔 자, 음모를 꾸민 자, 신고하지 않은 자는 즉시 총살한다.
- 외부의 각종 물품을 소지하거나 감추어 둘 수 없다.

6. 서로를 감시하고 이상한 행동을 발견 시 즉시 신고한다.

- 서로가 서로를 감시하며 경각성을 높여야 한다.
- 다른 사람의 말과 행동을 주의 깊게 듣고, 이상이 있을 경우 담당 보위부원 선생님에게 즉시 신고해야 한다.
- 사상투쟁회의와 생활총화에 성실히 참여하고, 자아비판은 물론 남의 비판을 성실히 해야 한다.
- 사상투쟁회의와 생활총화에 이유 없이 빠질 수 없다.

7. 자신에게 맡겨진 과제는 넘쳐 수행해야 한다.

- 자신에게 맡겨진 과제에 태만하거나 과제를 완수하지 않을 경우 불만을 품은 것으로 간주하고 즉시 총살한다.
- 자신에게 맡겨진 과제는 자신이 책임져야 한다.
- 자신에게 맡겨진 과제 수행이 자신의 죄를 씻는 길이며, 용서를 베푼 국가에 보답하는 길이다.
- 담당 보위부원 선생님이 지시한 과제는 마음대로 변경할 수 없다.

8 작업 외에 개인적으로 남녀 간에 접촉할 수 없다.

- 승인 없이 남녀 간에 신체 접촉이 있을 경우 즉시 총살한다.
- 작업 외에 승인 없이 남녀 간에 대화를 할 수 없다.
- 승인 없이 이성의 화장실에 드나들 수 없다.
- 특별한 이유 없이 남녀 간에 손을 잡고 다니거나 같은 잠자리에 들 수 없다.
- 승인 없이 이성의 기숙사 방에 드나들 수 없다.

9 자신의 과오를 깊이 뉘우쳐야 한다.

- 자기 죄를 인정하지 않고 자기 죄를 부정하거나 벗어난 의견을 갖는 자는 즉시 총살한다.
- 국가와 사회에 자기가 지은 죄를 깊이 반성하고 죄를 씻기 위해 노력해야 한다.
- 자기 죄를 인정하고 깊이 반성하는 자만이 새 출발을 할 수 있다.

10 관리소의 법과 규정을 어겼을 경우 즉시 총살한다.

- 모든 수감자는 보위지도원을 자신의 진정한 스승으로 생각하며, 수용소의 10대 규칙과 규정을 철저히 지켜 자신의 지난 과오를 씻는 데 성실한 노동과 규율로 이바지하여야 한다.

14호 수용소에서의 생활

14호 수용소에 있는 학교 선생님들은 모두 제복을 입은 보위부원이었다. 그들은 늘 권총을 소지하고 다녔으며, 신동혁은 한 선생님이 여덟 살짜리 동급생을 지시봉으로 때려 숨지게 한 것을 보았다.

수용소 아이들은 늘 먹을 것을 찾아 다녔으며 쥐, 곤충, 소똥에서 찾은 소화 덜 된 옥수수 알갱이를 먹었다.

신동혁은 탈출을 모의했던 어머니가 교수형당하고 형이 총살당하는 모습을 지켜보았다.

어머니와 형의 탈출 계획이 발각된 뒤에 신동혁은 14호 수용소 내에 있는 지하 감옥에 7개월간 구금되었다. 당시 그는 열다섯 살이었다.

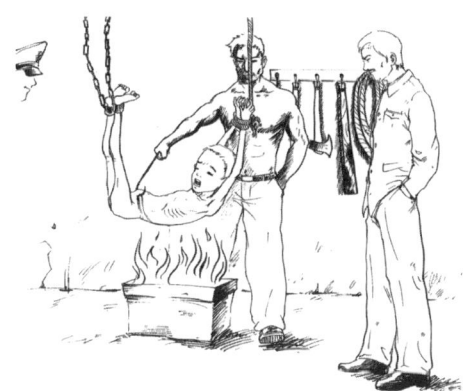

지하 감옥에서 보위부원들은 어머니와 형의 탈출 계획에서 신동혁의 역할이 무엇이었는지 밝히기 위해 그를 불 위에 놓고 고문했다.

수용소에 있는 피복 공장에서 재봉틀을 떨어뜨린 벌로 보위부원은 신동혁의 오른쪽 중지 한 마디를 칼로 잘라 냈다.

사진

신동혁은 2009년 한국에서 캘리포니아 남부로 거취를 옮겨 인권 단체인 링크에서 일했다. 이후 시애틀로 이주했는데, 이 사진은 2011년 시애틀에 있을 때의 모습이다.

(사진 : 블레인 하든)

북한의 최고 권력자 김정은은 신동혁과 비슷한 나이이다. 알려진 것이 거의 없었던 김정일의 막내 아들 김정은은 2010년에 세계 언론에 모습을 드러냈다. 김정일의 사망 1년 뒤, 북한 관영 매체는 김정은을 '하늘이 내려 주신 또 하나의 지도자'로 묘사했다.

(사진 : AP연합통신을 통해 교도통신이 제공)

김정일은 권력을 잡은 지 17년 만인 2011년에 심근 경색으로 사망했다. 아버지에게 독재 정권을 물려받은 '위대한 영도자'는 2008년에 뇌졸중으로 쓰러졌다. 그리고 막내아들 김정은을 정권 계승자로 준비시키기 시작했다.

(사진 : AP연합통신을 통해 조선중앙통신과 조선통신이 제공)

북한을 세운 독재자 김일성은 1994년에 세상을 뜬 이후에도 영원한 수령으로 남아 있다. 날짜가 명시되지 않은 이 사진은 북한 최대의 종합 도서관인 '인민대학습당'에서 그가 현장 지도하는 모습을 담았다.

(사진 : 정부 공개 영상을 블레인 하든이 사진으로 찍음)

김정일을 칭송하는 이 그림은 북한 전역 곳곳에 전시되고 철저히 관리되는, '위대한 영도자'의 수없이 많은 사진, 초상, 동상들 중의 하나이다.

(사진 : 그림을 블레인 하든이 사진으로 찍음)

김씨 일가를 둘러싼 숭배 사상은, 인민을 사랑하는 사랑스런 아버지로 묘사하며 지속적으로 선전하도록 한 '위대한 수령' 김일성에서부터 시작되었다. 김일성이 악랄한 지도자였음에도 북한 주민은 1994년 그가 사망했을 때 슬퍼하며 애도했다.

(사진 : 그림을 블레인 하든이 사진으로 찍음)

신동혁은 북한 정치범 수용소에 대해 알리고자 애쓴다. 그러나 한국 사람들은 그다지 관심을 보이지 않는 경우가 많다. 2009년에 찍은 이 사진에서 신동혁은 서울 시내의 한 사찰 안을 걷고 있다.

(사진 : 블레인 하든)

저자인 블레인 하든은 신동혁과 한국, 캘리포니아 남부, 시애틀, 워싱턴에서 인터뷰를 했다. 2009년에 찍은 이 사진은 서울 루이비통 매장 앞에 서 있는 신동혁과 블레인 하든의 모습을 담고 있다.

(사진 : 제니퍼 조)

캘리포니아 토런스에서 신동혁은 인권 단체 링크의 인턴 직원들과 함께 생활했다. 신동혁은, 많게는 열여섯 명이나 되는 젊은이들이 함께 먹고 자는, 다소 혼란스런 분위기에 섞여 지내는 생활을 마음에 들어 했다.

(사진 : 블레인 하든)

오하이오 콜럼버스에 사는 다이 부부는 〈워싱턴포스트〉에 실린 신동혁의 삶에 관한 기사를 읽고, 신동혁이 한국에서 캘리포니아로 이주할 수 있도록 경비를 부담했다. 신동혁은 그들을 '어머니, 아버지'라고 부른다. 이 사진은 2009년 뉴욕에서 열린 인권 모임에서 찍은 것이다.

(사진 : 로웰 다이와 린다 다이)

308

14호 수용소 탈출

14호 수용소 밖에서도 신동혁의 삶은 순탄치 않다.

"저는 동물 같은 존재에서 발전하고 있습니다. 그러나 아주아주, 천천히 변해 갑니다. 가끔은, 어떤 느낌이 들까 싶어서, 다른 사람들처럼 울고 웃어 보려고 애씁니다."

이 모습은 2008년 서울에서 찍은 사진이다.

(사진 : 블레인 하든)

주석

들어가는 말 : '사랑'이라는 말은 들어 본 적이 없다

1 Amnesty International, "Images Reveal Scale of North Korean Political Prison Camps," 2011년 5월 3일, http://www.amnesty.org/en/news-and-updates/images-reveal-scale-north-korean-political-prison-camps-2011-05-03.

2 강철환·Pierre Rigoulot, 《The Aquariums of Pyongyang》(New York: Basic Books, 2001), 79.

3 워싱턴 D.C.에 있는 미국 북한인권위원회 연구원 데이비드 호크는 동혁을 포함한 이들 증인을 인터뷰했다. 증인들의 이야기와 수용소 위성 사진은 호크의 보고서 개정판 《The Hidden Gulag: The Lives and Voices of Those Who Are Sent to the Mountains: Exposing Crimes Against Humanity in North Korea's Vast Prison System》(2012)에 나와 있다.

4 대한변호사협회, 《2008 북한인권백서》(서울: 대한변호사협회, 2008).

5 미국인 방송 기자 로라 링과 유나 리는 2009년 불법으로 북한에 입국한 이후 감옥에서 거의 5개월을 보냈다. 이들은 미국 전 대통령 빌 클린턴이 평양을 방문해 김정일과 나란히 사진을 찍은 후에야 풀려났다.

6 김현식·손광주, 《다큐멘터리 김정일》(서울: 천지 미디어, 1997), 202, Ralph Hassig·오공단, 《The Hidden People of North Korea》(Lanham, Md.: Rowman & Littlefield, 2009), 27에서 재인용.

1장 : 어머니의 점심을 먹은 아이

1 저자는 남한의 탈북자 지원 센터인 하나원의 수간호사 천정희를 인터뷰했다. 정부에서 운영하는 이 기관에서는 1999년부터 탈북자들의 키와 몸무게를 측정해 왔다.

3장 : 상류 계급

1 저자는 2007년에서 2010년 사이에 탈북자들을 인터뷰했다. 이 제도는 다음 문헌들에도 기술되어 있다. Andrei Lankov, 《North of the DMZ》(Jefferson, N.C.: McFarland & Company, 2007), 67~69; Hassig · 오공단, 《The Hidden People of North Korea》, 198~199.

2 김정일 생활 방식에 대한 상세한 내용은 《The Hidden People of North Korea》의 27~35 페이지에 나와 있다. 커티스 멜빈이 자신의 블로그 '북한 경제 동향'에 올린 구글 어스 사진도 확인해 보기 바란다. http://www.nkeconwatch.com/2011/06/10/friday-fun-kim-jong-ils-train.

3 Andrew Higgins, "Who Will Succeed Kim Jong Il," 〈Washington Post〉 2009년 7월 16일 A1면.

4 김영순의 죄는 김정일의 첫째 부인과 친구로 지냈다는 사실이었다. 그 죄로 그녀는 15호 수용소에서 8년을 복역했다. 연좌제에 따라 그녀의 자녀 네 명과 부모님 역시 수용소에 수감되었다. 보위부원은 그녀에게, 행여나 위대한 지도자나 그 부인에 대한 뒷이야기를 꺼내면 평생 수용소에 갇혀 지내게 될 것이라고 경고했다.

9장 : 반동종파의 새끼

1 강철환 · Pierre Rigoulot, 《The Aquariums of Pyongyang》, 100.
2 김용, 《Long Road Home》(New York: Columbia University Press, 2009), 85.

10장 : 노동자

1 Andrea Matles Savada (편저), 《North Korea: A Country Study》(Washington, DC: GPO for the Library of Congress, 1993).

2 이숙자 (편저), 《Juche! The Speeches and Writings of Kim Il Sung》 (New York: Grossman Publishers, 1972), 157. 〈Stanford Journal of East Asian Affairs〉 1, no. 1 (2003년 봄호), 105에서 재인용.

11장 : 돼지 농장에서

1 Stephan Haggard · Marcus Noland, 《Famine in North Korea》(New York: Columbia University Press, 2007), 175.

2 임원혁, "North Korea's Economic Futures" (Washington, DC, Brookings Institution, 2005).

13장 : 명령 위반

1 Elmer Luchterhand, "Prisoner Behavior and Social System in the Nazi Camp," 〈*International Journal of Psychiatry*〉 13 (1967), 245~264.
2 Eugene Weinstock, 《*Beyond the Last Path*》 (New York: Boni and Gaer, 1947), 74.
3 Ernest Schable, "A Tragedy Revealed: Heroines' Last Days," 〈*Life*〉 1958년 8월 18일, 78~144. Shamai Davidson in "Human Reciprocity Among the Jewish Prisoners in the Nazi Concentration Camps," 《*The Nazi Concentration Camps*》 (Jerusalem: Yad Vashem, 1984), 555~572에서 재인용.
4 Terrence Des Pres, 《*The Survivor: An Anatomy of Life in the Death Camps*》 (New York: Oxford University Press, 1976), 142.

14장 : 탈출 준비

1 김용, 《*Long Road Home*》 106.
2 박영철은 지나친 기대에 부풀어 있었다. 유엔은 2004년에 북한 인권에 대한 특별조사위원을 꾸렸으나 북한 정부에 아무런 영향력을 미치지 못했다. 또한 수용소에 대한 국제적인 인식을 높이는 데도 그다지 기여하지 못했다. 북한은 유엔 인권 조사단의 방북을 단호히 거부했으며, 인권 조사단의 연례 보고는 북한 정부를 타도하려는 모략이라며 강하게 비난했다. 그 보고서들은 북한의 인권 위기에 대해 가장 예리한 분석 내용을 담고 있으며 비판의 어조를 일관되게 잘 유지한 문건으로 꼽힌다. 비팃 문타폰은 6년간의 북한인권특별보고관 임기를 마친 2009년에, "일반인의 착취는 …… 최고위 집권층의 악독한 특혜가 되었다." 그리고 덧붙였다. "북한의 인권 상황은 격리되고, 통제되고, 무정한 권력 기반의 억압적인 특성으로 인해 최악을 면치 못하고 있다."

16장 : 도둑질

1 장윤옥 · Stephan Haggard · Marcus Noland, "Migration Experiences of North Korean Refugees: Survey Evidence from China" (Washington, DC: Peterson Institute, 2008), 1.

17장 : 북쪽으로

1 Lankov, 《North of the DMZ》, 180~183.
2 〈데일리엔케이〉 2010년 10월 25일, 설비차 등 정부가 폐쇄하려고 했던 여타 수송 수단에 대한 상세 기사, http://www.dailynk.com/english/read.php?cataId=nk01500&num=6941.
3 Andrew S. Natsios, 《The Great North Korean Famine》(Washington, DC: United States Institute for Peace Press, 2001), 218.
4 Charles Robert Jenkins, 《The Reluctant Communist》(Berkeley: University of California Press, 2008), 129.
5 Barbara Demick, 《Nothing to Envy》(New York: Spiegel & Grau, 2009), 159~172.

18장 : 월경(越境)

1 Human Rights Watch, "Harsher Policies Against Border-Crossers" (2007년 3월).
2 Lankov, 《North of the DMZ》, 183.
3 저자는 북한 내에 정보원을 둔 불교계 비영리 단체인 '좋은 벗들' 관계자를 서울에서 직접 만나 인터뷰했다.

19장 : 중국에서

1 장윤옥 외, "Migration Experiences of North Korean Refugees," 9.
2 Demick, 《Nothing to Envy》, 163.
3 Ishimaru Jiro(편저), 《Rimjin-gang: News from Inside North Korea》 (Osaka: Asia Press International, 2010), 11~15.
4 United Nations International Covenant on Civil and Political Rights, Article 12(2), http://www2.ohchr.org/english/law/ccpr.htm.

20장 : 망명

1 이광백, "Impact of Radio Broadcasts in North Korea," speech at International Conference on Human Rights, 2010년 11월 1일, http://nknet.org/eng/board/jbbs_view.
2 Peter M. Beck, "North Korea's Radio Waves of Resistance," 〈Wall Street Journal〉 2010년 4월 16일.

21장 : 한국에서

1 최상훈, "Born and Raised in a North Korean Gulag," 〈*International Herald Tribune*〉 2007년 7월 9일.
2 Blaine Harden, "North Korean Prison Camp Escapee Tells of Horrors," 〈*Washington Post*〉 2008년 12월 11일, 1, http://www.washingtonpost.com/wp-dyn/content/article/2008/12/10/AR200812100385.html.

22장 : 한국인의 무관심

1 서재진, "North Korean Defectors: Their Adaptation and Resettlement," 〈*East Asian Review*〉 14, no. 3 (2002년 가을호), 77.
2 Donald Kirk, "North Korean Defector Speaks Out," 〈*Christian Science Monitor*〉 2007년 11월 6일.
3 George W. Bush, 《*Decision Points*》(New York: Crown, 2010), 422.
4 대한변호사협회, 《2008 북한 인권 백서》, 40.
5 문일환, "North Korea's GDP Growth Better Than South Korea's," 〈*Bloomberg Businessweek*〉 2009년 6월 30일.

23장 : 미국에서

1 Judith Herman, 《*Trauma and Recovery*》(New York: Basic Books, 1997), 94~95.

후기

1 Evan Ramstad·신수아, "A Conversation with Shin Dong-hyuk," 〈*Wall Street Journal*〉 2012년 3월 26일.
2 "Hidden Gulag Second Edition: Political Prison Camps Conference," Committee for Human Rights in North Korea, Washington DC, 2012년 4월 20일. Hosted at Peterson Institute for International Economics, http://www.hrnk.org/events/events-view.php?id=2.
3 Hillary Rodham Clinton, "Remarks at the U.S. Holocaust Memorial Museum Forward-Looking Symposium on Genocide Prevention," Washington, DC, 2012년 7월 24일, http://www.state.gov/secretary/rm/2012/07/195409.htm.
4 "Lee says N. Korea Human Rights More Urgent Than Nukes," 〈*Agence France-*

Presse〉 2012년 5월 23일, http://bit.ly/Jdcd9L.
5 Geoffrey Nice · William Schabas, "Put North Korea on Trial," 〈*New York Times*〉 2012년 4월 25일.
6 "Never Again?" 〈*The Economist*〉 2012년 4월 21일.
7 최상훈, "South Korea Arrests 2 From North in Alleged Assassination Plot," 〈*New York Times*〉 2010년 4월 21일.
8 "KCNA Urges U.S. to Mind Its Own Serious Human Rights Issues," 〈조선중앙통신〉 2012년 5월 15일, http://www.kcna.co.jp/item/2012/201205/news15/20120515-11ee.html
9 "DPRK Will Take Corresponding Measures Against Terrorism," 〈조선중앙통신〉 2012년 7월 31일, http://www.kcna.co.jp/item/2012/201207/news31/20120731-27ee.html.

옮긴이 신동숙
고려대학교 영문과 대학원을 졸업하고 전문 번역가들의 모임인 '바른번역'에서 인문, 실용 분야 번역가로 활동하고 있다. 역서로는 《미래 아이디어 80》, 《페이스북 마케팅 for dummies》, 《Show Me How》, 《2-Day 다이어트》, 《잇츠 아웃도어》, 《인생의 기술》 등이 있다.

14호 수용소 탈출

초판 1쇄 발행 2013년 03월 27일
8쇄 발행 2025년 02월 12일

지은이 블레인 하든
옮긴이 신동숙

펴낸곳 아산정책연구원
주소 서울시 종로구 신문로 2가 1-176번지
등록 2010년 9월 27일 제 300-2010-122호
전화 02-730-5842
팩스 02-730-5876
이메일 info@asaninst.org
홈페이지 www.asaninst.org
편집 디자인 All Design Group

ISBN 978-89-97046-81-2 03800
값 18,000원

※ 이 책은 아산정책연구원이 저작권자와의 계약에 따라 발행한 것이므로 본원의 허락 없이는 어떠한 형태나 수단으로도 이 책의 내용을 이용할 수 없습니다.